银行业
会计核算与合规监管
报告全图解（POWER BI版）

汪军◎著

中国铁道出版社有限公司
CHINA RAILWAY PUBLISHING HOUSE CO., LTD.

图书在版编目（CIP）数据

银行业会计核算与合规监管报告全图解：Power BI 版/
汪军著 . —北京：中国铁道出版社有限公司，2023.5
ISBN 978-7-113-29955-2

Ⅰ. ①银… Ⅱ. ①汪… Ⅲ. ①可视化软件-应用-商业银行-
银行会计 Ⅳ. ①F830.42-39

中国国家版本馆 CIP 数据核字（2023）第 028727 号

书　　名：银行业会计核算与合规监管报告全图解（Power BI 版）
　　　　　YINHANGYE KUAIJI HESUAN YU HEGUI JIANGUAN BAOGAO
　　　　　QUAN TUJIE（Power BI BAN）

作　者：汪　军

责任编辑：王淑艳　　　　编辑部电话：(010)51873022　　　电子邮箱：554890432@qq.com
封面设计：末末美书
责任校对：安海燕
责任印制：赵星辰

出版发行：中国铁道出版社有限公司（100054，北京市西城区右安门西街 8 号）
网　　址：http://www.tdpress.com
印　　刷：三河市兴博印务有限公司
版　　次：2023 年 5 月第 1 版　　2023 年 5 月第 1 次印刷
开　　本：710 mm×1 000 mm　1/16　印张：20.5　字数：300 千
书　　号：ISBN 978-7-113-29955-2
定　　价：88.00 元

大家好，我是 BI 佐罗，很荣幸可以为汪军老师的著作写序。阅读这本书的伙伴可能是 Power BI 爱好者，银行业财务或金融统计从业人员，以及传统企业的管理者和决策者；有的伙伴可能有一定的 Power BI 基础，有的伙伴也许还没有用过 Power BI；有的伙伴也许关注的是业务本身，有的伙伴也许关注的是如何用 Power BI 的技术本身。这里我将对本书的粗浅理解，以及行业和 Power BI 等自助商务智能工具进行简单介绍，希望可以给不同背景的伙伴一些参考。

自助商务智能分析已经成为传统企业数字化转型的技能标配。自助商务智能分析已经不再是未来趋势，它已经深刻地发生了。众多企业由于实质上重视数字化，也有主动学习的人员，便涌现了最先由此获得红利的企业。汪军老师的这本书正是基于他所处的真实银行业企业环境所提炼出的一套通用自助商务智能分析模板。

我和汪军老师是在几年前认识的，他曾和我探讨过大量使用 Power BI 工具来实现某些分析模式的技术细节。汪军老师及其作品无疑是满足以下三大条件的案例：有着真实典型的企业环境；具有极高的主观意愿来使用新的生产力工具；根据原有业务分析模式实践更加高效的方法模式。

Power BI 是满足以上所述自助商务智能分析工具所需要具备的能

力的完整实现工具，所有使用 Excel、PPT 等传统工具进行分析管理的伙伴都会因此享受到工具红利，直到 Power BI 的普及。在这个过程中，一些典型的行业，例如：零售、银行、金融等，会由于该能力的普及，将从数据中提取信息的水平提升到一个新的高度。如此一来，所有的事情都可以由业务人员本身完成，即距离业务最近的节点，具有最理解业务的知识，从数据中最快速地提炼洞察，快速迭代形成价值—数据—信息—价值的闭环。

本书有一个重要特点，汪军老师是纯业务出身，他曾问我这样一个问题："书中没有用什么特别复杂的函数公式，是不是显得有点简单？"很多业务出身的伙伴在用了 Power BI 一些核心特性后，对自己业务分析的改进是显著的，然而从技术角度，这一切仿佛是透明的，在技术高手居多的讨论群中可能略显缺乏技术含量，但在我看来，这就对了。发明一个面向提升商业效能的工具，目的绝不是为了把人人都变成程序员，而是让人们可以更容易地和计算机（机器）沟通，为了实现商业价值，高效完成与数据相关的工作。因此，汪军老师的这个问题，在无形中透露出三个重要信号：第一，这本书内容不会太技术，甚至可以说是一个感觉上的标准，如果你是业务人员，那么这些技术就是应该具备的；第二，简单的技术就可以提炼出更丰富的价值；第三，汪军老师完全从业务进行驱动，一切为了业务服务，这是用到了真谛。

虽然我不是该行业的专业业务人士，但我透过本书看到了业务人员如何在使用 Power BI 工具并提炼价值，整个过程是可见的，感谢汪军老师让我可以透过工具窥见这个业务领域对我来说的新知识。接下来，你的旅途就可以开始了。

期待和汪军老师以及爱好者们进一步深度探讨。

微软 Power BI MVP　BI 佐罗

有人说，"会计是一门艺术"，那么会计的艺术性究竟体现在哪里呢？不同的从业者针对这个问题往往会给出不同的答案。汪军先生的新作《银行业会计核算与合规监管报告图解（Power BI）版》，就借助Power BI 从数据分析与可视化的独特视角诠释了会计的艺术性。

Power BI（Power Business Intelligence）是微软公司开发的数据分析工具，是目前全球最流行的三大商业智能工具之一，能够帮助用户轻松地连接到各种程序的数据，并且可以便捷地对数据进行建模和可视化。Power BI 拥有极为丰富的运用场景，会计领域就是其中一个典型的商业场景，只要从业者具备一定的 Excel 操作基础，就能够轻松掌握和熟练驾驭 Power BI 的业务分析、建模与可视化功能。

汪军先生是一位资深的银行从业者，拥有丰富的商业银行会计财务工作经验，针对 Power BI 的运用也有自己独到的认识与见解，这本书就是他长期实战工作与深入系统思考的结晶。全书近 30 万字，内容丰富，特点鲜明，不仅将商业银行的会计财务与 Power BI 有机融合，而且运用丰富的示例手把手教读者如何将 Power BI 成功运用于日常的银行会计财务以及监管报告等工作。这里就举一个例子，在"Power Query 菜单工具栏可视化操作"中，作者运用人民币汇率的一个示例，通过数据导入、数据合并、空行处理、列的选择、日期转换、单位转换、逆透视、分组、舍入、合并查询、重新排序、名称修改等步骤，在详细演示 Power Query 工具栏功能的同时，也完成了对汇率数据的整理与分析工作。

如果你正由于处理复杂的银行财务会计数据而心力交瘁时，这本书将为你成功减负；如果你正面对海量的银行财务数据而一筹莫展时，这本书将为你指点迷津；如果你正遭遇银行会计职业的瓶颈而无法突破时，这本书将能为你开启职业的新通道。即使你是一位非银行业的会计从业者，本书关于 Power BI 的内容也会让你受益匪浅，为日常的会计财务工作赋能增效。

以此为序！

《上财风险管理论坛》杂志主编　斯文

本书力求从小处着手，同时兼顾 Power BI 技术与财务和监管需求，基于财务会计、监管报告与数据处理等多方面要求而演示如何使用商务智能工具完成银行业金融机构存款、债券与贷款业务会计处理，以及生成各种法定报告与分析报告任务。案例中 Power BI 数据模型报告及配套模拟数据用于协同探索自动化解决财务会计与金融统计报告中的常见困难问题，是与其余财务会计和监管会计理论性书籍的主要差异所在；在逐步深入案例练习后，不断反复修改案例中解决方案与初始业务数据的痛苦过程大大提升了笔者综合能力，加深了个人对数据模型、DAX 语句和金融产品，以及报告规范的理解。另外，在财务报告与监管报告案例中主要使用时点数据，这与市场现存的大量依托于销售流水数据分析的 Power BI 教程和案例形成有趣的对照与补充。

通过分享 Power BI 基础技能以及运用于银行业数据处理、财务报告和监管报告的实务案例，笔者希望读者据此尝试新方法来处理大批量数据，以及提升财务报告与监管报告的效率与质量，打通财务监管统计与信息科技部门之间的隔断，从而不断实现更多数据处理报告与分析解决优化方案落地。不仅如此，读者亲身体验与观察 Power BI 数据处理过程之后也在不断加深对原有金融产品知识和会计与监管规范的自身体验。

承蒙中国铁道出版社有限公司王淑艳老师盛情之约，笔者前后历时约两年完成拙作。参考了大量 Power BI 与会计和金融教程，其中笔者印象中学习与借鉴较多的包括赵文超、刘凯、朱仕平、张文洲（木木）、施阳、宗萌（BI 佐罗）等老师编写的 Power BI 学习资料，以及斯文老师的 Python 两本金融案例精粹；还有其他诸多资料，在此不一一列举，请大家谅解。

在此感谢我家人的长期陪伴与支持，本书出版后我将与各位亲人分享愉悦。最后感谢本书各位读者，我将努力持续输出带给大家更好的阅读体验。

作者　汪军

关于 Power Query 菜单工具栏可视化操作、Power Query 数据结构及 M 函数基础、Power Query 综合案例、Power BI 报告界面与基础操作、Power BI 数据模型与 DAX 基础、Power BI 银行业宏观数据分析等文字内容与视频在二维码中显现，读者可扫描二维码进行下载。

Power Query 菜单工具栏 可视化操作	Power Query 数据结构及 M 函数基础	Power Query 综合案例	Power BI 报告界面与 基础操作

Power BI 数据模型 与 DAX 基础	Power BI 银行业 宏观数据 分析	Power Query 和 Power BI 具体 操作方法文档

目　录

第四章　Power BI 商务智能初步介绍

第五章　存款产品及其核算

第六章　存款财务报告与监管报告

第七章　复利与债券基础

第八章　债券核算与报告

第九章　贷款本金利息核算

第十章　贷款预期减值损失计算与披露

第十一章　贷款监管与管理分析报告

第一章　财务会计核算与财务报告

实际上，银行业会计核算有其自身特点与难点：针对金融产品与服务的业务处理与数据生成环节大多不可见，涉及系统多、自动化程度高、数据来源广、抽象性强。笔者将致力于从会计核算底层原理和外部财务会计与监管报告信息要求出发，展现如何在 Power BI 中生成财务报告或监管报告，以丰富传统财务会计技能，更好地适应新时代金融工作需要。

1.1　会计职能

会计职能可以从经济管理活动与信息系统这两方面定义。

1. 经济管理活动

会计是以货币为主要的计量单位，采用专门方法与程序，对企业和行政事业单位的经济活动进行完整的、连续的、系统的核算与监督，以提供经济信息和反映受托责任履行情况为主要目的经济管理活动[①]。

2. 信息系统

信息系统论是会计本质观点的一种，认为会计本质上是一个以提供财务信息为主的经济信息系统，运用信息系统论的观点，重新认识、界定会计的本质。信息系统论将整个会计程序分解为确认、计量、记录和报告四个环节，其中确认是对各项经济活动的数据按会计要素的本质特征记入会计系统，它包括初始确认和再确认两个步骤：一是计量；二是报告。

综上所述，会计工作重点是按照我国企业会计准则和国际会计惯例进行各个领域的会计实务处理，最终生成以货币计量、真实公允的财务状况与经营成果报告，包括资产负债表、利润表、现金流量表等主表与会计报表附注等，最终以表格与文字说明形式呈现与报告。

1.2　银行业会计工作规范

银行业会计工作规范主要有两大块：一是适用于所有行业的通用财务会计准则或者财务报告准则；二是也会影响会计核算和报告的银行业监管机构制定与颁布的行业监管法规制度。

1.2.1　财务会计准则

国际上有影响力的财务会计准则体系有两套：一是美国通用会计准则（US Generally Accepted Accounting Principles，简称 US GAAP），由美国财

---

① 摘自《2018 年会计专业技术资格考试考点荟萃及记忆锦囊．初级会计实务》，东奥会计在线编著，上海财经大学出版社出版。

务会计准则理事会（Financial Accounting Standards Board，FASB）制定；二是国际财务报告准则（International Financial Reporting Standards，简称 IFRS），由国际会计准则理事会（International Accounting Standards Board，简称 IASB）制定。

中国是 IASB 成员，国内会计规范虽然名称中带有"会计准则"字样，而且在国内的实施时间略有推迟，编号及主题划分与 IFRS 不同，但是按照财政部与 IASB 达成的趋同路线图，国内会计准则实质上终将在一段时间之后与国际财务报告准则趋同。由于 IFRS 强调原则导向，所以历史上更加偏向于政府主导的准则。国内会计主体经常会感到现行企业会计准则过于笼统，如何设置会计科目，如何进行账务处理经常困扰广大会计人员，往往高度依赖财政部制定会计准则应用指南、会计科目和主要账务处理。

1.2.2 银行业监管规范

随着中国金融市场高速发展，以及与国际惯例接轨后全球银行业监管规范推陈出新，中国银行业监管手段与要求也随之水涨船高，在遵守各行业通用财务会计准则的同时，银行业财务人员需要同时帮助所在机构满足相应金融监管规范的要求。

在传统财务会计核算与报告之外，银行财务部门一般还负责牵头执行或者作为重要参与者涉及以下几方面落实监管需求的相关工作：

（1）从财务会计数据出发准备监管口径数据与报告，例如根据财务数据制作监管部门要求格式的资产负债表、利润表以及风险敞口按各个维度切分与汇总的报告；

（2）依据监管法规收集数据、计算关键指标，例如根据资本充足率管理办法计算资本充足率，根据流动性管理办法计算流动比，根据贷款风险分类指导原则计算不良贷款率等；

（3）协助数据治理，因为财务工作体系历经多年积累，所以财务数据是监管数据的可以依赖的重要基础，监管部门经常要求财务部门主导核实与提升监管与业务口径数据质量。

1.3 财务会计概念与方法

会计工作有着悠久历史和成熟的规则与惯例体系，同时仍根据外部环境和信息需求变革而处于持续的演变之中。国内实施的《企业会计准则》

和与之趋同的《国际财务报告准则》每五到十年的时间段内都会有大量更新，规范业务核算的具体会计准则与作为理论基石的基本会计原则也保持与时俱进。

虽然在探讨具体应用之前有必要了解其基本规范，但是由于会计知识体系非常偏向于实务经验总结，大量基于经济活动计量要求而设立，所以会计概念与方法体系有其特殊性：一是会根据实务变化而经常被修改；二是有可能被认为太过宽泛而有待精炼，因此其理论体系类似于语言语法，需要通过反复实践才能够掌握，很难像数学、物理、化学等学科一样存在长期适用的精确体系。

1.3.1　会计要素

企业应当按照交易或者事项的经济特征确定会计要素。会计要素包括资产、负债、所有者权益、收入、费用和利润[①]，前三项反映时点财务状况，为资产负债表大类要素，后三项反映特定期间经营成果，为利润表大类要素。

1. 资产与负债

虽然资产与负债是大众耳熟能详的名词，但是会计口径定义与人们印象中的认知可能存在较大差异，以下介绍会计学中资产、负债的定义。

（1）资产定义。根据企业会计准则，资产是指由过去交易或者事项形成的、其成本或价值能可靠计量，由作为会计报告主体企业拥有或控制、预期很可能带来流入经济利益的资源。实务中，资产可以被理解为不同形态资金占用的金额。

在 2014 年修订的《企业会计准则——基本准则》，以下简称基本准则（2014）中[②]，第二十条、二十一条、二十二条用于界定资产概念，三条形成递进关系，其中第二十条规定资产是一种可以被企业拥有或控制且可以形

---

① 企业会计准则——基本准则（2014 年修订），第十条。

② 第二十条　资产是指企业过去的交易或者事项形成的、由企业拥有或者控制的、预期会给企业带来经济利益的资源。

第二十一条　符合本准则第二十条规定的资产定义的资源，在同时满足以下条件时，确认为资产：

（一）与该资源有关的经济利益很可能流入企业；

（二）该资源的成本或者价值能够可靠地计量。

第二十二条　符合资产定义和资产确认条件的项目，应当列入资产负债表；符合资产定义、但不符合资产确认条件的项目，不应当列入资产负债表。

成未来经济利益流入的资源，第二十一条追加要求经济利益很可能流入而且资源可以被可靠计量，最后在第二十二条规定了资产可以计入资产负债表的最终条件，"符合资产定义、但不符合资产确认条件的项目，不应当列入资产负债表"。

（2）负债。与资产相对应的概念是负债，指由过去交易或者事项形成的、其成本或价值能可靠计量，由作为会计报告主体企业所承担、预期很可能带来经济利益流出的义务。负债可以继续细分为源自合同义务的金融负债，源自推定义务的预计负债，以及来自法定义务的应付税金等不同种类。负债大多数情况下是企业重要的资金来源，即使没有外部借款的企业也可能会有应付工资、应付账款与应付税金等自然产生于经营活动之中的负债。

随着经济活动的复杂化，也出现了一项经济义务是否应该被确认为负债的难题。例如可转债和永续债等复杂金融工具是确认为负债还是权益曾经成为热点话题，而银行等金融机构作为理财产品销售渠道时，在保本和非保本等各种情况下是否需要确认为负债更是曾经达到万亿元数量级别资金。

2. 所有者权益

所有者权益是会计核算主体资产金额扣除负债金额后的剩余金额，是应该由所有者享有的剩余权益，也称为股东权益，其来源包括所有者投入的资本和收入扣减支出之后的经营活动成果，以及与经营活动无关的偶然所得（利得）。所有者权益也是资金来源，是对债权人权益的保障基础。

虽然权益的字面定义比较简单，但是由于前述界定资产与负债存在种种难点，因此确认资产减去负债的净额并非总是轻而易举。实务操作之中会存在各种问题，难以区分的负债与权益问题除了前述的可转债和永续债之外，还见于一些风险与回报约定较为复杂的基金和特殊目的实体，其中优先级（承担较少风险而收益有较多保障的投资份额）比劣后级（承担较多风险而收益较没有保障的投资份额）更加有可能于被作为债务核算，而后者更加被倾向于作为权益。另外，负债估值有可能存在不确定性。

3. 收入和费用

收入是指企业在日常活动中形成的、会导致所有者权益增加[1]、很可能

---

[1] 基本会计准则（2014）：第三十条　收入是指企业在日常活动中形成的、会导致所有者权益增加、与所有者投入资本无关的经济利益的总流入。

流入而且可以可靠计量的经济利益总流入，应当被列入利润表。

费用的概念与收入相对，是指企业在日常活动中发生的、会导致所有者权益减少的、与向所有者分配利润无关的经济利益的总流出，应当被列入利润表。

收入和费用在利润表之中从会计年度（中国的会计年度通常与日历年度相同）开始，逐日累计，到会计年度终结时，全部转入本年利润而清零，本年利润净额转入资产负债表作为累计未分配利润。下一年初再重新开始计算当年收入与费用支出。

由此可见，利润表可以被看作是资产负债表中一年内利润的明细，收入与费用是权益金额变化最多、最复杂的部分。

1.3.2　会计科目

由于会计主体经济活动十分复杂，因此使用会计科目将不同的会计要素予以细化以方便精确识别与处理。会计科目可以按照会计从业人员的习惯而约定俗成，简单情况下按照所反映对象即可命名。例如，资产负债表中资产类会计科目有库存现金、银行存款、固定资产；负债类会计科目有吸收存款与短期借款；而利润表会计科目有利息收入、主营业务收入、管理费用等。

传统做法是将会计科目分层级，一级会计科目可以继续分解到二级、三级等明细层级以便追踪到经济活动最底层。但是由于现代经济活动日趋复杂，需要记录与报告的维度日渐增加，细分会计科目后仍然可能无法完全满足核算与报告需求，又会大大增加执行成本。所以在某些电算化系统中，存在只设置一级会计科目，使用交易或者客户索引号识别明细信息的做法。例如，贷款按原始期限分成短期与中长期，以及贷款按投向行业分类等，完全从业务明细取数。

1.3.3　借贷记账法

以借贷为记账符号的复式记账法是记录会计要素与会计科目金额变动的规则，手工处理时，正常情况下以正数记账，而发生错账时以负数冲正，要义如下：

（1）有借必有贷，借贷必相等；

（2）借方以正数金额记录资产与费用增加，负债与收入和权益减少；

（3）贷方以正数金额记录负债与收入和权益增加，资产与费用减少。

按以上复式借贷记账法记录经济活动的输出成果即会计分录，最简单的会计分录由一借一贷两边组成，复杂会计分录为多借多贷，但通常可被分解为多个一借一贷简单分录。

在许多会计电算化系统中，利用借贷必相等概念，将正常情况下未出错的借贷方金额也分别以正负数记录，一旦借贷方发生额合计不为零即可发现出错。

1.3.4　会计恒等式

由于经济活动可以抽象为资金来源和资金占用两方面，而会计核算的隐含逻辑是任意一个时点发生的会计业务其资金来源都等于资金占用。所以根据借贷记账法与会计要素属性，同时将收入与费用看作是权益的增项与减项变动，那么可以推导出以下会计恒等式：

$$资产＝负债＋所有者权益$$

我们从最简单的一借一贷会计分录开始，具体分析论证几种情况下的会计要素变动情况。

（1）如果相同会计要素内部一增一减，那么不会导致会计要素总额变化。例如，将同属于资产类会计科目的现金与存出银行存款互转，或存出银行存款与存放同业存款互相划转，都不会导致总资产金额变动，也不影响权益和负债金额。这样一项被借贷记账法记录的经济业务，不会破坏资产、负债和所有者权益相等的关系。

（2）如果会计恒等式两边不同元素同时变动，例如资产与负债或资产与所有者权益同时发生一借一贷变动。例如资产记借方，则等式左边资产增加；同时负债或权益记贷方，等式右边也是增加同等金额。反之则同样减少，等式仍然维持平衡。

（3）如果等式右边负债和所有者权益一借一贷，例如减少负债转做所有者权益增加，或者负债增加而所有者权益减少，那么等式右边仍然平衡，左边不变。

多借多贷会计分录可以理解为多个一借一贷分录的组合，其中每组一借一贷都可以满足会计恒等式，那么组合之后的叠加效果也可以满足会计恒等式。

以上是从纯粹会计原理出发所作的讨论，实际经济活动中的不等价交换会计分录仍然满足会计恒等式。

当发生盈利时，例如将成本 100 元的资产以 102 元出售，收取相应的银行存款。那么最终结果是借记"银行存款"102 元，贷记"销售收入"102元，同时再借记"销售成本"100 元以及贷记"存货"100 元。如果简化不考虑所得税的影响，差额 2 元在一系列结转分录之后会被计入本年利润，下一年初转入累计未分配利润，属于权益贷方，仍然可以满足资产与负债和权益的恒等关系。如果发生亏损时，交易差价与盈利借贷方向相反，仍然可以满足会计恒等式。

即使发生更加罕见的资产或者负债与权益之间发生不等价交换时，将差价计入资本公积或其他综合收益等权益项目，最终还是可以满足会计恒等式。

综上所述，借贷记账法与会计恒等式逻辑自洽，是会计工作方法的理论基础。

1.3.5　财务报告与会计报表

财务报告覆盖一定时间的财务工作最终成果，用于反映所服务会计主体的财务状况和经营成果，含各种会计报表和附注，至少包括资产负债表、利润表和现金流量表三大会计报表及会计政策说明，部分披露要求较高的上市公司、特殊行业或超过一定规模的企业财务报告包含更多内容。年度财务报告是企业按照规定范式和口径量化对外披露财务状况和经营成果的载体，非常重要。不仅被现有和潜在投资者及分析人员用于评估公司价值、发展前景和风险状况，还是计算企业所得税的基础。

上市公司年度财务报告通常有数百页之多，涵盖大量财务、风险管理和业务数据，以及管理层对外部经营环境和内部重要举措的展望与讨论，上市公司年度、半年度和季度财务报告都需要公开发布，超出预期结果的财务报告会引起市场额外关注和股票价格异常波动。非上市公司的年度财务报告不需公开发布，受众群体也有限，但也是股东、债权人与潜在投资者和政府税务机关与监管部门了解企业的重要依据。

1. 资产负债表

资产负债表是反映企业一定时点遵从《企业会计准则第 30 号——财务报表列报》所核算而产生的财务状况，按会计元素分资产、负债和权益三大部分。

资产与负债通常按可以转换为现金的难易程度（即流动性）排列，某些资产负债类型为金融机构所特有。例如，发放贷款和垫款，买入返售与卖出回购等。表 1-1 是上海银行公开披露的 2021 年度资产负债表与利润表实例。

表 1-1　上海银行资产负债表（金额单位：人民币千元）

资产	2021 年 12 月 31 日	负债	2021 年 12 月 31 日
现金及存放中央银行款项	145 811 315	向中央银行借款	31 112 677
存放同业及其他金融机构款项	13 437 278	同业及其他金融机构存放款项	504 691 594
拆出资金	198 858 656	拆入资金	21 880 897
衍生金融资产	10 891 859	交易性金融负债	811 328
买入返售金融资产	3 384 426	衍生金融负债	10 588 715
发放贷款和垫款	1 183 881 129	卖出回购金融资产款	107 826 235
金融投资：		吸收存款	1 472 965 976
-交易性金融资产	234 564 596	应付职工薪酬	5 869 226
-债权投资	779 693 665	应交税费	5 099 216
-其他债权投资	22 776 623	预计负债	5 623 102
-其他权益工具投资	811 861	租赁负债	1 726 848
长期股权投资	460 059	已发行债务证券	273 594 189
控制结构化主体投资		递延所得税负债	8 072
固定资产	5 904 160	其他负债	5 632 159
使用权资产	1 807 158	负债合计	2 447 430 234
无形资产	1 076 045	股东权益	
递延所得税资产	20 375 598	股本	14 206 637
其他资产	29 464 251	其他权益工具	20 323 360
		资本公积	22 054 000
		其他综合收益	2 464 957
		盈余公积	48 407 423
		一般风险准备	34 631 100
		未分配利润	63 116 155
		归属于母公司股东权益合计	205 203 632
		少数股东权益	564 813
		股东权益合计	205 768 445
资产总计	2 653 198 679	负债及股东权益总计	2 653 198 679

2. 利润表

反映企业一定时期遵从《企业会计准则第 30 号——财务报表列报》所核算而产生的经营成果，分为收入与费用两大类别见表 1-2。

表 1-2　上海银行 2021 年利润表（金额单位：人民币千元）

项目	2021 年度
利息净收入	40 437 503
非利息净收入	15 792 401
手续费及佣金净收入	9 047 039
其他非利息净收入	6 745 362
营业收入	56 229 904
减：营业支出	32 671 895
其中：税金及附加	605 199
业务及管理费	12 098 439
信用减值损失	19 966 382
其他业务支出	1 875
营业利润	23 558 009
加：营业外收支净额	−3 411
利润总额	23 554 598
减：所得税费用	1 474 230
净利润	22 080 368
其中：归属于母公司股东的净利润	22 042 452
少数股东损益	37 916

3. 现金流量表

现金流量表反映在固定期间内（至少每年编制一次，也可能按月度或季度编制），一家会计主体在经营活动、投资活动和筹资活动三大类的现金与现金等价物上的增减变动，可以补充反映企业的财务健康状况和盈利质量。

4. 所有者权益变动表

除了资产负债表、利润表、现金流量表这三大主表之外，还有所有者权益变动表提供期初、期末与本期变动情况。某些企业除了当期净利润之外，还会有发行权益工具增加所有者权益，以及资产按市值重估和现金流套期等经济活动所形成的所有者权益变动需要详细列明。

5. 会计政策

在会计政策附注中，报告机构需要说明前述会计报表中主要会计事项的范围、定义与核算方法。例如，如何界定现金与现金等价物，金融资产减值核算的方法和依据等，虽然这一部分文字类似照搬会计准则原文，比较枯燥，但属于披露主体所采用会计政策的自我声明，也是外界分析财务信息的重要基础，所以是财务报告不可缺少的部分。

6. 会计报表附注

会计报表附注是按照会计准则、证券交易所和监管机构要求对三大主表项目的细化。例如，衍生品需要披露名义本金，贷款需要按投向行业分类，债券投资需要按发行机构大类细分等。

除了以上主表、会计政策和附注之外，财务报告中还包括管理层分析与讨论、风险管理披露以及会计师事务所关于重点审计问题及应对措施的说明。

1.4 银行业会计特征与难点

银行业所处理和计量的对象比传统制造业和商贸企业在某些方面更加复杂，许多情况下金融产品和服务不具备实物形态，金融产品和服务的某些机制与原理难以从日常生活中获得体验，需要非常深入地学习之后才可以掌握其经济规律。

银行业财务核算流程与制造业和商贸企业大不相同，除了费用报销需要一些手工处理，大量日常核算金融产品严重依靠系统，许多会计处理由经办业务人员输入业务基础数据之后，系统按照企业参数与更深层次内置逻辑自动处理与运算，大量会计分录由系统产生，实际上需要更多运营部门与信息科技部门参与其中。以黑箱方式运行的系统难以被财务或业务背景人士所熟知。另外，银行跨部门多网点运作的特性使得其内部会计主体众多，不同部门或不同产品模块都成为相对独立的会计主体，而各会计主体之间需要通过内部往来或者联行往来大量过账，这一方面会导致需要合并抵消的内部往来类科目发生额大大增加，同时大量内部往来过账增加了会计流水复杂程度，使得通过查看借贷双方会计分录追查业务实质变得非常困难。

这两个因素加大了银行业核算难度。以下分别从金融产品与银行系统数据两方面展开论述。

1.4.1 产品复杂

由于银行业资产负债表中占比最大的金融资产与金融负债本质是金融工具权利义务合同，而权利义务确认需要牵扯外部交易对手，计量抽象的权利义务还需基于外部变量和不确定因素，涉及日期、币种、利率与汇率，信用风险等更多维度数据，需要考虑从合同签订、生效执行、重估定价日直至到期日为止的更长时间跨度，有大量不确定性。

1. 核算对象

与传统的存货与固定资产等会计核算对象不同，金融工具核算对象最终需要落实到合同权利义务所导致的现金流入流出，在计量环节需要大量采用估算方法，且估计金额会随时间和影响因素变化而调节修正。金融工具复杂性在于其抽象特征很难描述和定义，合同权利义务也往往涉及多个时间点，需要结合本金、利率、汇率等参数才可以确定当期入账金额，每一期都需要根据最新的假设条件和市场状况，在上一期估值的基础上，更新本期估值入账金额。

即使最普通的银行吸收存款也涉及本金、利率、交易对手信息、起息日、到期日、币种、汇率等要素；而发放贷款比存款更加复杂，还需要每期评估信用风险变化，再加上借款用途等监管要求；债券需要考虑折价与溢价后计算实际收益率，每期摊销折溢价或者每期按照公允价值重估，或计提减值准备。

衍生品合约权利义务关系更加复杂，按照会计准则中报告准则要求，衍生工具需要同时报送名义本金与公允价值两个类型的金额，也就意味着数据层次更多，更加抽象。

例如，外汇互换会涉及近端与远端两个时间点，各自发生一次买入与卖出货币对应换入与换出。这需要基于两个币种基础资产名义本金，考虑合同时长，近端、远端即期与远期汇率后，得出衍生品公允价值变动。

衍生品核算与报告中更加复杂的情况包括跨币种基础资产，在受到固定与浮动利率、无风险利率或预定收益率、即期与远期汇率等不同因素影响时，如何按照合同约定的权利义务在多个估值日或者交割时点，根据市场价格要素、外部报价或者内部模型等不同计量方式估值与结算交割。

当业务量较大，系统处理步骤不可见时，掌握涉及金融工具的数据处理会比较困难。

2. 会计主体多元化

金融工具本质是合同权利义务，其内核可能非常复杂，而合同至少涉及两方或者更多交易对手，这就大大增强了核算复杂性。

例如，普通的票据贴现产品也会涉及出票人、承兑人、申请贴现者、承兑银行与贴现银行，还要根据贴现合同是否允许追索而判断是否保留对前手方的权利。

再比如作为会计报告主体的投资基金，其组织形式和涉及的关键利益相关者就与传统公司实体大相径庭，需要明确区分出资者、管理人、托管人等多种参与者；出资者中，还可能分为优先级与劣后级，以及是否存在享有可变回报的控制者。由于商业条款异常复杂，从不同法律与道德角度还可能做出不同解读，社会舆论压力也会改变从前的处理惯例，因此有时甚至难以认定出资者、管理人、托管人、实际控制人等不同的权利义务主体身份，而各个会计主体不同的参与身份意味着财务报告中可能采取不同的会计确认方式、时间与金额。

3. 计量方式与范围多变

也许是因为金融工具的资产负债双重属性，企业会计准则第 22 号被命名为金融工具，而不仅是单边的金融资产准则或者金融负债准则。例如，衍生品合约的两端分别是盈利方作为资产核算、亏损方作为负债核算；股票发行方记权益，购买方作为投资资产；最普通的银行吸收存款业务，也是银行做负债，存款方做资产。

由于金融工具包括复杂的权利义务条款，因此不可仅仅根据外在合同名称或产品名称判断其核算方式；而是必须根据金融工具的商业实质和报告主体在合同之中所享有的权利与应该承担的义务，再加上报告主体的行为特征通盘考虑核算与报告方式。其核算要素可能会涉及双方的资产、负债、权益；在国际财务报告准则第 9 号中需要考虑的商业实质包括合同现金流是否仅代表本金和利息的支付，行为特征包括交易目的、持有目的和其他目的；计量方式有可能是历史成本、摊余成本、公允价值；有可能需要计提减值准备，有可能不需要计提；后续公允价值变动有可能计入损益，也有可能计入权益。

例如，名为可转债的金融工具，需要判断其转换权利是在发行方还是持有方，转换权利在多大程度上有可能被执行；所以可转债有可能被认定为债券，也有可能被认定为是权益工具；如果是债券，那么将作为发行方的负债，持有方的资产；如果是权益，那么将作为发行方的权益，持有方的资产。

由于金融工具涉及复杂的权利与义务，其产品数据结构多维化，因此金融工具与会计科目或者会计报表项目的对应关系也十分复杂。例如，一条贷款记录会涉及贷款本金、应收利息或预提利息，减值准备等三类会计科目；

一条以公允价值计量且变动计入其他综合收益的债券记录，会涉及债券票面金额、折价或溢价、应收利息或预提利息，未实现公允价值变动、预期减值损失等五组会计科目，其中前三项属于资产，后两项为最终将计入权益的收入支出项目。

综上所述，从以上讨论可以发现，金融工具的核算与报告十分复杂，很多情况下无法快速理清答案。所以新型复杂的金融工具的会计核算与财务报告需要仔细研读合同条款后才有可能得出当时情况下的正确判断，有时还需要重新复核已经采取的会计政策是否符合最新市场惯例，以及会计准则与监管要求。

1.4.2　海量数据

由于金融工具的特殊属性和系统化运营方式的共同作用，银行业数据处理有许多难点。

1. 来源众多

银行业系统数量众多，按照不同分类标准可以分成业务系统和账务系统，前中后台系统，存款、贷款、资金交易、贸易融资、衍生品系统，还有客户与交易对手系统、风险管理系统、监管报告与财务报告系统等。

随着金融产品与市场和外部财务报告以及监管报告需求不断演进，正式上线的系统无法跟上最新数据收集与加工需求，导致追加补录数据平台或者以 Excel 手工方式存储加工一部分数据。

众多系统与系统外数据来源首先形成大量黑箱，使得银行业工作人员难以理解不透明的业务流程；同时众多系统间数据口径难以完全统一引起合并困难，导致银行机构内部陷入数据深井的困境，进一步造成部门分隔、沟通与合作困难，降低组织效率。而强大的数据抽取与分析能力有利于银行业机构有效识别自身经营状况，改善经营管理，具有举足轻重的意义。

2. 业务数据复杂

复杂的系统结构，再加上抽象的金融产品和服务作为银行经营对象经常不可见，以及各种金融行业复杂的操作惯例都会造成银行数据层级复杂。以最常见的活期存款业务为例，底层为一笔笔流水发生额信息，日常经营中随时需要根据分段流水统计余额以防止客户透支，每一天都需要根据上一营业日余额和适用利率计算利息，而利率可能随时调整，各个币种计息方式花样繁多，虽然算头不算尾是人民币存贷款计息公认原则，但是不同币种不同产品计息天数仍然有实际天数，一个月按 30 天，一年按 365 天，闰年 366 天等复杂形式。

贷款业务更加复杂一些，每一笔贷款管理都会涉及贷前审批、授信、担保与抵质押品管理、额度控制、贷款发放、还款计划表、按期还本收息、利率浮动调整，逾期加收罚息，不良资产调降应收利息，到期结清等基本操作。除此之外，还需要评估减值损失，按照组合或者单独计提减值准备，控制客户集中度，实施信用风险压力测试等。

债券需要记录票面金额、票面利率，买入历史成本，分特定计量类型持续计量摊余成本、重估公允价值，还可能需要根据预期损失计提减值准备。

再以基金为例，分成开放式基金与封闭式基金，申购、定期开放赎回或者到期赎回、定期估值、分红等关键日期与驱动事件都需要一一考虑并且最终形成业务数据。

除此之外，还有许多复杂金融工具。例如衍生品，类似无人公司的结构化实体 SPV，资产证券化主体，理财与资管计划等。这些复杂而又超出日常生活经验的金融产品都需要设置更多参数，涉及更加复杂的数据结构。

所以说，银行业风险度量和管理需要大量依赖金融产品专业知识，抽象的业务过程与处理对象大量以数据形式存在，严重依赖数据建模与分析能力。Power BI 可以凭借强大灵活的数据抽取、转换和建模分析能力在金融业获取广阔应用空间。

3. 数据层级丰富

银行业数据还有一个重要特点是分层，金融工具相关的数据通常分成总账明细账会计数据和底层业务明细数据，底层数据字段众多，汇总后得到总账的本金和应收、应付利息等结果，通过总账可以汇总、查找与控制明细数据，业务明细表数据量远远大于总账，其复杂程度也远远超出了手工记账模式之下的明细账范畴。如果内部管理不到位，银行总分核对或者业务明细与总账核对一致都难以完成。

除了涉及金额的总账与明细表，还有许多参数辅助信息。例如交易对手，市场牌价、日期表、汇率表、利率表、行业表、地区表等形成不可缺少的配套体系。

在以上业务逻辑分层之外，银行业所有财务数据还需要划分为区间发生额和时点余额，余额相当于从期初或者交易开始日到报告日为止所有期间发生额累计结果。资产负债表数据相当于历史上所有交易的累计影响，而利润表记录当年收入与费用累计数，类似 Power BI 时间智能函数中的 YTD（Year To Date）口径。

根据笔者个人体会，Power BI 处理发生额会更加容易一些，直接累加即可，各种时间智能函数默认场景为处理发生额，同时已经面世的各种教程大多以处理发生额为主。

不过，财务需要处理大量时点余额数据，所以我们使用 Power BI 或者 DAX 函数处理金融数据时第一要务是区分余额和发生额，不要由于疏忽而将各个时点余额加总并得出错误结果，分析余额时首先应该使用 FILTER 函数、VAR、SELECTED＋VALUE 等方式限定数据范围。

4. 金额巨大

银行业数据金额非常之大，截至 2022 年 6 月底，国内银行业总资产超过 350 万亿元。工商银行 2021 年报显示其表内总资产超过 35 万亿元，而衍生品名义本金与表外授信金额更是远远超过表内总资产金额，达到天文数字级别。

Excel 中可以处理的整数精度不超过 15 位，即使从文本文件中读取数据有时也会面临尾数失去精确度的问题，超过万亿元的金额会加大数据处理难度，导致运算出错或者丧失精度。为了避免此类问题，可以提前将数据整数缩位为千元、万元、百万元，小数点后明确保留位数，甚至有银行业金融数据抽取接口直接将数值设置为文本型上传以防止数据精度丢失。

小结

由于以原则导向的国际会计准则缺少贴近各种实际复杂场景的应用实例，而以规则导向的美国公认会计准则又因为过于细致而倾向于教条与死板。因此每过一段时间，国际上会计准则或财务报告准则就会随着金融产品与市场实务变化出现较大的修改与推新，并且进而影响到国内。

金融产品和业务复杂，以金融工具为核心，基于抽象的权利义务和现金流，从不同参与者的角度确定会计核算和披露方式，与基于可见实物的生产制造业和商贸企业核算方式差异巨大。金融业相关会计准则难以单纯从字面上理解，离开具体金融数据的实务操作将成为盲人摸象。

金融工具本身的基础数据与利率、汇率和其他参与主体之间有复杂的联动关系，随着时间而变化，各种因素交互作用。

对于普通财务从业人员来说，如何掌握并且在工作中落实财务会计准则与监管机构要求是一个巨大挑战，在什么时点，依据何种标准，按照何等金额确认会计要素经常会成为具体痛点。随着金融产品新概念与流程再造层出不穷，原先设置在系统之中的既有会计科目、字段名称与计量流程需要对照外部规则与金融产品和服务的升级换代不时删除、修改与增加。

但是，由于会计与监管规范体系庞大，金融产品十分复杂，且银行系统封闭运作，因此单一背景的业务、系统开发与会计人员同时深入了解规范、产品与系统大为不易，这也最终导致各种系统新建与升级换代实施落地过程费时费力。

所以，业界急需综合性的数据处理工具以模拟各种金融工具核算与报告场景，而 Power BI 作为技术工具新选项，非常值得尝试。

银行业监管机构
与监管报告

第二章　银行业监管机构与监管报告

对于银行业财务部门来说，监管报告的重要性超越日常财务核算，而监管报告需求更新频率比会计准则更快，数据粒度要求从明细交易到汇总的资产负债表与利润表，涵盖主题包括存贷款、同业、公司与个人客户资产负债业务和交易对手信息，以及中间业务和表外授信。随着金融市场监管逐步加强，财务部门将投入更多资源以满足监管报告相关需求。

2.1　三大监管机构与监管报告

2023 年 3 月，在中华人民共和国全国人民代表大会和中国人民政治协商会议（简称"两会"）召开之前，银行业有三个最主要的全国性监管机构：中国银行保险业监督管理委员（简称"银保监会"）、中国人民银行（简称"人民银行"）与国家外汇管理局，各自分工负责特定领域金融风险监管。

在"两会"召开及公布《国务院机构改革方案 2023》之后，银保监会并入新成立的国家金融监督管理总局，人民银行职能也有相应调整。

2.1.1　三大监管机构职能及改革

1. 国家金融监督管理总局与中国银行保险业监督管理委员会

国家金融监督管理总局将承接原银保监会大部分职责，再加上从人民银行划出的金融控股公司监管，以及部分消费者保护工作。到 2023 年 3 月，银保监会仍然作为银行业主要监管机构在履行其日常职责，尚未完成切换为国家金融监督管理总局的全部工作，银行业监管报表工作没有变化。

银保监会原定职能是对全国银行业和保险业实行统一监督管理，批准业务范围准入；对公司治理、风险管理、内部控制、资本充足状况、偿付能力、经营行为和信息披露等实施监管与检查；保护金融消费者合法权益；编制并发布全国银行业和保险业监管数据报表，建立风险监控、评价和预警体系，跟踪分析与监测运行状况。

2. 中国人民银行

中国人民银行简称人民银行，其职责包括拟定金融业改革和发展战略规划，综合研究并协调解决金融运行中重大问题，起草有关法律和行政法规草案，制定和执行货币政策，完善金融宏观调控体系维护金融稳定，管理金融控股公司与交叉性金融工具，制定汇率政策，管理各种银行间金融产品与资金市场，负责反洗钱，征信管理，金融统计与金融信息化标准，金融清算服务以及存款保险。

3. 国家外汇管理局

国家外汇管理局简称外管局，负责国际收支、对外债权债务的统计和监测，跨境资金流动监测，外汇市场监督管理工作，结售汇业务监督管理，依法实施资本项目外汇管理，规范境内外外汇账户管理。拟订外汇管理信息化发展规划和标准。

2.1.2　现有监管报告

根据监管规范而制定的监管报告也称监管报表，与依照会计准则或者财务报告准则而制定的财务报告不同之处在于：

财务会计数据编制规范是国际财务报告准则或者中国企业会计准则，往往依据底层实时数据而生成，除了现金流量表和某些变动表需要报送发生额，绝大多数情况下报送整个会计主体期末余额。除上市公司之外，整套报表与附注对外报送周期为一年。

监管报告依据监管规范而报送不同主题的数据，可能是全局财务状况，有可能是存贷款等专项业务数据。部分监管报告上报更加频繁，反洗钱与国际收支等甚至需要在每个工作日上报，除了期末余额类报表，还有大量监管报表需要报送发生额。如征信数据，甚至包括非财务数据的业务指标（如账户数与客户数等）。

按照监管机构区分，财务部门可能接触以下各监管机构报表，人民银行报表、银保监报表、外管局报表。

1. 人民银行报表

人民银行监管报表数量众多，与财务部相关的主要是汇总的大集中报表，部分银行财务部也会处理交易明细级别报表以方便保持跨表数据一致。

（1）汇总类报表（大集中），包括资产负债表、利润表、中间业务收入表，贷款余额按行业、规模、担保方式小计，以及贷款发生额按产品大类与期限细分，这一部分主要由财务部负责。

（2）明细类别表（金数），由于人民银行职能包括牵头制定金融统计标准，所以人民银行也先后分阶段制定了存款、贷款、债券等产品相关的金融统计标准，并且在 2020 年发布了《金融基础数据统计制度》，全面要求各金融机构按照统计标准要求上报客户与交易级明细数据。

交易级明细数据报告通常由银行运营部门负责，少数情况下，财务部还可能协调收集与上报部分金融数据抽样统计表。例如，明细交易层级的客户、存款、贷款与同业交易余额与发生额。

2. 银保监报表

银保监机构监管报表体系最为庞大，仍然可以分成经过数据聚合的汇总类报表与明细数据报表两大类。

（1）汇总类报表（1104 与区域特色）。首先，最基本与最常见的仍为资产负债表、利润表，资产负债表是其他许多报表的核对基准。不过银保监报表与财务会计报告和人民银行大集中报表中的同名报表样式及要求都存在差异。

其次，趋同国际惯例的资本充足率、信用风险、流动性风险、国别风险等专题报表。其中资本充足率报表从所有者权益出发，经过各种调节后作为分子，即监管资本；将表内外信用风险敞口、市场风险敞口按一定规则折算之后分别得出信用风险资产与市场风险资产再加上操作风险资产，作为分母，即风险资产；分子除以分母后得到各级资本充足率。信用风险报表原理是将以表内外授信产生的信用风险资产余额按照各种维度切分报送，而流动性风险报表按剩余期限或合同原始期限等时间维度切分报送资产与负债。

再次，根据中国特色市场环境与监管热点而推出的特色报表。例如，贷款按客户行业、投放行业、企业规模与所有制成分而划分的报表等。另外，还有按照适用范围的区分方法，全国统一报表也被称之为 1104 报表，而城市银保监局设计与要求的被称之为区域特色报表。

（2）明细类报表（EAST）。中国银保监会也有自己的明细数据报送标准，即《银行业金融机构监管数据标准化规范》，英文全称 Examination and Analysis System Technology，简称 EAST。

EAST 之中的总账会计全科目表要求按会计科目分月度、季度、半年度等周期报送期初借贷方余额、期末借贷方余额与本期借贷方发生额。这一张报表与财务工作联系紧密且需要将会计科目余额和发生额与同期报送的业务数据保持一致，数据综合性强、难度大。

3. 外管局报表

与外管局职能相匹配，这一部分报表收集与境外交易对手或者外币相关信息，例如境外资产负债表。某些纯粹交易层数据很可能不由财务部处理。

综上所诉，从外在需求角度看来，监管报告综合性强，覆盖银行业机构经营管理与风险控制方方面面；数据采集频繁，报送周期包括日报、周报、旬报、月报、季报、半年报、年报；数据精度要求高，需要满足多重表内与表间检验关系，而且有时候细微的需求差别也会导致工作量急剧增加。所以对于财务人员而言，监管报送工作时间紧、压力大、更新频繁，而且质量要求高，容错率低，工作压力巨大。

从银行内部观察，生产流程中业务系统和账务系统流程与参数配置并非按照实时监管口径所设计，所以存在许多设计导致的基础性差异，需要补录与修改数据。另外银行内部传统上按照部门与流程分别提供与处理各种数据，冗长的数据生产和补录环节经常会存在责权利不统一，部门之间可能会推脱工作。

通过 Power BI 可以建立高效、逻辑公开透明的监管报告数据模型，实现数据自动抽取与刷新，易于在团队之间分享与学习，实现低成本快速迭代。

2.2　监管数据质量

加强数字化精细管理是各行各业的普遍趋势，特别是在加强金融行业整治的大环境之下，银行业监管机构自然也一马当先，除了发布各种数据治理指引之外，同时还在全国范围内对银行业机构数据质量与数据治理开展专项检查、重点整治与错误处罚。

1. 监管数据相关规范

与监管报告数据质量直接相关的规范主要有两个：《银行业金融机构数据治理指引（2018）》与《商业银行监管评级办法（2021）》[①]。前者明确高管与董事会的数据治理责任，提出了强化数据治理的各种原则与鼓励落实的良好实践；后者在第六条中明确"数据治理"占银行监管评分中 5％权重。

2. 数据质量典型问题

对应于以上监管动态与处罚措施中的热点问题，近期监管机构公开发布的处罚信息中有以下一些具体要点值得注意：

（1）虚假结构性存款。按照银保监《关于进一步规范商业银行结构性存

---

① 指的是《中国银行保险监督管理委员会关于印发银行业金融机构数据治理指引的通知》（银保监发〔2018〕22 号）和《中国银保监会关于印发商业银行监管评级办法的通知》（银保监发〔2021〕39 号）。

款业务的通知》的要求，结构性存款是指商业银行吸收的嵌入金融衍生产品的存款，通过与利率、汇率、指数等的波动挂钩或者与某实体的信用情况挂钩，使存款人在承担一定风险基础上获得相应的收益。

但是监管机构发现极少部分金融机构推出的结构性存款产品无真实交易背景，也就是未实际与金融衍生品挂钩，风险收益与结构性存款初衷不相符，或者为无衍生品交易资格的机构发行结构性存款提供通道。

（2）理财产品估值使用方法错误。2018年银保监会《商业银行理财业务监督管理办法》要求理财产品实行净值化管理，坚持公允价值计量原则，鼓励以市值计量所投资资产，通过净值波动及时反映产品的收益和风险，让投资者在知晓风险的基础上自担风险，只允许符合条件的封闭式理财产品采用摊余成本计量。

近年来，监管机构发现净值型理财产品估值方法使用不准确，错误地扩大摊余成本法范围，或者对管理的不同理财产品持有的同一种底层估值技术不一致。

摊余成本与净值化管理原则不一致，未能反映公允价值变动，有可能会低估风险，所以要限定使用范围。"同一种底层估值技术不一致"类似会计估计不一致，有意回避或者选择某些有利方法降低了最终披露金额的一致性与可比性。

（3）EAST数据错报漏报。2020年5月9日，银保监会对中国工商银行、中国农业银行、中国银行、中国建设银行、中国交通银行、中国邮政储蓄银行、中信银行、光大银行共计八家银行就EAST数据质量进行处罚，处罚金额从160万元到270万元不等。涉及数据项目包括资金交易、理财产品、贸易融资、票据业务、信贷资产转让、分户账明细数据与账户数据应报未报。

这是少有的由银保监总会直接对数据质量出具罚单，而且金额较大，一方面反映监管部门正在通过具体交易级业务数据检查制度落实，另一方面也说明数据质量不仅是银行内部经营管理问题，同时也成为重要的监管合规指标。

小结

通过回顾监管动态与处罚，我们对加强数据质量以保证财务信息和监管报告准确的必要性有了更加清醒的认识。银行业财务统计人员应该对照以上监管动态与处罚事项，关注自身工作职责范围内是否存在类似的违规现象，及早采取预防与纠正措施。

即使是免费的个人版 Power BI 处理能力都超过一百万行，可以灵活快速汇总多表海量数据，并且使用可视化工具直观地展示数据分析结果。财务人员借助这一大数据利器，可以快速汇总与深度挖掘，防止与发现银行业机构由于数据处理能力不足而导致的监管报告合规事故。

第三章　数据处理

　　由于日常数据分析工作起源于数据整理与录入，而业务系统、账务系统与 Excel 是财务人员与业务人员最常见的数据源载体。即使数据主要在业务系统、账务系统中录入与运行，大量数据处理仍然不可避免地依赖 Excel。

　　为了响应监管需求与提升工作质量，本章专门探讨数据整理，通过用户规范操作而达到更高的数据质量，为 Power BI 提供优质数据源，并且为今后高效准确数据处理打下坚实基础。

3.1　系统维护与数据录入

虽然财务部很少负责业务系统开发与设置，但由于海量的业务数据在系统中录入与维护并且生成会计分录，财务人员至少需要负责账务系统数据录入与维护。因妥善设置与良好运行的业务系统与账务系统是数据质量的重要前提保障，所以从事数据相关工作者就有必要了解系统设置与变更和数据录入。

3.1.1　系统变更

在新设或更新系统，以及开展新业务之前，需要综合考虑根据业务属性、流程中主要驱动事件，以及关键风险控制点，对照财务会计与监管报告需求，检查拟议中的系统新增或变更方案是否可以满足已知财务会计核算与监管报告需求。

首先，检查系统变更部分是否会涉及会计要素中的资产、负债、权益、收入或费用。如果涉及，那么需要设计如何从变更后的业务系统中抓取符合会计准则要求的数据传递到账务系统中。同时，系统之间应该尽量以自动化接口形式传输数据，避免系统之间数据无法传输或者手工导入导出。

其次，由于监管报送频率更加密集而且有各种详细的接口规范与填报说明作为参照对象，所以还需要考虑系统是否可以满足监管部门各种金融业务报送要求，参照对象包括金融统计标准化数据规范、EAST 数据接口、大集中报表与 1104 报表表样及填报说明中所要求维度。例如，时间维度、交易对手行业与规模信息、风险指标计算等所需的基础信息。一旦可以满足监管报告需求，大体上财务会计报告披露所需数据也可以满足，少量缺失可以手工处理。

完成分析比较后，就应该在数据字典中清晰列明所配置标准字段属性以防止错误和遗漏。数据字典至少应该包括字典表主键、字段名称、释义、数据类型，以及允许输入值的最大长度。系统变更上线之后，仍然需要定期将最新的业务场景与最新的财务报告和监管需求比较，以发现系统中数据字段是否足够。

最后，将变更后系统数据是否可以输出能够满足日常核算与报告需求的数据资料或者汇总报告作为项目验收标准。

3.1.2 系统数据录入与钩稽复核

系统数据录入人员应该熟悉业务操作流程，必要时查找系统手册与业务手册确认疑点。输入各种字段信息时，应该在手册和数据字典列表允许范围内输入数值。例如，国家地区、行业与币种字段都应该按照标准中的子项值输入；即使录入数据时系统没有强行限制录入值，也不可超出系统手册或者业务常识所允许录入值范围，如业务发生日期不可能早于 1900 年。

偶尔也会在系统中自由录入备注信息，这一类情况下，也应该按照事先约定规则行事，详细规定例如分隔符、全角半角（中西文）、大小写、关键字等事项。

系统操作人员还应该定期记录与总结系统数据录入与使用中的不足，如果现有流程和规范不能够满足需求，应该及时记录并且向有关方面反馈。

一般的业务系统通常大量以窗体录入，不如在 Excel 中录入数据灵活、方便，还可能欠缺批量导入与批量复核功能。所以录入系统中的数据应该定期导出复核，直接影响财务数据的业务数据最好每天核对，其余不直接影响财务数据的业务明细数据至少每个月核对一次。

3.2 正确高效使用 Excel

使用 Excel 处理数据时，由于缺少系统控制环境，就更加应该采用各种良好结构与规范化实现步骤以保障质量与效率，提高工作有序程度，尽量减少手工偶发性操作次数与降低出错概率。随着 Excel 不断升级，新增了许多高级功能，不再是逐个单元格输入，所以读者应该尽可能多尝试 Excel 高级批量输入与处理方式；再预先规范输入路径或者提前定义输入内容的结构，保持数据输入过程可见，降低手工操作次数以提升效率与减少风险；还需要使得输入内容显示形式规范统一。

特别是对致力于学习和使用 Power BI 的业务或财务背景用户而言，尤其需要注意数据输入与处理符合 Power BI 软件规范，在 Excel 中养成的良好习惯也会提高 Power BI 中建模与数据处理工作的速度和质量。其次，专业版 Excel 中内置的 Power Query 与 Power Pivot 功能也比较接近 Power BI Desktop 软件，在无法安装获取个人 Power BI Desktop 与实施企业级

Power BI 系统时，专业版 Excel 是 Power BI 有效替代品。

3.2.1 手工数据输入

在 Excel 中输入大片连续区域、整表或整个文件等大量数据时，尽量以 Power Query 或者 Power Pivot 导入，引用整个 Excel 表格（Table，智能表格），Excel 文件特定区域，或者使用高级筛选，FILTER、XLOOKUP，VLOOPUP，LOOPUP、INDEX＋MATCH 等工作表函数引用，避免手工录入大量数据。

Power Query 自动导入数据，在本书二维码中有专门介绍，读者可扫描二维码观看。

1. 引用或复制连续区域与 Excel 表格

如果无法避免手工复制粘贴，那么一次性处理整表、整列、整行，或者连续数据区域优于逐个单元格输入。在 Microsoft 365（以下简称 MS365，原 Office 365）中新增了功能，在单一单元格中输入区域地址、Excel 表格[①]名称或者 Excel 表格列名称后，只要被输入区域周围有足够容纳被引用数据的空白区域，即可显示被引用的连续区域，否则 Excel 中会产生溢出错误，错误提示符号为"♯SPILL!"。以下是本章附件中的一些例子。

【例 3-1】 引用单元格区域。在单元格"A2"输入以下函数表达式，那么将引用目标区域工作表"Sheet_网址! A1：C2"数据，表达式如下，并且显示在当前工作表从 A2 开始的相应区域，即 A2 到 C4 区域，如图 3-1 所示。其中 Sheet_网址是被引用的工作表名称。

```
= Sheet_网址! A1:C2
```

---

① 表格是在 Excel 中结构化的矩形数据区域，行方向分为列标题行、数据行以及汇总行，每一列都有单独名称，表格被创建时自动生成的名称可以修改。创建表格有两种方法：一是选中连续有数据的矩形区域中任一单元格之后按 Ctrl＋T；另外一种方法是选中连续有数据的矩形区域后，在一级菜单栏"插入"中选择"表格"选项。表格自动化与智能化程度较高，可以按表格名称和列名称动态引用，实现工作表函数按列扩展，自动计算，还可以添加汇总行。参见：Excel 表概述：https：//support. microsoft. com/en-us/office/overview-of-excel-tables-7ab0bb7d-3a9e-4b56-a3c9-6c94334e492c。

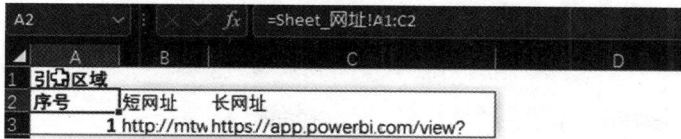

图 3-1　引用工作表区域

高版本 Excel 中还可采用与引用单元格区域类似的方法引用名称，在单元格中输入等号后接自定义名称即可，如下面 Excel 表达式，其中字母数组是本章附件中被预先定义的名称。

```
= 字母数组
```

【例 3-2】　引用 Excel 表格。在 MS365 中，可以直接在单个单元格中输入引用 Excel 表格的函数表达式，然后选取参数以决定引用对象的范围。

首先在 Excel 中新建名为"表_案例"的表格，在 Excel 中输入 Excel 表格名称之后再输入方括号左半边"［"，然后如图 3-2 所示，在公式编辑栏将出现可选参数。

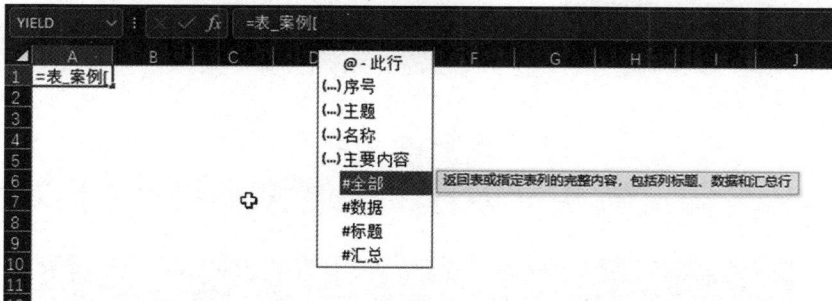

图 3-2　引用 Excel 表格-选项

● （…）序号，（…）主题，（…）名称，（…）主要内容，这些带有圆括弧与省略号的都是列名称。

● ＃全部，＃数据，＃标题，＃汇总，这些带有＃符号的标签可以调用的 Excel 表格全局信息种类。

如果输入［＃全部］，如下所示。那么将引用全部目标表格，包括数据、列标题，以及汇总行等，如图 3-3 所示。

```
= 表_案例 [# 全部]
```

引用智能表全部				
序号	主题	名称	主要内容	
1	会计	债券日常核算	三分类核算	
2	会计	存款日常核算	计息，结息，到期提取	
3	会计	贷款日常核算	计息，结息，计提减值准备	
4	会计	衍生品日常核算	会计分录	0
5	PQ	大中小微企业划型		0
6	PQ	贷款金数模块余额	生成record column	
7	PQ	求阶段违约率		0
8	PQ	净现值系数	List.Transform	
9	PQ	未来现金流量与净现值	使用List.Zip, List.Product	
10	PQ	债券收益率与违约率	使用预定收益率计算债券净现值	
11	PQ	计算IFRS9贷款预期信用损失	贷款发放初期，1年内预期损失	
12	PP	贷款多维度披露 OLAP	五级分类、逾期，	
13	PP	计算债券收益率	根据债券剩余期数	
汇总-计数	0	13		0

图 3-3　引用 Excel 表格-全部

如果仅仅希望引用 Excel 表格中数据，那么输入以下内容，二者结果相同。

```
= 表_案例[#数据]
```

或者：

```
= 表_案例
```

输入表格名称与列名之后，就可以引用表格列，如下所示。

```
= 表_案例[序号]
```

【例 3-3】　FILTER 函数动态筛选。FILTER 函数可以动态筛选数据，以下工作表函数表达式可以筛选出表格“表_案例”中，主题列名为“会计”，而且序号列中值为 1 或 2 的数据所在行，如图 3-4 所示。

```
= FILTER(表_案例,(表_案例[主题]= "会计")*(表_案例[序号]<=2))
```

H2　=FILTER(表_案例,(表_案例[主题]="会计")*(表_案例[序号]<=2))

	H	I	J	K
1	引用智能表数据-局部			
2	1	会计	债券日常核算	三分类核算
3	2	会计	存款日常核算	计息，结息，到期提取

图 3-4　FILTER 动态筛选函数示例

引用表格、区域和动态筛选：一是直接动态关联数据源区域；二是可以减少操作次数，从而降低手工操作风险。

2. 预先定义参数集

对于经常可能被用到的参数标准值集合，可以事先定义标准化的备选值列表，使用时从事先定义的列表引用或者选取。例如，国际标准币种代码、国标行业代码与名称、日期表和月末日期列表等，这样可以避免临时输入而出错。

3. 标签与备注

由于单元格批注无法被 Power Query 或者 Power Pivot 识别与引用，所以应该尽量少用，如果备注内容比较重要，那么可以单设一个备注列输入。

尽量不用颜色区分数据类型，因为单元格颜色无法直接被工作表函数识别，而且带有颜色的数据在转换为 Excel 表格或者导入 Power Query，Power BI Desktop 之后颜色特征自动失效。

3.2.2 数据样式规范整齐

复杂类型的数据最好按性质分割为多列，切勿将不同性质的数据混杂在一列之中；加工原始数据时，最好追加独立计算列，使得数据处理区域与数据源相区分；设计数据计算表布局时，应该避免跳跃式引用数据，以保持引用数据空间顺序与逻辑流程按照从上到下与从左到右的规则排列而方便追踪。

1. 数据按性质切分

数据处理过程中切勿将原本属于不同列而且不同性质的数据挤入同一单元格。例如，将数据单位与文本型数值写入同一单元格，将数据源、孤立数值与计算公式写入同一单元格。笔者建议尽可能将混杂的原始数据切分为多列，直到某一列都无法继续切分为止。

2. 三种主要数据类型

在保证数据按性质分列后，接下来就需要准确区分数据类型。在 Power BI 报告和 Excel Power Pivot 中，不可以直接对文本型数字（Excel 中可以）执行加减乘除等数学运算，对文本型日期也无法进行日期数据特有的运算。所以业务背景的数据分析人员至少需要将数据类型区分为日期、数值、文本三类，文本型数值应该转换为数值，可以是整数、小数、货币、百分数、科学计数法数值等子类中的一种，数值中也不应该有文本或者字符。数据类型正确划分的标准是软件可以识别其中的数字与日期，避免数据处理过程中因为类型不匹配而出错，不必像程序员一样细分数据类型为长整型、浮点型、定点型、文本、长文本等。

3. Excel 数据格式

数据格式是相同类别数据显示形式，Excel 中同样的数据类型可以通过格式设置显示为不同格式类型而不改变数据类型与数值或日期大小。例如数字 1123.98 可以显示为带有千分符的 1,123.98；数据类型为日期的值 2023-10-25 可以设置显示为 2023 年 10 月 25 日或者 2023.Oct.25。

Excel 中虽然可以设置与修改格式，但是无法直接在数据存储单元格原地修改数据类型。例如，带有双引号的 "1123.98" 是文本，而不带双引号的 1123.98 是数值，而以文本类型输入的不规范日期 2023.Oct.25 也不等于日期值 2023-10-25，这两种情况下都只能够通过函数公式或者修改后粘贴等方式将原始文本在其他位置修改为数字与日期类型。

虽然数据类型和实际值不直接与数据格式相关，但是正确设置的格式有利于快速识别数据和发现明显的错误。

日期与年月应该使用可以被 Excel 和 Power BI 识别为日期而且不容易被人误解的格式，尽量以"年年年年-月月-日日"的形式输入与显示；由于欧美日期格式在中国区域可能被错误识别，所以应该尽量少用欧美习惯的"月日年"或"日月年"简写格式，不使用点与空格作为区隔符。

较大的数字应该统一设置千分符，正负号标记，在小数点后保留固定小数位数；百分比也应该设置小数点后位数。

文本型、数值型和日期型数据都应该统一字体与字号，文本型数据左对齐，数值型与日期型数据右对齐，这样方便读者找出数据规律，发现错误。

4. Power BI 数据格式

在 Power Query 数据表中，数据格式不如 Excel 中多样与灵活，但也可以将含有整数的数字设置为定点小数（Currency）格式以便添加千分符，同时将小数点后保两位数字，还有百分比和科学计数法可选。但是日期和时间都只有默认的统一格式可选。

在 Power BI 和 Power Pivot 数据表中，设置数据格式的选项较多，接近 Excel。例如，可以添加币种符号、千分符，增减小数点后保留位数。日期和时间格式也有更多选项。

3.3　数据规范化

正确录入数据后，需要仔细考虑规范名称与数据和计算空间结构以利于进一步汇总数据。

3.3.1　命名法则

在数据表字段、Excel 表格、工作表、工作簿与文件夹等各层次之间保持命名规则一致有利于快速识别与调取数据，节约时间与减少差错。

统一相同业务的数据源表结构，使得数据源字段一致。相同含义的字段名称在不同工作底稿和工作簿之间保持统一。数据源表中字段使用英文单词时，以下划线"_"连接前后单词，尽量避免在文件、工作表、字段名称中使用空格。

文件与文件夹命名保持连贯性以方便被调用。例如以数据主题、数据主体名称、金融产品名称加六位数年月或者八位数的年月日命名的形式，命名时不同单词或者关键字不用空格间隔，而是尽量使用下划线连接符，避免使用系统或程序的保留字符，例如"＊"，"/"，"\"等，表格与工作表名称应该避免重复。

3.3.2　数据空间结构

明细数据应该存储于可以被筛选的连续区域之中，避免使用不连续的数据区域，不得有空行，有且仅有一行标题，避免使用多行标题或者标题名称重复，列标题应该采用唯一名称；标题行以下的数据区域内，同一列数据应属性相同。不要在明细数据之中合并单元格，明细数据行不与小计行混同，没有重复与遗漏。在 Excel 中，最好使用表格作为数据载体。相同性质的明细数据尽量合并到一张表内。

如果无法避免将业务明细数据与结果汇总放置于一张工作表之中，那么汇总结果置于明细数据上方。

3.3.3　一维表数据源

应该优先选用一维表记录原始数据，其特征为每一列数据属于同一种属性，而且同一种属性数据只会分布在同一列。一维表适合作为被分析数据源。

将一维表之中的某一对字段横向展开后一列作为列标题，另外一列作为数值就成为二维表。二维表是加工后转换结果，行数少，冗余少，适合用于展示数据，有利于肉眼读取数据和观察总结。

从示例可见，表 3-1 中一维表数据呈现原始未加工状态，表格有六行三列，每一行之中的每一个元素分别为销售员、月份与金额，三者属性不同。表 3-2 中二维表则是将一维表之中每一行月份与金额配对后横向展开，1 月、2 月、3 月三列下方的销售金额分别与销售人员对应，除了第一列销售员名称之外，每一行其余数值属性相同。

表 3-1　一维表示例

销售员	月份	业绩
张二	1	86
张二	2	98
张二	3	75
李四	1	77
李四	2	78
李四	3	92

表 3-2　二维表示例

销售员	1 月	2 月	3 月
李四	77	78	92
张二	86	98	75

原始数据应该尽量存储为一维表，以利于机器程序快速读取，无论使用 M 函数还是 DAX 函数处理关键数据处于一列的一维表其便捷性大大优于处理数据处于多列的二维表。

3.4　数据模型

在规范数据本身以及空间结构之后，还需要优化整体结构，旨在于报表工作底稿之中保持良好层次，增强有序性、可观察和易于追溯工作步骤，能够处理不断增加的数据行，可以随实际需要扩展数据列，外在情况变化时修改参数即可生成预期结果而不需要修改计算过程，这就是数据模型。

3.4.1 结构原则

无论是仅仅依赖 Excel 工作表函数与普通数据透视表，还是在更高级的 Power Query、Power Pivot 或者 Power BI 中分析聚合数据，理想状态都是基于参数、明细数据、链接、查询、计算公式的标准模板生成最终结果并汇总，以突出报表逻辑结构，加强分析计算自动化和方便用户解读报表。所以设计处理大量数据的工作底稿时第一步是区分汇总表、参数表和业务明细数据表。

汇总表基于参数和明细数据，根据计算逻辑加工生成，应该保持逻辑易于理解，步骤可追踪，过程可复现和刷新。

参数表中数据量少且相对固定，会广泛影响全局。例如，行业标准、企业规模类型、报告日期、汇率、转换系数与风险权重等，参数应该在每一个报表日被初始化定义，然后自动作用于全局。

最后，明细表承载需要加工处理的基础数据，这也是数据量最大的一块。明细表列数应该保持大体固定，每一行数据结构相同；还应该排除错误值，尽量降低空值率，也就是明细数据中不得有错，空单元格占全部单元格数量之比应该尽量少。

3.4.2 计算方法

在预先确定工作任务表结构以及初步完成数据模型搭建后，接下来需要考虑数据汇总工具与逻辑，使用简单步骤还是综合性方法；简单方法容易理解，但是一般步骤较多；复杂方法综合性强，但是难以理解与共享。处理多步骤任务时，可以分拆复杂过程，增加辅助列或者中间汇总表，以便增强可读性，易于调试。

大量数据汇总时应该依据数据标签作为汇总条件，Power BI Desktop 中的 DAX 表达式、Excel 中的 Power Pivot 及 Power Query 与数据透视表都优于 Excel 工作表函数公式，函数公式优于引用单元格地址汇总数据。数据分析人员或者报表编制者应该优先选择引用与计算次数较少的方案和布局，手工输入数据逐个汇总甚至以计算器加总是最不可取的方法，还应该避免以肉眼识别单元格颜色的方式对数据求和，因为 Power BI 导入数据时，不会识别颜色与数据格式。

如果一张表中同时保有数据和计算，那么前后依赖的数据和计算结果应该按照统一的空间顺序排列。例如，从上到下与从左到右，避免引用顺序上下左右跳动。

如果 Excel 中存在跨表或者跨文件零星单元格引用，最好在被引用的工作表或工作簿内部先汇总然后引用汇总结果以方便查找核对。对于计算中引用数值，应该尽可能保留与数据源的关联关系，如果无法避免使用孤立数值，那么以加注可见标签的外部独立区域存储和引用更好。

例如，部分财务人员按照 6.8745 汇率折算 120 美元为人民币金额时，有时候会在一个单元格之中输入 "$= 120 * 6.8745$"，这一种做法主要有两个缺陷：一是无法直接标注数据来源与性质；二是硬输入的 120 与 6.8745 可能在后续期间忘记更新。更好的做法是将输入值 120 与 6.8745，以及计算结果分别在三个单元格中处理，同时加上列标题 "美元数" "汇率" "折人民币数"。

3.4.3 良好结构示例

以下使用一个内嵌 Power Query 的 Excel 计算企业规模大、中、小微划型工作底稿说明如何设计工作底稿结构，见表 3-3。工作底稿中有四张表，第一个是汇总表，然后是两张参数表分别是统计局标准与行业对照，最后是客户信息明细表。

表 3-3　企业规模划型工作底稿数据表目录

序号	性质	工作表名称
1	汇总表	输出结果汇总
2	参数表	统计局标准
3	参数表	行业对照
4	明细表	客户信息

图 3-5 输出结果汇总表中，按照大、中、小、微企业规模分别列示了客户数与客户占比，以条形图突出显示每一规模档次小计数。

图 3-6 中是统计局发布的每一行业组适用划型标准数据档次，而图 3-7 行业对照表建立了每一家企业行业代码与划型行业组对应关系。

图 3-8 是客户明细信息，与参数表一起输入到数据模型之后，就可以按照 Power Query 中预设逻辑生成期望结果。

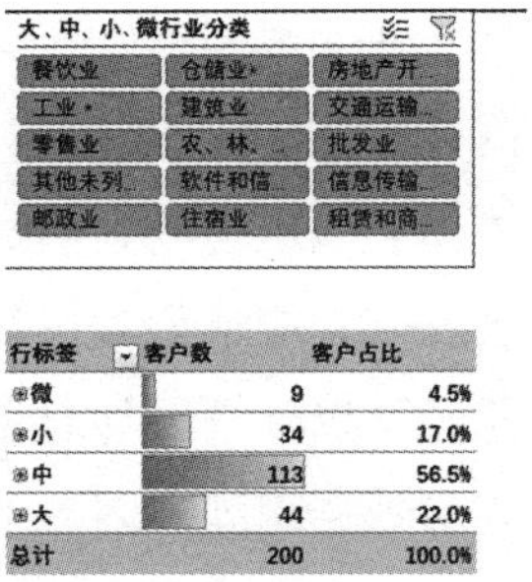

图 3-5　输出结果汇总表

行业名称	指标名称	计量单位	大型	中型	小型	微型
农、林、牧、渔业	营业收入(Y)	万元	Y≥20000	500≤Y<20000	50≤Y<500	Y<50
工业 *	从业人员(X)	人	X≥1000	300≤X<1000	20≤X<300	X<20
	营业收入(Y)	万元	Y≥40000	2000≤Y<40000	300≤Y<2000	Y<300
建筑业	营业收入(Y)	万元	Y≥80000	6000≤Y<80000	300≤Y<6000	Y<300
	资产总额(Z)	万元	Z≥80000	5000≤Z<80000	300≤Z<5000	Z<300
批发业	从业人员(X)	人	X≥200	20≤X<200	5≤X<20	X<5
	营业收入(Y)	万元	Y≥40000	5000≤Y<40000	1000≤Y<5000	Y<1000
零售业	从业人员(X)	人	X≥300	50≤X<300	10≤X<50	X<10
	营业收入(Y)	万元	Y≥20000	500≤Y<20000	100≤Y<500	Y<100
交通运输业 *	从业人员(X)	人	X≥1000	300≤X<1000	20≤X<300	X<20
	营业收入(Y)	万元	Y≥30000	3000≤Y<30000	200≤Y<3000	Y<200

图 3-6　统计局标准表（部分截图）

大类	IndustryCode	Industry (English)	Industry (Chinese)	GBT1_Alphh	GBT1_CHN	大中小微行业分类	补充对照
01	1001	agriculture	农业	A	农、林、牧、渔业	农、林、牧、渔业	
02	1002	forestry	林业	A	农、林、牧、渔业	农、林、牧、渔业	
03	1003	animal husbandry	畜牧业	A	农、林、牧、渔业	农、林、牧、渔业	
04	1004	fishery	渔业	A	农、林、牧、渔业	农、林、牧、渔业	
05	1005	services for agriculture and	农、林、牧、渔服务业	A	农、林、牧、渔业	农、林、牧、渔业	农、林、牧…
06	1101	coal mining	煤炭开采和洗选业	B	采矿业	工业 *	
07	1102	oil industry	石油和天然气开采业	B	采矿业	工业 *	
08	1103	ferrous metal ore mining	黑色金属矿采选业	B	采矿业	工业 *	
09	1104	nonferrous metal ore mining	有色金属矿采选业	B	采矿业	工业 *	
10	1105	nonmetal mining	非金属矿采选业	B	采矿业	工业 *	

图 3-7　行业对照表（部分截图）

客户号	客户行业代码	从业人员(X)	营业收入(Y)	资产总额(Z)
Corp0001	80	1 300	23 200	43 000
Corp0002	55	1 900	22 400	137 000
Corp0003	37	2 200	3 200	53 000
Corp0004	55	1 700	11 200	56 000
Corp0005	78	1 400	12 800	132 000
Corp0006	88	300	17 600	132 000
Corp0007	89	2 000	15 200	68 000
Corp0008	80	1 500	44 000	34 000

图 3-8　客户信息明细表（部分截图）

　　以上汇总表结果基于统计局标准表、行业对照表和客户信息明细表而来，计算过程与关联关系内嵌于 Excel 后台的 Power Query 数据模型。只要统计局划分行业的标准不变，也就是参数表不变，那么即使增加客户或者客户数据变化，也可以通过刷新数据和刷新数据透视表而及时更新结果。具体参见附件，C0102_Excel 工作底稿结构示例.xlsx。

3.5　保存与共享

　　基础数据与工作底稿应该长期以电子形式存储于数据库系统、共享硬盘之中，无法实现电子介质保存的文档，例如，客户证件、交易凭证等尽量扫描。数据源文件应该以只读形式保存，而且不应该被修改。

3.5.1　操作习惯

在手工操作过程中，不要直接修改数据源文件，应该优先使用 Power Query 或者 Power Pivot 导入数据而不影响原始数据。

实在无法避免直接操作具体 Excel 文件时，应该先备份原始数据，然后在备份上进行数据处理，工作簿中的工作表或者数据行列区域也可能需要备份，并且及时手动保存或者自动保存。

3.5.2　保存格式

最多有四种 Excel 文件格式可用于存储数据，如 xlsb、xlsx、xlsm、xls。工作簿 xlsx 或者 xlsb 格式含有的新产品属性与所支持的工作表函数更多，可以容纳超过 100 万行数据，而且文件存储规模更小，所以优于 Excel 97-2003 所对应的格式 xls。

再看相同数据量存储之后的文件大小，xlsb 大概比 xlsx 小三分之一到二分之一甚至更多，而且打开速度最快；xlsx 格式文件占据硬盘又小于 xls 格式文件；含有 VBA 宏程序的 xlsm 格式数据文件优点不算突出。

所以在几种 Excel 文件格式中，应该优先选择 xlsb，次优选择是 xlsx、xlsm；在 xlsx 或者 xlsb 格式的工作簿之中还应该尽量多用 Excel 表格 Table。除了 Excel 格式文件外，csv、txt、dat 三种类型文本文件也很常见，其优点是可以容纳不限行数的数据。

综上所述，在数据行数不超过 100 万行的情况下，xlsb 应该优先于 csv 被作为数据选择格式，因为 xlsb 格式文件规格小于其余两种 Excel 格式文件以及 csv。当数据超过 100 万行之后，xlsb、xlsx、xls 都不再适用，只能够选择 csv 或者 txt。

Power BI 商务
智能初步介绍

第四章　Power BI 商务智能初步介绍

本章将开始介绍 Power BI 产品技术特征、优劣势及应用前景。

4.1 产品简介

Power BI 是微软公司近年来主推的数据分析与可视化软件，功能包括数据抽取、转化、加载、建模分析、可视化，以及移动与云端数据共享，属于数据分析软件市场领导者之一。

4.1.1 产品定义

根据微软定义，Power BI 是软件服务、应用和连接器的集合，它们协同工作以将相关数据来源转换为连贯的视觉逼真的交互式见解。数据可以是 Excel 电子表格，也可以是基于云和本地混合数据仓库的集合。使用 Power BI，可以轻松连接到数据源，可视化并发现重要内容，并根据需要与任何人共享[①]

免费的 Power BI 配置在 Power BI Desktop 和部分高级版本 Excel 中，另外还有 Power BI Pro 和 Power BI Premium 两种收费产品，个人学习与入门阶段可以从 Power BI Desktop 或者 Excel 开始。

本书主要以 Power BI Desktop 为工具平台讲解各种案例应用场景，配有少量基于 Excel 的案例。

4.1.2 功能特点

根据其技术特点，Power BI 可以应用于 ETL 数据整理与转换，设计与优化数据模型，提升数据质量及数据治理，模拟各种金融模型，快速聚合大量数据生成关键指标并可视化展现。

具体而言，Power BI 可以处理加工大多数格式来源的数据，由简至繁，包括最简单的手工输入，csv、txt 与 Excel 电子表格和电脑文件夹，Access、Oracle 与 SQL 数据库，外部网页和 SharePoint，一直到云端大数据平台 Hadoop、Azure 等。经过建模处理之后，Power BI 可以在此基础上形成包括传统数据表格与可视化图形在内的多种丰富表现形式的报告，数据模型结构一经确定即可通过一键刷新反复使用，并且可以实现电脑本地、网络与移动客户端展

---

① Microsoft Power BI 入门文档，下载于 2021-02-13。

示。实现"无论是何种数据、何地、何时"的数据处理和展现愿景。

当然，对于大多数财务工作者或者银行业相关从业人员而言，更加关心的问题是，Power BI 可以帮助改变哪些现状？

- 可以完成哪些传统 Excel 无法实现的工作？
- 可以在多大程度上提高效率？

Power BI 可以突破 Excel 电子表格 104 万行的处理上限而让用户不再担心数据无法完全加载，可以通过查询连接与读取市场上常见的大多数数据来源格式而避免破坏源数据文件，可以构建多表数据模型处理复杂的业务结构而无须使用工作表函数 Vlookup，以及处理交集、并集、补集和多对多等更加复杂的数据关系，构建模拟数据和逐步分解复杂的金融产品模型以得其门而入，在搭建数据模型之后一键刷新获得最新结果而减少重复粘贴，实现迭代、递归等复杂算法，其大数据计算引擎可以在个人电脑上对上亿级运算在毫秒级时间内输出计算结果。

笔者以下将结合银行业实务案例逐步向大家介绍具体应用场景。

4.1.3　优势与不足分析

Power BI 是依托微软产品平台快速迭代的市场竞争综合优势最为明显的一种免费商务智能软件，有庞大的用户群体和学习资源。市场用户反映的不足主要是数据可视化效果相对优势不明显。

1. 优势

相当于其他 BI 产品以及传统的数据分析工具，Power BI 产品能够持续获得专业评估机构多年高度认可，以业务数据和分析人员需求为核心，内置强大的数据分析引擎 SSAS，擅长建模分析，可以灵活发布与共享到多种终端，拥有日渐增长的公司与个人用户群体，而且对个人用户免费。

根据 IT 市场研究机构 Gartner 的市场调查报告，如图 4-1，微软凭借其 Power BI 产品已经连续 14 年成为商务智能软件魔力象限领导者，在产品愿景和实施能力两方面都明显领先于其他竞争对手。

Power BI 产品内置了 SQL Server Analysis Services 计算引擎，所使用的列计算与数据压缩技术及多表数据模型，可以帮助用户快速处理上亿级运算。

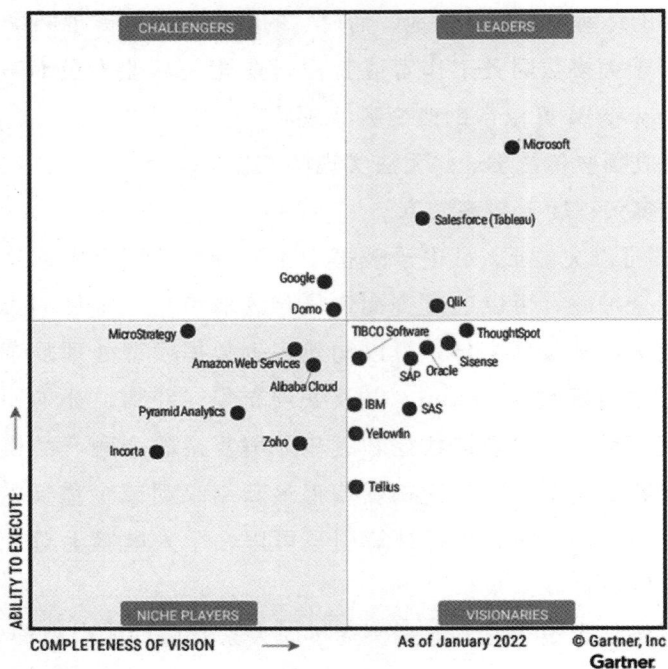

图 4-1　Gartner 商务智能产品魔力象限分析（2022 年）

商务智能模型以业务和财务数据为核心的轻代码模式对编程技巧要求相对不高，方便分析人员从业务需求出发定制化设计数据模型、反应快捷，依据数据分析表达式 DAX 建模后可以一次定义，多次调用，通过刷新数据源和改变筛选条件即可生成不同范围的分析报告，能够比较容易地保证模型简洁与数据口径一致，有望弥补以 IT 科技部门主导所开发分析系统响应需求速度慢和业务知识不足导致数据挖掘不够深入的缺陷。

Power BI 支持云计算、可以发布到外网、内网和移动客户端，方便共享与展示，打破组织内外的各种数据藩篱。

对于个人用户，Power BI 产品可以免费使用，而另外一位市场领先者 Tableau 官网发布的 2021 年的 Tableau Creator 产品定价政策为个人用户每月计费 70 美元，按年一次性收取，每一用户一年 840 美元。

除了以上总体优势之外，Power BI 还有许多重大设计创新。度量值就是其中突出的一个，可以在初始定义后被反复嵌套引用，根据外部与内部筛选环境而返回不同层次结果。根据这一特性，在不同场合引用相同基础的度量值可以保证数据一致，减少重复定义与计算。例如，制作监管报表时根据人民银行或者银保监会定义设置各项贷款度量值之后，可以后续在此基础上添加五级分类筛选条件得出不良贷款、根据客户行业条件切分出各行业贷款，以不良贷款除以各项贷款将得到不良贷款率。完成各项贷款定义之后，引用与切分十分简单。与此形成对照的是，某些传统报表工具需要反复定义，十分烦琐而且各个口径数据容易不一致。

2. 劣势

相对于其他 BI 类专业软件，例如 Tableau 和 Zebra BI、Power BI 做图效果相对较差，而且 DAX 多表模型中间过程不容易分步展现，抽象的运行机制导致其学习难度较高。

另外，银行系统安全性要求非常高，即使原则性同意采纳 Power BI，一步步安装与后续升级程序，设置数据权限以及开通数据共享和云存储与云计算功能都非常谨慎，需要经过大量合规与安全测试程序，导致新系统上线较慢。

4.2　获取与启用

免费的 Power BI 有内嵌为 Excel 组件和独立的 Power BI Desktop（简称为 "PBID"）两种形式，两种平台之下关于数据抽取和计算的基本功能与用法大体相同，差别在于 Power BI Desktop 数据可视化功能以及数据共享功能更加强大。

Excel 软件[①]中的 Power BI 很大程度上受限于 Excel 宿主，首先 Excel 正版软件需付费购买，其次部分 Excel 版本可能不支持 Powe BI，而支持 Power BI 的各种 Excel 2010、Excel 2013、Excel 2016、Excel 2019 所兼容的版本与功能也并非最新，早期版本 Excel 中可视化组件 Power View 已经被微软公司停止更新，在 Excel 中能够实现的可视化效果弱于 Power BI Desktop，而且 Excel 也不具备 Power BI 将数据发布到云端共享的强大能力。

[①]　2020 年初，微软已经将原 Office 365 改名为 Microsoft 365，但是原有的 Office 按年份命名的产品名称未被修改，仍然存在。

4.2.1 Excel 内置 Power BI

Excel 内置 Power BI 细分为前端 Power Query 和后端 Power Pivot 两个核心模块，前者偏重于数据清洗与转换，还可构造模拟金融产品模型，后者偏重于数据聚合分析。如果数据源比较规范，可以跳过 Power Query 直接将数据导入 Power Pivot。

在微软办公软件套装 Microsoft Office 2013 及之后更加高级的专业增强版等部分版本和 Microsoft 365 软件之中安装了与独立版 Power BI 功能类似的核心模块，分别是 Power Query 和 Power Pivot。以 Microsoft 365 为例：

● Power Query 子模块在 Excel 工具栏一级菜单数据选项卡之下，单击 Excel 工具栏一级菜单【数据】=>进入二级菜单后，单击【获取数据】=>单击【启动 Power Query 编辑器】=>进入；

● Power Pivot 子模块是一个一级菜单的独立选项卡，在 Excel 之中单击 Excel 工具栏一级菜单【Power Pivot】=>进入二级菜单，单击【管理数据模型】=>进入。

其他版本的 Excel 软件，有的需要另行安装独立插件（如 Office 2010 专业增强版），有的菜单入口不同（如 Office 2013 专业增强版），情景比较复杂且受微软产品策略调整的影响而不同，建议以微软官网实时查询结果为准。

4.2.2 Power BI Desktop

Power BI Desktop 是一款可在本地计算机上安装的独立免费应用程序，每月更新一次，数据处理效率比 Excel 之中的 BI 组件高，可视化工具多，展示效果更好。在 PBID 中也是分为前端与后端，前端 Power Query，后端没有类似 Power Pivot 的正式独立名称，姑且称之为 Power BI 报告，分成报表、数据、模型三块，报表区包含多种可视化对象。PBID 打开之后看到的就是 Power BI 报告界面。

Power BI Desktop 软件必须自行下载后安装，主要有两种下载方式：

第一，对于 Windows10 或者更高级版本操作系统用户，笔者推荐优先从本地电脑的微软应用商店 Microsoft Store 搜索 Power BI Desktop 下载，采用这种下载方式，今后会随着每月微软 Power BI 产品月度更新而自动升级，不需要重复安装，原有文件列表会一直被软件记忆与保存。

第二，从微软官网下载 https：//www.microsoft.com/zh-CN/download/details.aspx？id＝58494，安装语言可以选择英文或者简体中文，安装包可以选择 32 位（x86）和 64 位（x64），应该优先选择后者，因为其处理数据效率更高。

Power BI Desktop 安装成功之后，在一级菜单单击【主页】＝＞【转换数据】＝＞新建源，选取确定源数据形式为 Excel 文件，或者文本/csv，或 Web 然后按数据源所在位置导入数据进行后续处理。

4.2.3　Excel BI 与 Power BI Desktop 比较

Excel 在 Power Query 和 Power Pivot 中内置了大部分 M 函数与 DAX 函数，本身也有强大的可视化图表工具，所以具备了大多数 Power BI Desktop 的基本功能；对于初学者而言，Excel 中的 Power Query 与 Power Pivot 操作界面易上手，数据修改与报表导入导出更加方便灵活。

Power BI Desktop 按月更新，是更加高效与强大的专业数据处理软件，表现方式更加强大，处理数据速度更快，也会有更多新功能；但数据输入不够灵活，不容易像 Excel 一样逐行写入与修改后作为导入数据源。新手需要更多时间学习与适应 Power BI Desktop 的操作界面与操作习惯。

1. 可视化

Power BI Desktop 可以制作在线版的可视化图表并发布到内网或者云端，因此还可以实现权限管理，报表分享以及定时刷新等 Excel 不具备的功能。

虽然 Excel 早就可以实现条形图、柱形图、组合图等常规图表并且也会更新其图表库，但是图表样式数量少于 Power BI Desktop，后者还有即时更新的免费自定义可视化图表库。差异更大的是，Excel 不具备 Power BI Desktop 图表交互与下钻功能。

2. Power Query

Excel 中打开一个 Power Query 界面后就不可以使用或打开其他 Excel、Power Query 或 Power Pivot 界面，而 Power BI Desktop 中可以打开和使用多个 Power Query 和 Power BI 报告界面。

应注意的是，Excel 从当前文件导入数据的函数 Excel.Current Workbook 在 Power BI Desktop 中不可以使用，Power BI Desktop 中只能够单击

"输入数据"，然后以"创建表"的方式输入数据。

3. DAX

（1）结构稳定性不同。Power BI Desktop 中修改数据表名称而不会造成 DAX 表达式失效，但是在 Excel Power Pivot 之中如果修改数据表名称，会造成原有的数据模型和度量值被破坏，需要重新建立数据模型关联，以及重新写 DAX 度量值。

（2）度量值写法格式不同。在 Power Pivot 中度量值名称后面需要加上一个英文冒号，在 Power BI Desktop 中可以直接在度量值名称之后写 DAX 语句代码。

例如 Excel 中度量值写作：

```
总额:=SUM('贷款余额表'[余额])
```

而 Power BI 中度量值写作：

```
总额=SUM('贷款余额表'[余额])
```

（3）可用 DAX 函数不同。Power BI 中 DAX 函数比在 Excel 中多，例如 SELECTEDVALUE 与 TREATAS 函数，只能在 Power BI 中才可以使用，在 Excel 中无法找到。不过，SELECTEDVALUE 函数可以使用以下结构代替：

```
IF(HASONEVALUE(Table[column]),VALUES(Table[column]))
```

4.3 前景展望

Power BI 可以在 Power Query 模块抽取、转换与加载来自不同数据源的海量数据，也可以使用 Power Query 生成模拟数据，加深对金融产品的了解；在 Power BI 报告中建立金融数据模型，标记复杂的关联关系，灵活配置参数后可以处理各种不确定场景，内置的 DAX 计算引擎能够快速聚合财务与业务数据，是处理财务与业务数据的绝佳选择。

4.3.1 应用于财务报告

新时代金融业财务人员可以借助 Power BI 掌握数据处理技术，提升对数据模型的理解和实际操作能力。例如存款账户与产品类型结构，利息与摊余成本计算，贷款按多维度聚合展示，金融工具估值，金融工具按合同期限和剩余期限统计时间缺口，衍生品名义本金和风险暴露按交易与产品分类汇总都可以在 Power BI 之中模拟与实现。

从纯粹技术特点而言，Power BI 处理多维数据集是其强项，可以得心应手地用来处理金融数据。一旦在 Power BI 中完成建模之后，可以自动化处理大量复杂计算与报告，可以追踪和观察主要过程，修改估计参数，生成可视化报告，广泛共享。

根据 Power BI 不同组件的特性，包括 M 函数与菜单实现步骤的 Power Query 模块中内置了强大的数据抽取、转换、清洗与加载功能，还可以模拟各种金融产品场景与数据和形成复杂结构以方便理解与展示，帮助用户加深对金融工具的理解。包含 DAX 函数与数据可视化功能的 Power BI 报告可以用于聚合与分析海量金融数据。在加载并且建立数据模型后，可以充分利用 Power BI 菜单功能、可视化对象和 DAX 公式度量值设计出综合报告，全方位、多维度反映金融资产负债价值与风险状况，灵活切换观察角度，快速形成对金融业务的洞察，形成可以追踪到底层数据的可视化报告。发布到网络之后方便组织内部外部共享。

从设计思路来说，Power BI 是比 SQL、Python、R 语言、Matlab 等专业计算机语言更加倾向于商业报告用户的一种工具，即使没有掌握太多计算机基本原理，也可以直接从菜单命令入手学习和应用，是微软最近十年来大力推广的致力于数据处理与分析的专业工具，可以通过比 VBA 产品简单的语句实现更加强大和便捷的功能。

4.3.2　应用于监管报告

虽然 Power BI 很多时候被作为数据可视化工具而广泛认知，但是其灵活的数据清洗转换能力和强大的数据模型在监管报告方面也是大有可为。

财务或者统计人员掌握了 Power BI 之后，对数据抽取与加工和呈现过程的理解将出现质的飞跃，不管是处理汇总聚合之后的报告，还是处理业务明细与变动，都可以依据自身对监管要求和会计知识的坚实理解，更加精准地提出数据抽取与系统开发要求，还可以独立完成提取与筛选清洗数据，落实计算逻辑与测试反馈等全套任务，加快项目开发进度，提高监管报送系统质量。

当数据量不是特别大的情况下，如以一年十二个月末作为报告日，每一期包括数百家左右客户，数千行贷款数据时，Power BI 可以直接快速地按照监管需求模拟生成报告。

本书案例中包括了流动性覆盖率 LCR 存款部分报告，贷款按一级与二级行业与五级质量分类在纵横两个维度报告，以及纵向按照客户规模与交易对手类型，横向分别按贷款产品类别、五级分类、担保方式、短期或中长期、逾期天数等不同维度报送贷款金额与客户数的复杂报告。

小结

通过 Power BI 建立数据模型和严谨的计算逻辑，将直观且明确的呈现逻辑判断与计算过程，增加财务报告与监管报告透明度和统一性，有助于来自各方面的利益相关者充分理解数据特性与报表需求。

第五章　存款产品及其核算

本章从吸收客户存款的角度出发论述银行存款核算，探讨如何在 Power Query 中根据业务参数自动生成会计分录，以模拟会计系统数据生产过程，加深对财务数据的理解。

5.1　存款核算概述

存款是最常见的金融负债，客户作为存出方在存期内承担信用风险以收取利息为回报出让特定金额资金一定期间的使用权，银行作为存入方承担流动性期限错配风险与利率风险之后将存款投放于不同期限的贷款、同业资产与债券以获取更高额利息收入。由于涉及两个权利义务对称的交易对手，如脱离具体会计主体语境，则无法断定银行存款属于资产还是负债。在上市银行年报中客户存款一般被称之为吸收存款，属于银行负债。

5.1.1　账号与存款产品结构

为了准确核算每一笔存款交易的本金与应付利息，存款需要细化到每一笔交易最底层。同时由于存款基数庞大导致其每一天利息金额可观，所以银行应该按天计算利息；存款日常核算在资产负债表涉及本金、应付利息两组负债类会计科目①，在利润表涉及利息支出类成本费用会计科目，一共三组会计科目。

根据实际需要，例如按照交易对手和存款产品类别和期限可能会将这三组会计科目细分为更多的会计科目。存款核算数据从最底层开始生产与采集，最后聚合成汇总的资产负债表与利润表数据。

银行实务中，每一位个人与公司客户和同业客户都被银行赋予其唯一编号，这个唯一的客户号再添加分支机构号、币种和账户类型等形成子账号，子账号之下再附属关联若干定期活期存款业务编号。

了解存款账号与存款产品业务数据结构之后，可以更好地理解存款按照客户汇总、按照定期、活期分类，按本币、外币分类等基本核算与报告要求。

图 5-1 中按产品类型分成活期与非活期，活期存款放置于结算户中，定期、通知与保证金存款放置于非结算户中。单一客户名下存款业务按币种分成人民币与外币。

---

① 如果存款为负利率（例如欧元），那么银行吸收存款将形成利息收入，本书忽略这一情况。

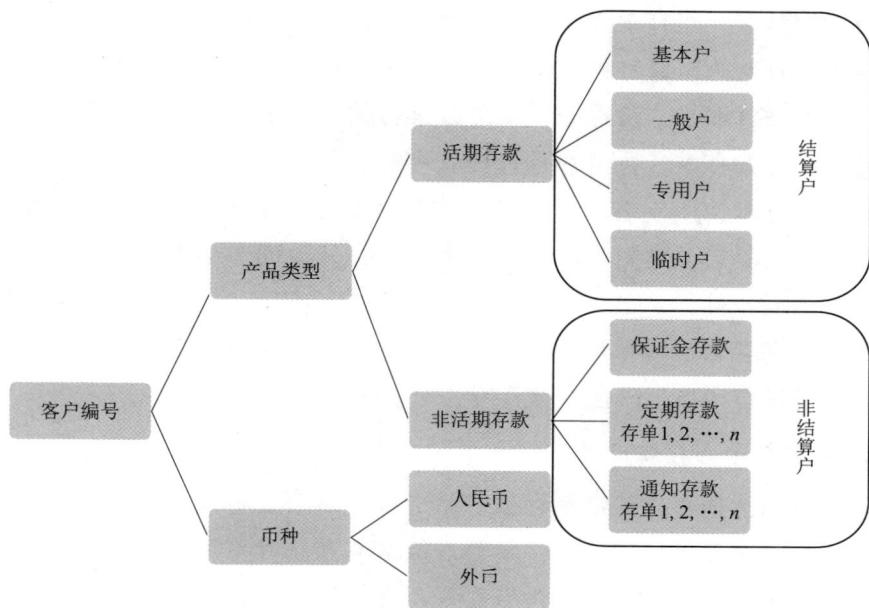

图 5-1　对公账户类型与存款产品

1. 对公业务账户类型

根据人民银行相关规定，对公账户按照是否有结算功能，分为结算户和非结算户两大类，结算户只可以存入活期存款，非结算户可以存入保证金存款、通知存款和定期存款；所有账户还可以按照所处理币种分为本币账户和外币账户。

（1）结算账户。根据《人民币银行结算账户管理办法》和银行业务惯例，结算账户分为基本存款账户、一般存款账户、专用存款账户和临时存款账户。单位活期存款存储于结算户中。

基本账户是存款人办理日常转账结算和现金收付的账户。存款人的工资、奖金等现金的支取，只能通过本账户办理。存款人只能在银行开立一个基本存款账户。

一般存款账户是存款人在基本存款账户以外的银行借款转存，与基本存款账户的存款人不在同一地点的附属非独立核算单位开立的账户。存款人可以通过本账户办理转账结算和现金缴存，但不能办理现金支取。

专用存款账户是存款人因特定用途需要开立的账户。

临时存款账户是存款人因临时经营活动需要开立的账户。存款人可以通过本账户办理转账结算和根据国家现金管理的规定办理现金收付。

（2）非结算账户。这种账户不可以进行结算行为，主要用于办理和存储定期存款、通知存款、协定存款、协议存款、保证金存款等非活期存款。该类账户的开立和使用应遵守《人民币单位存款管理办法》的规定。非结算账户资金进出，必须通过同名结算账户来进行。开设同名结算账户是开设非结算账户的前提条件。

单位定期存款实行账户管理，办理存款时须提交开户申请书、营业执照正本等，并预留印鉴，一般存储于专用户之中。

2. 对公与个人存款产品

除常见的活期存款与定期存款产品之外，对公业务还有通知存款、协定存款、大额定期存单、结构性存款等，但基本利息计算原理与定期和活期存款相同，都是按照资金占用时间与金额、结合适用利率计算。

个人存款产品与公司产品类似，最主要的是活期存款与定期存款。新型个人理财产品大多按公允价值计量，风险回报特征与存款不同，不在本章讨论范围之内。

5.1.2　本金与利息核算

活期存款本金可以随时存入存出，甚至一天内也可能多次变动，没有到期日；而定期存款存入之后一般在固定到期日支取本金与存单约定的利息，如果提前支取只能够按照活期或者较低利率计算利息，具体根据不同银行约定。

1. 利息计算原则

吸收存款业务从吸收客户资金存入开始，于存款持续期间需按存单约定利率和期限遵从权责发生制原则逐笔预提（贷记）应付存款利息，并汇总成为资产负债表项目汇总金额，同时在利润表增加（借记）利息费用支出；在存款到期日或者结息日支付应付利息。

以下我们分别讨论人民币定期与活期存款的利息账务处理方法，外币存款计息原则与此类似。

根据图 5-2，某银行存款采用积数计息法，按日利率、累计积数和存入天数计息，日利率等于年利率除以 360①，由于本金每一天都可能变化，所以活期存款逐日以上一日余额累加确定积数，定期存款按从起存日至计息日每日余额累加确定积数。活期存款在每季度最后一个 20 日根据累计积数计息；遇到利率调整时，个人活期存款按结息日利率而对公活期存款分段采用不同利率计算。定期存款在对年对月对日的到期日清算应付利息与支付本金，不过有的银行规定如果到期日是月底最后一天 31 日，而当月最后一天为 30 日，那么可以在 30 日结清本息而不算提取支取。

根据《中国人民银行关于人民币存贷款计息问题的通知》（银发〔2005〕129号）相关要求，现对我行存款计息规则做如下说明：

一、我行存款的计息、结息规定
个人活期存款按季计息，按结息日挂牌活期利率计息，每季末月的20日为结息日。未到结息日清户时，按清户日挂牌公告的活期利率计息到清户前一日止。

单位活期存款按日计息，按季结息，计息期间遇利率调整分段计息，每季度末月的20日为结息日。

二、存款利率换算和计息公式
（一）人民币业务的利率换算公式为：
日利率（‰）=年利率（%）÷360
实际存款天数每年为365天（闰年366天）。

（二）我行采用积数计息法进行计息，计息公式为：利息=本金×实际存款天数×日利率。

例如：在我行开立一笔10万元一年期定期存款（年利率为2.02%），具体计算方式为：本金×2.02%÷360×实际存放天数，即100000×2.02%÷360×365=2048.05元。

图 5-2　贵阳银行 2021 年利息计算与支付方法②

部分银行在办理定期存款的时候默认自动转存，开通后到期日之后即继续存定期，无须到银行办理支取与转存手续。如果超过原存单到期日而且尚未到达自动转存到期日办理支取，那么过期日之后几天里资金按照活期利率计算利息。

2. 定期存款

定期存款业务核算起始于本金存入，在对年、月、日计算的到期日支取或转存本金与利息，中间每一天都需要预提应付利息。

开户新存入定期存款时，银行一边从其他银行业机构收到转入资金③，借记联行往来、存放同业等资产类会计科目；另一方面增加客户定期存款，也就是贷记负债类会计科目。还有一种特殊情况是原有定期存款转存为新定期

---

① 法规依据，《中国人民银行关于人民币存贷款计结息问题的通知》第三条："（一）人民币业务的利率换算公式为：日利率（‰）＝年利率（%）÷360，月利率（‰）＝年利率（%）÷12"。
② https://www.bankgy.cn/portal/zh_CN/home/news/notice/20180930.html
③ 个人存款来源可以是现金，对应银行库存现金会计科目，而公司存款只能通过转账存入。

存款，即到期转存，同时借记定期存款与应付利息，贷记定期存款。

公司客户定期存款到期之后，对原始本金与应付利息有两种处理方式：一是通过联行往来与同业账户划账转出本银行营业机构，这种情况下与通过同业往来或者联行往来存入定期存款的会计分录借贷方向相反；二是转存为新定期存单。

以下是一个简单的 A 客户一年期定期存款例子，本金 10 万元，年利率 1.8%，按每年 360 天换算为日利率，按实际天数计息。

①存入日，2023 年 9 月 1 日。

借：存放同业、存放央行、联行往来、定期存款等　　100 000
　　贷：定期存款——A 客户——1 年期——x 存单　　　100 000

②存款期间每日预提利息。

每日利息＝100 000×1.8%÷360＝5（元/天）

借：利息支出——定期存款——1 年期　　　　　　　　　　　5
　　贷：应付利息——A 客户——1 年期——x 存单　　　　　　5

③到期日，2024 年 9 月 1 日。

累计应付利息＝5×366＝1 830（元）

借：定期存款——A 客户——1 年期——x 存单　　　100 000
　　应付利息——A 客户——1 年期——x 存单　　　　1 830
　　贷：存放同业、存放央行、联行往来、定期存款等　　101 830

3. 活期存款

活期存款本金增减变动分录与定期存款大体类似，存入时借记"库存现金、联行往来、存放同业"等资产类会计科目，贷记"活期存款"；支取时会计分录方向与之相反。以下是活期存款本金与利息分录举例。

①活期本金存入 10 000 元。

借：库存现金、存放同业、存放央行、联行往来、定期存款

　　　　　　　　　　　　　　　　　　　　　　　10 000
　　贷：活期存款——A 客户——A1 账户　　　　　　10 000

②活期本金支取 7 900 元。

借：活期存款——A 客户——A1 账户　　　　　　　7 900
　　贷：库存现金、存放同业、存放央行、联行往来、定期存款等

　　　　　　　　　　　　　　　　　　　　　　　7 900

③活期存款每一天都根据上一天存款余额预提利息，以下是活期利息预提分录。

借：利息支出——活期存款	1.15
贷：应付利息——A客户——活期存款	1.15

④活期利息支付。

借：应付利息——A客户——活期存款	47.19
贷：活期存款——A客户——A1账户	47.19

活期存款与定期存款差异在于：

（1）活期存款没有到期日，所以没有本金转存；

（2）活期存款结转利息之后增加活期存款本金；

（3）活期存款利率可变，而定期存款利率固定。

5.1.3 会计核算与业务流程的关系

从以上讨论与会计分录举例中看到，存款业务会计分录依据业务流程中录入的币种与本金，以及适用利率、存入日期、到期日等定量业务数据而生成。由于存款业务数据需要精确到每一个客户活期存款账户与每一笔定期存单，因此还需要根据客户号、账号或者存单号归集汇总数据。

除了以上数据之外，日常存款业务流程中还需要办理新开账户，设置利率、起息日、到期日，录入客户身份信息等实现步骤并且产生大量业务数据，客户结构变化、客户存款行为、存款余额变动的主要因素、利息支出上升原因等往往需要调查业务明细数据。

一方面，由于只有产生资金变动的业务（包括预提利息）才会产生会计分录，而许多业务数据并不产生会计分录；另一方面，传统的会计科目为树状结构，从一级科目向底层按一定标准分割；而财务分析、监管报告与风险管理所需要的是二维网状结构数据，也就是从每一条交易明细数据出发，关联其他关键字段后筛选与聚合才能够得到有效结论。所以将财务数据结合业务数据之后，才能够全面深入分析银行存款业务。

5.2 定期存款本金利息核算案例

以下我们分需求描述、问题难点、解决思路与实现步骤几方面模拟定期存款核算。

5.2.1　需求描述

星际银行有以下三笔定期存款明细，见表 5-1。

表 5-1　定期存款基础数据

客户号	客户名	起息日	产品种类	余额	资金来源	资金去向
CB11C0005	上海市啸健有限责任公司	2022/12/11	一年	4 000 000	活期存款	联行往来
CB11C0010	上海市仕鸿有限责任公司	2023/06/19	半年	1 000 000	联行往来	活期存款
CB11C0045	上海市拓具有限责任公司	2023/09/30	三个月	5 000 000	同业往来	同业往来

（1）本金存入与支取时对应项目具体参见本金资金来源与资金去向列，包括活期存款、联行往来与同业往来三项；应付存款利息到期时转入活期存款账户。

（2）执行表 5-2 中利率，按照上一小节所讨论的计息规则，定期存款从存入当天开始按年利率除以 360 得到的日利率计息，到期日不计息。

要求使用 Power Query 生成存单整个生命周期内本金存入、利息计算、到期支取三个阶段的关键业务数据与会计分录。

表 5-2　存款产品利率与期限表

子类	年利率	期限月数
三个月	1.35%	3
半年	1.55%	6
一年	1.75%	12

5.2.2　问题难点

利息计算方法较为烦琐，有各种计息方式，首先，需要考虑年利率按多少天折算为日利率，按 360 天折算为日利率还是按 365 天或者 366 天；其次，计息天数按实际天数算头不算尾，需要观察软件计息天数是否与存单约定一致；最后是源自传统手工会计的技能仅限于处理有限数据，难以自动扩展到不限定数量的交易与日期。

5.2.3 解决思路

充分利用 Power Query 数据转换的强大能力，从基础数据与产品数据出发，利用全部已知信息生成各个核算日期的会计数据再转化为会计科目；将客户号作为明细科目，添加业务类型与摘要作为数据标签；最终将所生成的会计信息表加载输出至 Power BI Desktop。虽然案例中仅有三笔借据，但是 Power Query 可以为后续追加的相同结构存单自动生成会计数据。

5.2.4 实现步骤

以下分别探讨如何以 Power Query 模拟形成基础业务数据、本金存入、利息计提、到期支取与到期转存等多种场景。

1. 导入与整理定期存款基础数据-形成公用数据源

虽然表 5-1 中已有客户信息，起存日、金额、期限，以及资金来源与资金去向等存单业务明细数据，但是还缺少计算利息所必需的利率与到期日等产品级信息。所以将前文中存款产品利率、期限表及定期存款基础数据表导入 Power Query 后，还需要连接二者并展开以获取利率与产品期限，并且根据起存日与期限算出到期日。

这一连接查询对应存款业务系统中操作，前台柜员先输入客户号、产品种类、存入期限、存入时资金来源等逐笔确定的存单级要素，然后根据存入日期与定期存款产品期限自动匹配产品级参数添加到期日与利率到存款交易数据明细表之中，再由系统算出存单到期日。

（1）步骤 1：新建源-导入数据。

本案例所有数据都存储在 "C:\Power_BI_Case\data_source\C11_存款核算数据源.xlsx" 文件之中，需要先导入 Excel 工作簿，再深化或者导出其中产品利率期限表以及定期存款基础数据表。数据导入有两种方法：一是手工导入，先后单击【主页】=>【新建源】=>【Excel 工作簿】，然后浏览目标文件夹再点击数据源文件；二是直接输入 M 函数表达式，如下所示。

```
= Excel.Workbook(File.Contents("C:\ Power_BI_Case\ data_
source\ C11_存款核算数据源.xlsx"),true)
```

但是以上两种方式建立的数据源目标文件查询不够灵活，可以进一步优化，将数据源文件地址与文件名设置为独立新查询，方法是在公式编辑栏输入不带双引号的文件地址与名称及文件类型，如下所示。

```
C:\ Power_BI_Case\ data_source\ C11_存款核算数据源 .xlsx
```

然后将新查询命名为 Source_File_Name，再将原 M 函数表达式之中 File.Contents 参数，也就是双引号间部分替换为新查询名称，如下所示。

```
=Excel.Workbook(File.Contents(Source_File_Name),true)
```

数据源文件视图如图 5-3 所示。

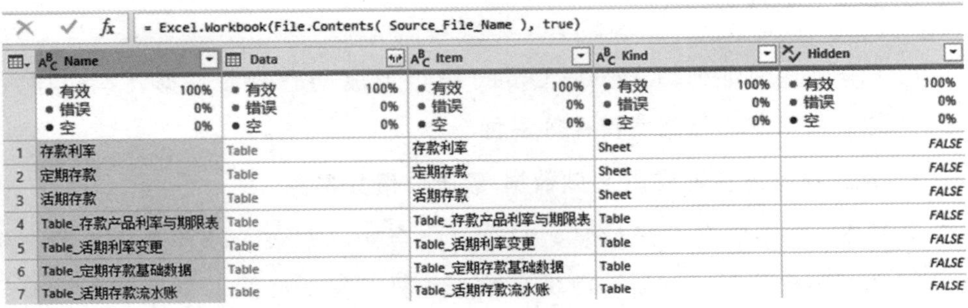
= Excel.Workbook(File.Contents(Source_File_Name), true)

	Name	Data	Item	Kind	Hidden
	有效 100% 错误 0% 空 0%	有效 100% 错误 0% 空 0%	有效 100% 错误 0% 空 0%	有效 100% 错误 0% 空 0%	有效 100% 错误 0% 空 0%
1	存款利率	Table	存款利率	Sheet	FALSE
2	定期存款	Table	定期存款	Sheet	FALSE
3	活期存款	Table	活期存款	Sheet	FALSE
4	Table_存款产品利率与期限表	Table	Table_存款产品利率与期限表	Table	FALSE
5	Table_活期利率变更	Table	Table_活期利率变更	Table	FALSE
6	Table_定期存款基础数据	Table	Table_定期存款基础数据	Table	FALSE
7	Table_活期存款流水账	Table	Table_活期存款流水账	Table	FALSE

图 5-3　数据源文件视图

参数化独立文件夹与文件名数据源文件的好处是即使数据源文件名或者地址发生变化，只需修改被引用的查询即可，Power Query 创建数据源的表达式维持不变也能够自动读取修改后数据源文件内容，维护工作复杂度有所降低。根据这个原理，读者可以在自己电脑自定义数据源文件地址与名称，然后修改查询 Source_File_Name 中作为数据源文件地址与名称的字符串。

(2) 步骤 2：合并查询联接业务明细与产品表并展开所需字段。

导入数据后，在数据源文件视图的基础上先后深化获取 Table_存款产品利率与期限表、Table_定期存款基础数据两张表，以前者为左表，使用“产品种类”字段；左外连接存款产品利率与期限表，匹配右表中子类字段。

```
=Table.NestedJoin(筛选,{"产品种类"},存款产品利率与期限表,{"子类"},"利率表",JoinKind.LeftOuter)//筛选是上一步名称,内容等于Table_定期存款基础数据
```

左外连接后，展开“年利率”“期限月数”两字段将产品级字段添加到定

期存款明细信息中。

```
=Table.ExpandTableColumn(合并的查询,"利率表",{"年利率","期
限月数"})
```

以上左外查询与展开操作也可使用手工操作实现，参见以前 Power Query 菜单与工具栏可视化操作部分。

（3）步骤 3：添加到期日字段。

根据原有的定期存款起息日与期限月数，添加自定义列算出存款到期日。

```
= Table.AddColumn(展开,"到期日",each Date.AddMonths([起息
日],[期限月数]),type date)
```

根据起息日与期限计算到期日可减少基础数据输入量，同时保证数据一致性。

完成以上步骤之后，形成表 5-3 业务数据，作为生成本金与利息会计分录的基础，且分别被本金存入、利息计提与到期支取三个查询引用作为定期存款公用数据源。

表 5-3　定期存款基础数据　　　　　　　　单位：元

客户号	客户名	起息日	产品种类	余额	资金来源	资金去向	年利率	期限月数	到期日
CB11C0010	上海市仕鸿有限责任公司	2023/6/19	半年	1 000 000	联行往来	活期存款	1.55%	6	2023/12/19
CB11C0045	上海市拓具有限责任公司	2023/9/30	三个月	5 000 000	同业往来	同业往来	1.35%	3	2023/12/30
CB11C0005	上海市啸健有限责任公司	2022/12/11	一年	4 000 000	活期存款	联行往来	1.75%	12	2023/12/11

2. 本金存入核算

建立基础数据作为定期存款公用数据源后，接下来在本步骤中新建查询生成本金存入的数据与会计分录，关键步骤是添加标签、修改借贷方列名称以及逆透视。

（1）步骤 1：新建源-引用定期存款公用数据源。

引用上文中生成的定期存款核算基础数据，也就是"导入与整理定期存款基础数据"中"步骤 3 添加到期日字段"中生成的查询"定期存款基础数据整理"，并且删除不需要的列，生成数据源，代码如下。

> =Table.RemoveColumns(定期存款基础数据整理,{"期限月数","到期日","资金去向","年利率"})

（2）步骤 2：添加复合列并且展开。

新增由记录组成的列，如图 5-4 所示。由于是生成定期存款存入会计分录，所以默认贷方为"定期存款"；新增业务类型摘要为"1_存入"，添加摘要可以便利今后对会计分录切片与筛选。本步骤之后将进一步转换借方会计科目并且以逆透视将数据变形。

> = Table.AddColumn (源,"A",each [贷 ="定期存款",摘要 ="1_存入"])//源是本查询中上一步骤名称

	$^{A}_{C}$ 客户号		$^{A}_{C}$ 客户名		起息日		$^{A}_{C}$ 产品种类		1.2 余额		$^{A}_{C}$ 资金来源		$^{123}_{A}$ A	
	● 有效	100%	● 有效	100%	● 有效	100%	● 有效	100%	● 有效	100%	● 有效	100%	● 有效	100%
	● 错误	0%	● 错误	0%	● 错误	0%	● 错误	0%	● 错误	0%	● 错误	0%	● 错误	0%
	● 空	0%	● 空	0%	● 空	0%	● 空	0%	● 空	0%	● 空	0%	● 空	0%
1	CB11C0010		上海市仕玮有限责任公司		2023/6/19		06_半年		1000000		联行往来		Record	
2	CB11C0045		上海市拓具有限责任公司		2023/9/30		03_三个月		5000000		同业往来		Record	
3	CB11C0005		上海市啨健有限责任公司		2022/12/11		12_一年		4000000		活期存款		Record	

贷 定期存款
摘要 1_存入

图 5-4　添加复合列

下一步展开所添加复合列录入信息如下。

> =Table.ExpandRecordColumn(添加复合列,"A",{"贷","摘要"})

（3）步骤 3：重命名列。

这一步中必不可少的一组修改是将"资金来源"列标题修改为"借"，与前文中新增后展开的列标题"贷"相呼应组成完整的借贷符号；其余各组名称修改目的是方便用户理解数据内容，避免误会。例如将"客户号"改为"相关客户号"是因为后续步骤中借方会计科目包含联行往来或同业往来，修改为"相关客户号"之后业务人员可以判断出这一笔分录是为某某相关客户而发生的，就不容易被误解为是联行往来或同业往来的明细项目。录入信息如下。

> =Table.RenameColumns(展开,{{"资金来源","借"},{"余额","发生额"},{"起息日","业务日期"},{"客户号","相关客户号"},{"客户名","相关客户"}})

（4）步骤 4：逆透视。

上一步生成的三行定期存款数据表中，包括分别名为"借"与"贷"的

两列数据，如图 5-5 所示。由于借贷分别处于两列不方便编辑与查询，而逆透视将借贷方合并到一列之后将更加高效。

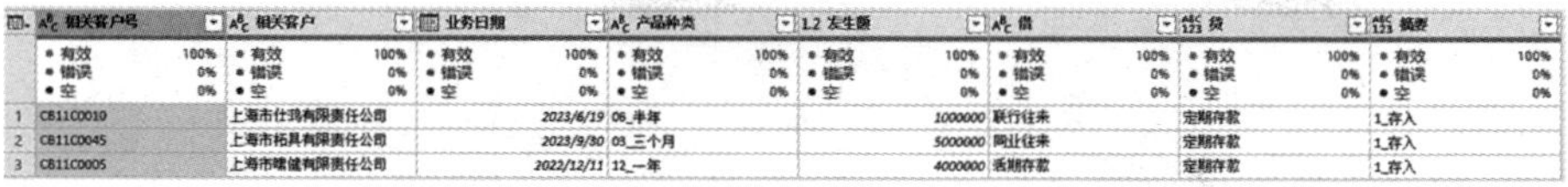

图 5-5　逆透视之前

所以选定借贷两列逆透视，相当于"借"与"贷"两列转置 90°配合其余列数据，使得定期存款数据表从三笔单行交易数据在新表中变成三笔交易借贷方各一行，一共六行，然后手动修改软件自动生成 M 函数代码中"属性"与"值"两列名称为"借贷方向"与"会计科目"，效果如图 5-6 所示。

```
= Table.UnpivotOtherColumns(重命名列,{"摘要","业务日期","相
关客户号","相关客户","产品种类","发生额"},"借贷方向","会计科目")
```

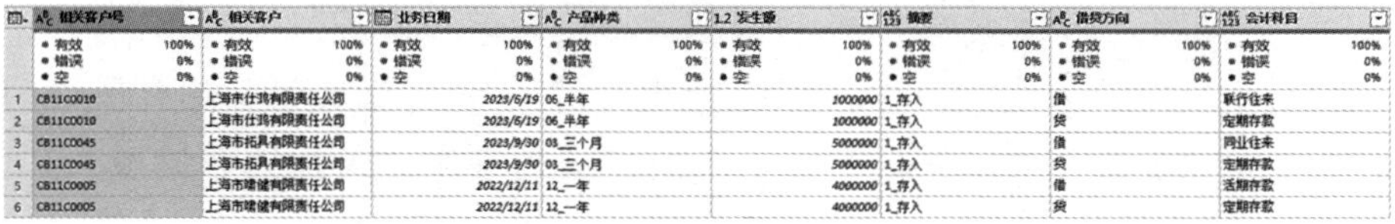

图 5-6　逆透视之后

（5）步骤 5：其他。

逆透视后，还有重新排序行、重新排序列与更改数据类型等三步，前两步目标是方便查看报表数据，而第三步更改数据类型是由于 Power BI 报告之中任意类型的数据通常被作为文本处理，如果作为数字与日期参与运算则会报错。本金存入会计数据见表 5-4。

表 5-4　定期存款本金存入会计数据　　　　　　　　单位：元

业务日期	产品种类	摘要	相关客户	相关客户号	借贷方向	会计科目	发生额
2022/12/11	12_一年	1_存入	上海市啸健有限责任公司	CB11C0005	借	活期存款	4 000 000
2022/12/11	12_一年	1_存入	上海市啸健有限责任公司	CB11C0005	贷	定期存款	4 000 000
2023/6/19	06_半年	1_存入	上海市仕鸿有限责任公司	CB11C0010	借	联行往来	1 000 000

业务日期	产品种类	摘要	相关客户	相关客户号	借贷方向	会计科目	发生额
2023/6/19	06_半年	1_存入	上海市仕鸿有限责任公司	CB11C0010	贷	定期存款	1 000 000
2023/9/30	03_三个月	1_存入	上海市拓具有限责任公司	CB11C0045	借	同业往来	5 000 000
2023/9/30	03_三个月	1_存入	上海市拓具有限责任公司	CB11C0045	贷	定期存款	5 000 000

3. 利息计提

利息计算部分的精髓是为定期存款基础数据添加复杂计算列并转为表格，其中根据每一条业务记录构建借贷方会计科目与利息发生额数据以及日期列表，分别展开记录再展开日期之后再以逆透视将借贷方向与会计科目整合为一维表。

（1）步骤1：新建源-引用定期存款公用数据源并添加复杂列与展开。

首先，使用如下代码引用公用数据源，即"导入与整理定期存款基础数据"中最终"步骤3添加到期日字段"所生成的查询结果作为数据源。

```
=定期存款基础数据整理
```

其次，添加复杂列"A"，在每一行根据当前行数据生成多字段记录。最后将记录展开形成业务数据与会计分录。

```
=Table.AddColumn(源,"A",each
        [
                摘要="2_计息",
                借="利息支出",
                贷="应付利息",
                发生额=Number.Round([年利率]/360*[余额],2),
                业务日期=List.Dates([起息日],Duration.Days([到期
日]-[起息日]),#duration(1,0,0,0))
        ])
```

在以上添加字段中，摘要字段用于标注数据性质，借、贷字段是不可缺少的会计科目，将来在逆透视之后也是会计数据行标签，发生额字段用于计

算每日利息，而业务日期字段生成从起息日开始至到期日结束的每一个业务日期所组成的序列。本步骤生成记录内部结构如图 5-7 所示。

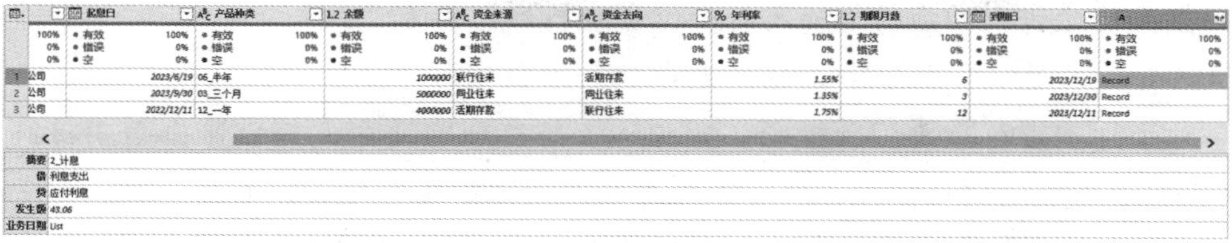

图 5-7　新增复杂列-A

展开复合列、业务日期，为从起息日至到期日的每一天都配置利息数据。

（2）步骤 2：逆透视。

逆透视借贷两列数据，将原先每日单行数据扩展到借贷两行，与下一页（4）逆透视效果等同。

（3）步骤 3：其他。

逆透视之后就已经完成了生成业务数据与会计分录的主要步骤，接下来还有删除列、重命名列、排序行、排序列与更改数据类型等低难度操作，除了修改数据类型是为了防止文本型日期与数值在 Power BI 之中无法生成正确运算结果之外，其余步骤目的是提高数据表格可读性。最终生成数据的结构见表 5-5，由于行数太多而没有全部显示。

表 5-5　定期存款利息计提（部分分录）　　　　　　单位：元

业务日期	产品种类	摘要	相关客户	相关客户号	借贷方向	会计科目	发生额
2022/12/11	12_一年	2_计息	上海市啸健有限责任公司	CB11C0005	借	利息支出	194.44
2022/12/11	12_一年	2_计息	上海市啸健有限责任公司	CB11C0005	贷	应付利息	194.44
2023/6/19	06_半年	2_计息	上海市仕鸿有限责任公司	CB11C0010	借	利息支出	43.06
2023/6/19	06_半年	2_计息	上海市仕鸿有限责任公司	CB11C0010	贷	应付利息	43.06
2023/9/30	03_三个月	2_计息	上海市拓具有限责任公司	CB11C0045	借	利息支出	187.5
2023/9/30	03_三个月	2_计息	上海市拓具有限责任公司	CB11C0045	贷	应付利息	187.5

4. 本金到期支取

本金到期支取时，借记定期存款，与期初存入时相反，同时贷方会计科目根据资金去向而定；另外还有应付利息科目记借方。

（1）步骤 1：新建源-引用定期存款公用数据源。

引用定期存款公用数据源，即"导入与整理定期存款基础数据"中最终"步骤 3 添加到期日字段"所生成的查询作为数据源，代码如下。

```
=Table.RemoveColumns(定期存款基础数据整理,{"期限月数","起息日","资金来源","年利率"})
```

（2）步骤 2：添加复合列并且展开。

输入以下代码增加新列。

```
=Table.AddColumn(源,"A",each[借="定期存款",摘要="3_支取"])
```

展开，输入信息如下。

```
=Table.ExpandRecordColumn(添加复合列,"A",{"借","摘要"})
```

（3）步骤 3：重命名列。

将资金去向列名修改为"贷"，其余列名称修改参见下方 M 函数代码。

```
=Table.RenameColumns(展开,{{"资金去向","贷"},{"余额","发生额"},{"到期日","业务日期"},{"客户号","相关客户号"},{"客户名","相关客户"}})
```

（4）步骤 4：逆透视及其他。

逆透视及以后步骤包括行与列排序，更改数据类型等步骤，代码与定期存款期初存入时完全相同，所以不再详述。另外，定期存款到期转存资金去向仍是定期存款。

输出结果见表 5-6。

表 5-6　定期存款到期支取　　　　　　　　　单位：元

业务日期	产品种类	摘要	相关客户	相关客户号	借贷方向	会计科目	发生额
2023/12/11	12_一年	3_支取	上海市啸健有限责任公司	CB11C0005	借	定期存款	4 000 000
2023/12/11	12_一年	3_支取	上海市啸健有限责任公司	CB11C0005	贷	联行往来	4 000 000

业务日期	产品种类	摘要	相关客户	相关客户号	借贷方向	会计科目	发生额
2023/12/19	06_半年	3_支取	上海市仕鸿有限责任公司	CB11C0010	借	定期存款	1 000 000
2023/12/19	06_半年	3_支取	上海市仕鸿有限责任公司	CB11C0010	贷	活期存款	1 000 000
2023/12/30	03_三个月	3_支取	上海市拓具有限责任公司	CB11C0045	借	定期存款	5 000 000
2023/12/30	03_三个月	3_支取	上海市拓具有限责任公司	CB11C0045	贷	同业往来	5 000 000

5. 到期利息转存活期

前文中已经假设定期存款到期后应付利息全部转存活期，现在引用利息预提分录的数据，聚合转换后生成支取会计分录数据。

（1）步骤 1：新建源-引用利息计提数据。

> =定期分录_2_利息计提

（2）步骤 2：分组依据。

基于前述所有日期的利息计提数据，加总应付利息累计发生额，并且在已有的利息计提业务日期中选取最大的一天再加 1（假设到期后次日支取），获得到期支取日期。保持其余数据行标签作为汇总依据，M 函数代码如下，效果如图 5-8 所示。

> =Table.Group(源,{"产品种类","摘要","相关客户","相关客户号","借贷方向","会计科目"},{{"发生额",each List.Sum([发生额])},{"业务日期",each Date.AddDays(List.Max([业务日期]),1)}})

图 5-8　分组聚合利息计提数据

（3）步骤 3：修改借贷科目。

上一步分组聚合所加总的数据，来自定期存款存续期内每一天预提科目数据加总；但是由于到期支付日借贷方向的科目名称与计提日不同，所以借方科目应该从利息支出修改为应付利息，贷方科目应该修改为活期存款，以下 M 函数代码相当于查找替换。

```
= Table.Transform Columns(分组聚合,{{"会计科目",each if _ =
"利息支出"then"应付利息"else"活期存款"}})
```

最后还有一步非常简单的修改数据类型，代码见附件，输出结果见表 5-7。

表 5-7　到期利息转增活期存款　　　　　　单位：元

产品种类	摘要	相关客户	相关客户号	借贷方向	会计科目	发生额	业务日期
12_一年	2_计息	上海市啸健有限责任公司	CB11C0005	借	应付利息	70 970.60	2023/12/11
12_一年	2_计息	上海市啸健有限责任公司	CB11C0005	贷	活期存款	70 970.60	2023/12/11
06_半年	2_计息	上海市仕鸿有限责任公司	CB11C0010	借	应付利息	7 879.98	2023/12/19
06_半年	2_计息	上海市仕鸿有限责任公司	CB11C0010	贷	活期存款	7 879.98	2023/12/19
03_三个月	2_计息	上海市拓具有限责任公司	CB11C0045	借	应付利息	17 062.50	2023/12/30
03_三个月	2_计息	上海市拓具有限责任公司	CB11C0045	贷	活期存款	17 062.50	2023/12/30

5.2.5　合并数据与分析检查

在生成本金存入、每日预提，以及到期支付的业务数据与会计分录之后，我们合并以上各步骤中生成的数据并且加载到 Power BI 之中，以便检查数据质量，并且进行初步分析。

首先以连接符"&"将前几个生成会计分录的步骤拼接为一个，效果相当于使用 M 函数 Table.Combine 简单合并多表[①]。

---

① Table.Combine 函数功能更加强大和灵活，可以设置第二参数选择仅合并指定列。

```
=定期分录_1_本金存入 & 定期分录_2_利息计提 & 定期分录_3_本金到
期支取 & 定期分录_4_利息到期支付
```

然后使用如下代码将正数的会计科目发生额转换为借正贷负的系统金额。

```
=Table.AddColumn(排序的行,"系统金额",each if[借贷方向]="借"
then[发生额]else - [发生额])
```

接着在 Power Query 一级菜单【视图】中勾选二级项目【列质量】，如图 5-9 所示，可以看到每一列中是否包含数据错误以及空值，如果列上方显示数据 100％ 有效，说明数据质量没有明显缺陷。

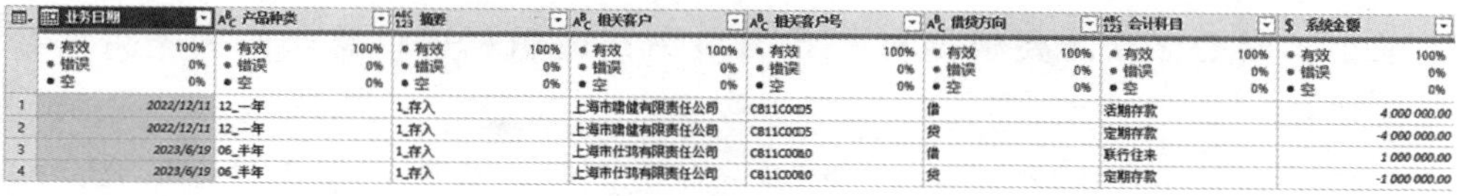

图 5-9　数据列质量

加载合并之后的数据，在 Power BI 报告页面中拖拽出矩形可视化对象，将会计科目作为行标签，摘要作为一级列标题，产品种类作为二级列标题，将借正贷负的系统金额作为值字段，将形成图 5-10 的可视化对象构图。

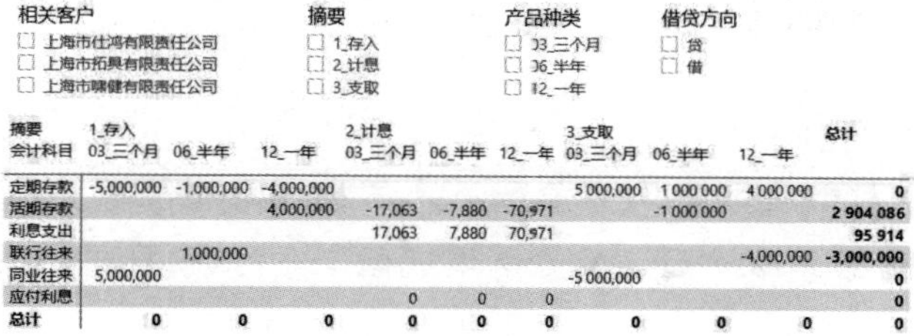

图 5-10　Power BI 报告中定期存款分录汇总分析

从该截图中，我们可以观察到本金存入、利息计提与到期日支取本息的分录汇总金额。可以更加直观地体会三个字段摘要、会计科目与产品类别的筛选作用。更好地理解会计分录与业务数据相辅相成的特性。具体而言：

- 每一列总计金额都为 0，说明借贷方金额相等。

- 总计列之中，有定期存款、同业往来、应付利息三个会计科目总计金额为 0，说明期末都已经结清；活期存款借方净发生额为 290.41 万元，利息支出借方净发生额为 9.59 万元，联行往来贷方净发生额为 300 万元，说明活期存款净减少与利息支出发生额最后通过联行往来转出。

在此基础上，添加日期表并且建立数据模型之后，还可以从日期（年月）角度切片观察存款利息支出的时间分布。

5.3 活期存款与协定存款利息核算案例

活期存款存入与支取的会计分录与定期存款类似，存入时贷记"活期存款"，借记现金、联行往来、存放同业等资产科目；支取时借记"活期存款"，贷记相关负债科目。与定期存款不同之处在于发生频率不定，金额或大或小。活期存款需要根据每一天的余额和适用利率计息，而利率可能会发生调整。

基于活期存款账户，还有一种协定存款产品，为账户划定最低限额，限额以上按照优惠利率计息而限额以下按活期存款利率计息。

由于存款本金存取相对简单，而活期利息计算方法比定期存款计息复杂，同时协定存款计息又比活期存款计息复杂，所以以下详细探讨活期与协定存款利息计提与支付。

5.3.1 需求描述

已知星际银行在 2023 年 9 月 17 日到 9 月 20 日公司活期存款流水账，见表 5-8，9 月 17 日的金额为期初余额，其余金额是逐笔变动明细。要求根据以下不同情境使用 Power Query 分别生成截至 9 月 20 日每一天预提利息的会计分录。

（1）活期存款年利率固定为 0.3%；

（2）活期存款年利率在 9 月 19 日调整为 0.36%，按挂牌日利率计息；

（3）活期存款年利率在 9 月 19 日调整为 0.36%，并且分段计息；

（4）按协定存款产品计息，即每日余额 50 万元以内部分按照 0.3% 年利率计息，每日余额 50 万元以上部分按 1.15% 年利率计息，核算期间计息利率不变。

表 5-8　活期存款流水账　　　　　　　　　　单位：元

客户号	客户名	业务日期	金额
CB11C0005	上海市啸健有限责任公司	2023/9/17	1 940 529.00

客户号	客户名	业务日期	金额
CB11C0010	上海市仕鸿有限责任公司	2023/9/17	2 400 088.00
CB11C0013	上海市永迎集团公司	2023/9/17	5 031 734.00
CB11C0005	上海市啸健有限责任公司	2023/9/18	(150 000.00)
CB11C0005	上海市啸健有限责任公司	2023/9/18	87 000.00
CB11C0005	上海市啸健有限责任公司	2023/9/18	(1 800 000.00)
CB11C0010	上海市仕鸿有限责任公司	2023/9/18	158.43
CB11C0010	上海市仕鸿有限责任公司	2023/9/18	90 100.00
CB11C0010	上海市仕鸿有限责任公司	2023/9/19	(200 000.00)
CB11C0013	上海市永迎集团公司	2023/9/19	(2 000 000.00)
CB11C0005	上海市啸健有限责任公司	2023/9/20	250.00
CB11C0010	上海市仕鸿有限责任公司	2023/9/20	(680 000.00)

5.3.2 问题难点

首先，由于存期、计息基数（每天上一日存款余额），以及利率都可能发生变化，在 Power Query 中计算活期存款利息比定期存款更难。

其次，需要根据利率是否变动以及变动之后采用分段计息还是采用结息日利率确定每日计息利率。

随后，协定存款每天根据存款余额处于限额以上还是限额以内，分别选择适用利率，而限额以内与限额以上金额并不固定，导致计算更加复杂。

在 Power Query 技术方面，由于同时存在行上下文以及按列计算两种范式，逐日计算活期存款余额与累计积数还需要打破行上下文限制。

5.3.3 解决思路

需求描述中一共有四种不同场景，分活期存款与协定存款。下面分别探讨。

1. 活期存款

我们首先探讨活期存款的三种情景，将利息计算问题分解到每一天。每一天的利息计算都等于上一日余额乘以当天适用的利率，而应付利息等于每一天预提利息累加。

（1）确定上一日存款余额，即加总全部数据中业务序号（存款账户号）

等于当前存款业务序号（存款账户号），而且日期小于当天日期的活期存款增减发生额之和。

（2）适用利率，分成三种情况：

情景 1，计息利率不变，日利率为固定值，这是最简单的情景；

情景 2，按最新结息日利率计息，查找季度结息日之前利率表中最后一次生效的利率，即季度结息日之前最后一个生效日对应利率；

情景 3，分段计息，查找小于等于当前业务日期的利率表中最后一次生效利率，即当前日期当天或之前最后一个生效日对应利率。

（3）确定上一日存款余额与适用利率作为计息基础后，二者相乘得每日应计利息。

2. 协定存款

人民币协定存款是指银行与客户协议约定结算账户的每日最低留存金额，结算户每日余额低于最低留存额（含）的部分按活期存款利率计息，超过部分按中国人民银行规定的协定存款利率分段计息的存款。目前多家银行以人民币 50 万元作为最低留存金额，本案例之中也采用 50 万元作为最低留存金额。

协定存款比活期存款更加复杂，需要以协定存款额度将存款账户余额分成两部分，假设存款余额为 B，协定存款起算金额为 50 万元，活期存款日利率为 I_1，协定存款日利率为 I_2。当账户存款余额小于等于 50 万元时，全部按活期存款计息；当账户存款余额大于 50 万元时，多余部分按协定存款计息，50 万元以内部分按活期计息。两部分余额各自乘以适用利率再相加，即得出当日存款账户利息。具体见表 5-9。

表 5-9　协定存款利息计算分析表

区间档次	利息
活期<=50 万元	$X = I_1 * Min (B, 50)$
协定>50 万元	$Y = I_2 * Max (B-50, 0)$
账户合计	$Z = X + Y$

5.3.4　实现步骤

1. 确定账户上日余额—形成活期存款公用数据源

定期存款每一天余额不变而相对简单，但活期与协定存款余额每一天都有可能发生变动，所以需统计当前日期之前的累计发生额得到上一日活期存款余额作为计息基础[1]。

（1）步骤1：新建源—引用活期存款流水账。

本案例活期及协定存款与定期存款共用同一 Excel 文件为数据源，首先引用数据源。

```
=数据源文件视图
```

然后导航（深化）出所需处理的活期存款流水账。

```
=源{[Item="Table_活期存款流水账",Kind="Table"]}[Data]
```

（2）步骤2：按客户与业务日期构造上一日存款余额表。

由于案例中流水账日期不连续，使用 Table.Group 分组依据聚合数据无法为没有发生额的日期生成上一日余额，为此需要依据表5-8，为各存款账户在计息期间内每一天构造表格统计存款账户余额。

首先按客户号与客户名两列删除重复项，仅保留这两列，相当于使用以下 M 函数语句。

```
=Table.SelectColumns(Table.Distinct(Table_活期存款流水账_Table,{"客户号","客户名"}),{"客户号","客户名"})
```

其次，根据以下 M 函数代码为上一步生成的提取不重复客户表添加复杂日期列，这样可以覆盖期初日到结息日（季度最后一个20日）为止期间内每一天。

```
=Table.AddColumn(提取不重复客户,"业务日期",each let X=
[
    期初日=List.Min(Table_活期存款流水账_Table[业务日期]),
    结息日=#date(Date.Year(Date.EndOfQuarter(期初日)),Date.
Month(Date.EndOfQuarter(期初日)),20),
    期间天数=Duration.TotalDays(结息日-期初日)+1
]in
List.Dates(X[期初日],X[期间天数],#duration(1,0,0,0)))
```

以上 M 函数代码构造包含三个字段的记录 X 分别计算：

● 期初日，使用 List.Min 算出的业务记录中最早一天（2023年9月17日）。

---

[1]　另外一种方法是逐日统计日终余额。

● 结息日，与期初日所在季度最后一天同年，同月的 20 日（2023 年 9 月 20 日）。

● 期间天数，结息日减去期初日再加 1 天。

然后，使用 List.Dates 函数调用 X 记录中的期初日、结息日，以 1 天为步长，算出从期初 2023 年 9 月 17 日到结息日 2023 年 9 月 20 日为止每一天业务日期组成的列表。效果如图 5-11 所示。

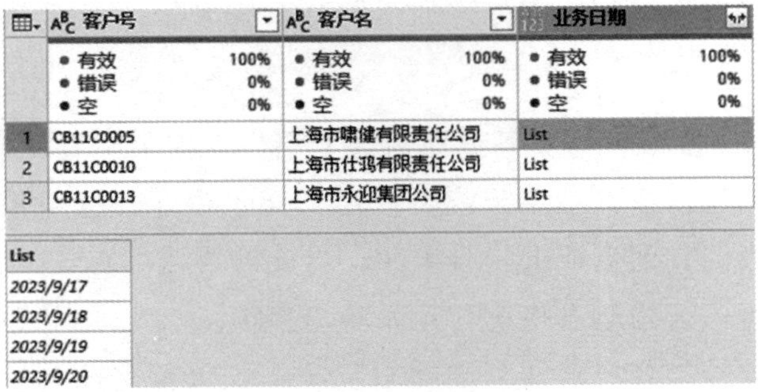

图 5-11　构造账户日期表

最后，展开所添加的复合列，构造出每一客户从最早业务日期到季度结息日为止每一天的表格，由客户号、客户名与业务日期三列组成。

```
=Table.ExpandListColumn(添加日期,"业务日期")
```

（3）步骤 3：添加上一日账户余额。

在名为"展开日期"的步骤后，添加"上日余额"列，在活期存款流水账数据表中筛选出当前客户早于当前业务日期的历史数据表并加总金额列数据得到每个账号每一天上日余额。

```
=Table.AddColumn(展开日期,"上日余额",each List.Sum(Table.
SelectRows(Table_活期存款流水账_Table,(x)=>x[客户号]=[客户号]
and x[业务日期]<[业务日期])[金额]))
```

结果如图 5-12 所示。

由于以上步骤中含有 null 值的行都是计息期间第一天而不计提利息，同时 null 值还会造成按业务日期分组聚合数据出错，所以使用筛选排除上日余额为 null 的行，然后还需要修改数据类型，这两步比较简单，代码忽略。

客户号	客户名	业务日期	上日余额
• 有效 100%	• 有效 100%	• 有效 100%	• 有效 75%
• 错误 0%	• 错误 0%	• 错误 0%	• 错误 0%
• 空 0%	• 空 0%	• 空 0%	• 空 25%
1 CB11C0005	上海市晴健有限责任公司	2023/9/17	null
2 CB11C0005	上海市晴健有限责任公司	2023/9/18	1940529
3 CB11C0005	上海市晴健有限责任公司	2023/9/19	77529
4 CB11C0005	上海市晴健有限责任公司	2023/9/20	77529
5 CB11C0010	上海市仕玛有限责任公司	2023/9/17	null
6 CB11C0010	上海市仕玛有限责任公司	2023/9/18	2400088
7 CB11C0010	上海市仕玛有限责任公司	2023/9/19	2490346.43
8 CB11C0010	上海市仕玛有限责任公司	2023/9/20	2290346.43
9 CB11C0013	上海市永迎集团公司	2023/9/17	null
10 CB11C0013	上海市永迎集团公司	2023/9/18	5031734
11 CB11C0013	上海市永迎集团公司	2023/9/19	5031734
12 CB11C0013	上海市永迎集团公司	2023/9/20	3031734

图 5-12　活期与协定存款账户每日余额

2. 情景 1，活期存款计息—利率不变

活期存款利息计提与定期存款利息计提有相同之处，主要步骤是基于计息存款余额添加复杂列计算每日利息与借贷方会计科目，展开复杂列之后逆透视。利息计算相对简单，因为利率不变所以只需要将上一日余额乘以固定的活期存款日利率。

- 步骤 1：引用上一日账户余额计算利息。

引用查询"活期与协定存款账户每日余额"所生成的数据表，即活期存款公用数据源，录入以下信息。

```
=活期存款基础数据整理
```

- 步骤 2：新增复杂列与展开。

获得每日余额之后，紧接着是计算利息与添加会计科目，录入以下信息。

```
=Table.AddColumn(源,"A",each[
活期利率=存款产品利率与期限表{[子类="活期存款"]}[年利率]/360,
当日利息=Number.Round([上日余额]*活期利率,2),
借="利息支出",
贷="应付利息"])
```

以上代码中名为源的数据表产生于引用"活期与协定存款账户每日余额"，其余 M 函数代码含义比较直接，随即展开复杂列，录入以下信息。

```
= Table.ExpandRecordColumn(已添加自定义,"A",{"当日利息",
"借","贷"},{"当日利息","借","贷"})
```

● 步骤 3：逆透视。

通过逆透视，将借贷记账符号、会计科目与此前的每一行数据相匹配，将原先单行数据变成双行，使得借贷方符号处于一列，会计科目处于另外一列。

```
=Table.UnpivotOtherColumns(展开,{"客户号","客户名","业务日期","上日余额","当日利息"},"借贷方向","会计科目")
```

● 步骤 4：转换正负金额与其他。

为了方便数据分析，将原先借贷方发生额转换为借正贷负金额。

```
=Table.AddColumn(逆透视,"系统金额",each if[借贷方向]="借"
then[当日利息]else-[当日利息])
```

之后还有保留（删除）列，重新排序行，以及更改数据类型等步骤代码从略，最终输出结果如图 5-13 所示。

业务日期	客户号	客户名	借贷方向	会计科目	系统金额
2023/9/18	CB11C0005	上海市璀璨有限责任公司	借	利息支出	16.17
2023/9/18	CB11C0005	上海市璀璨有限责任公司	贷	应付利息	-16.17
2023/9/18	CB11C0010	上海市仕鸿有限责任公司	借	利息支出	20.00
2023/9/18	CB11C0010	上海市仕鸿有限责任公司	贷	应付利息	-20.00
2023/9/18	CB11C0013	上海市永迎集团公司	借	利息支出	41.93
2023/9/18	CB11C0013	上海市永迎集团公司	贷	应付利息	-41.93
2023/9/19	CB11C0005	上海市璀璨有限责任公司	借	利息支出	0.65
2023/9/19	CB11C0005	上海市璀璨有限责任公司	贷	应付利息	-0.65
2023/9/19	CB11C0010	上海市仕鸿有限责任公司	借	利息支出	20.75
2023/9/19	CB11C0010	上海市仕鸿有限责任公司	贷	应付利息	-20.75
2023/9/19	CB11C0013	上海市永迎集团公司	借	利息支出	41.93
2023/9/19	CB11C0013	上海市永迎集团公司	贷	应付利息	-41.93
2023/9/20	CB11C0005	上海市璀璨有限责任公司	借	利息支出	0.65
2023/9/20	CB11C0005	上海市璀璨有限责任公司	贷	应付利息	-0.65
2023/9/20	CB11C0010	上海市仕鸿有限责任公司	借	利息支出	19.09
2023/9/20	CB11C0010	上海市仕鸿有限责任公司	贷	应付利息	-19.09
2023/9/20	CB11C0013	上海市永迎集团公司	借	利息支出	25.26
2023/9/20	CB11C0013	上海市永迎集团公司	贷	应付利息	-25.26

图 5-13　活期存款每日利息计提

3. 情景 2，活期存款计息—利率变更—按结息日利率

当计息期间活期存款利率遇到变更时，例如从 2023 年 9 月 19 日开始，活期存款利率变更为 0.36%，那么情景 1 中采用固定利率的利息计算代码将不再适用，实务之中有采用结息日利率与利率变更日前后分段计息两种方式。

我们在情景 2 中考虑如何使用 Power Query 实现按照调整后的结息日利率对活期存款账户计提利息。银行在调整前的每一天都需要计提利息，而利率调整后，此前所计提的利息将不符合最新要求。如果可以全部冲销以前所作账务处理，那么情况比较简单，查找出结息日利率向前追溯适用即可，这是一种简化的理想情况。如果无法冲销最近一个结息周期内已经计提入账的

活期利息，那么实际情况会更加复杂一些，需要在利率变更当日调整按照新旧利率所计提利息之差，然后再按照新利率计提。所以利率变更后的调整方法还可以细分为两种：一种是追溯适用法；另一种是变更日调整法。

- 活期利率变更-a-追溯适用法。

理想情况下，简单假设将调整后利率向前追溯适用，在利率变动表中查找所有生效日期小于等于季度结息日中最大一天所适用利率，其余计提利息的代码与利率不变时相同，输入信息如下。

```
=Table.AddColumn(源,"A",each[
        季度结息日=let X=Date.EndCfQuarter([业务日期])in#date
(Date.Year(X),Date.Month(X),20),
        活期利率=Table.Max(Table.SelectRows(利率变动表,(x)=>x[生
效日期]<=季度结息日),"生效日期")[年利率]/360,
        当日利息=Number.Round([上日余额]*活期利率,2),
        借="利息支出",
        贷="应付利息"])
```

- 活期利率变更-b-变更日调整法。

变更日调整法是在利率调整当天按照新旧利率差异乘以已经计提但尚未支付的存款日余额累加积数调整应付利息。为简化起见，假设一个付息周期内最多只调整一次活期利率，M函数代码如下。

```
=Table.AddColumn(源,"A",each[
    季度结息日=let X=Date.EndOfQuarter([业务日期])in#date
(Date.Year(X),Date.Month(X),20),
    利率变更日=List.Max(利率变动表[生效日期]),
    活期利率=Table.Max(Table.SelectRows(利率变动表,(x)=>x[生
效日期]<=[业务日期]),"生效日期")[年利率]/360,
    调整前利率=Table.Min(Table.SelectRows(利率变动表,(x)=>x
[生效日期]<=季度结息日),"生效日期")[年利率]/360,
    利息调整金额=if[业务日期]=利率变更日 then List.Sum(Table.
SelectRows(源,(x)=>x[客户号]=[客户号]and x[业务日期]<[业务日
期])[上日余额])*(活期利率-调整前利率)else 0,//本场景为利率变更日
调整利息
```

```
当日利息=Number.Round([上日余额]*活期利率+利息调整金额,2),
借="利息支出",
贷="应付利息"])
```

变更日调整与追溯适用法调整的计算过程相比，最主要区别是多出了字段利息调整金额，该字段逻辑是在利率变更日当天计算当前客户在利率变更日之前的积数再乘以新旧利率之差而得到利息调整金额，本字段值在利率变更日之外均为 0。每一天活期存款利息都等于当天适用利率算出的利息再加上利息调整金额，效果如图 5-14 所示。

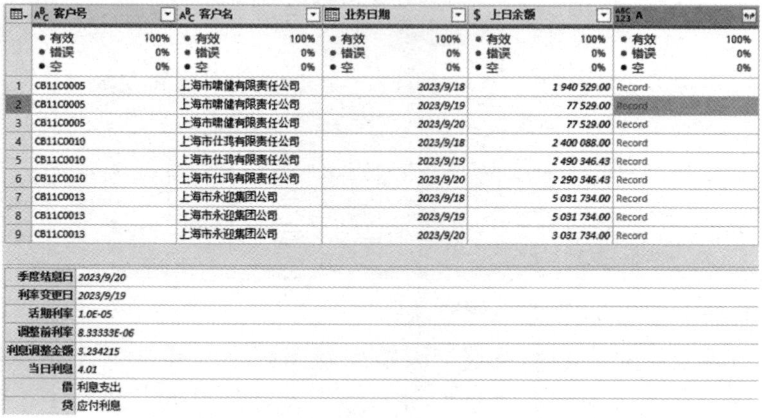

图 5-14　利率变更日当天调整利息

4. 情景 3，活期存款计息—利率变更—分段计息。

假设从 2023 年 9 月 19 日开始，活期存款利率变更为 0.36%，而银行采用分段计息方式，那么这种情况下计算利息比情景 1 复杂，但比情景 2 简单；要求在每一个业务日期都去查找利率变动表之中当前业务日期之前最后一个利率变更生效日所适用的利率，结果是利率变更日前后适用不同利率。除了确定利率的方法外，其余操作与情景 1 相同。

```
=Table.AddColumn(源,"A",each[
活期利率=Table.Max(Table.SelectRows(利率变动表,(x)=>x[生效日期]<=[业务日期]),"生效日期")[年利率]/360,
当日利息=Number.Round([上日余额]*活期利率,2),
借="利息支出",
贷="应付利息"])
```

5. 情景 4，协定存款计息

这种情景下我们不考虑利率变化的情况，那么与情景 1 不同在于：

• 首先需要将每日存款余额分成两部分，参见表 5-9，50 万元以内部分为活期存款，50 万元以上部分为协定存款。

• 为活期与协定存款各自查找确定计息利率，50 万元以内的活期部分适用年利率 0.3%，50 万元以上的协定存款部分适用利率 1.15%。

其余操作相同。

```
=Table.AddColumn(源,"A",each[
    活期利率=存款产品利率与期限表{[子类="活期存款"]}[年利率]/360,
    协定利率=存款产品利率与期限表{[子类="协定存款"]}[年利率]/360,
    当日利息_活期=Number.Round(List.Min({500000,[上日余额]})*活期利率,2),
    当日利息_协定=Number.Round(List.Max({[上日余额]-500000,0})*协定利率,2),
    当日利息=当日利息_协定+当日利息_活期,
    借="利息支出",
    贷="应付利息"])
```

5.3.5　分析比较

几种业务场景下每天活期存款账户利息计提金额，分别见表 5-10。

表 5-10　各业务场景利息计提金额　　　　　　单位：元

业务日期	客户名	1-利率不变	2a-追溯适用	2b-变更日调整	3-分段变更	4-协定存款
2023/9/18	上海市啸健有限责任公司	16.17	19.41	16.17	16.17	50.19
2023/9/18	上海市仕鸿有限责任公司	20	24	20	20	64.87
2023/9/18	上海市永迎集团公司	41.93	50.32	41.93	41.93	148.93
2023/9/19	上海市啸健有限责任公司	0.65	0.78	4.01	0.78	0.65

业务日期	客户名	1-利率不变	2a-追溯适用	2b-变更日调整	3-分段变更	4-协定存款
2023/9/19	上海市仕鸿有限责任公司	20.75	24.9	28.9	24.9	67.75
2023/9/19	上海市永迎集团公司	41.93	50.32	58.7	50.32	148.93
2023/9/20	上海市啸健有限责任公司	0.65	0.78	0.78	0.78	0.65
2023/9/20	上海市仕鸿有限责任公司	19.09	22.9	22.9	22.9	61.36
2023/9/20	上海市永迎集团公司	25.26	30.32	30.32	30.32	85.04

（1）活期存款利率不变，年利率固定为 0.3%，这是最基本的一种情况。

（2）活期存款原先年利率为 0.3%，从 2023 年 9 月 19 日开始修改为 0.36%，并且在整个计息周期按照 0.36% 计提与支付利息，细分为两种实施方式：

● 追溯适用法，如果发生利率变更，则首先冲销原先计提的账务处理，然后从本付息周期内第一天开始重新按变更后利率计提；这样系统中留存的记录看起来每一天计提的利息都是情景 1 的 120%（19.41÷16.17≈24÷20），见表 5-10 。

● 变更日调整法，如果利率发生变更，那么从变更当天调整利率，将本付息周期内利率变更之前少计提的利息累计在变更当日调增。这样变更之前的日利息不变，变更当天调增历史累计影响，而变更之后执行新利率。

（3）活期存款年利率分段变更，从 2023 年 9 月 19 日开始修改为 0.36%，这样变更之前的日利息不变，而变更之后执行新利率。

（4）协定存款，由于高于 50 万元的部分按年利率 1.15% 计息，所以当账户存款余额高于 50 万元时，所计提利息超出活期存款计息方式，当存款余额低于 50 万元时，日利息与活期存款一致。

存款财务报告
与监管报告

第六章 存款财务报告与监管报告

探讨会计核算后，本章进一步研究如何将存款相关金额按财务报告和监管报告要求披露列示。

6.1 财务报告存款披露—账面金额

从会计核算与财务报告角度出发，银行吸收存款属于以摊余成本计量的负债，《企业会计准则第 30 号——财务报表列报》和《企业会计准则第 37 号——金融工具列报》提出了各种详细的存款披露要求，除了在资产负债表主表之中披露本金与应付利息合计的账面价值（等于摊余成本）之外，还需要在附注之中披露各种明细信息。

而监管机构也有详尽的多维度报送要求，与财务报告要求并不完全相同。例如，监管报告中存款本金与利息作为单独项目分别列报。除了按传统方式切分存款金额之外，银行业《巴塞尔第三版协议》（Basel 3）中还要求考虑存款保险、存款规模、客户规模、是否有稳定的业务关系等因素确定存款本金折算率以计算流动性覆盖率。使用 Power BI 制作和展现财务报告和监管报告，可以十分灵活地实现各种自定义功能和图表与报告分析功能。

按照企业会计准则的要求，上市银行年报资产负债表中将存款本金与利息合并为财务报告一级项目吸收存款予以披露，然后在附注中按照各种维度分别详细列示存款本金和应付利息金额，以及未经折现合同现金流。

从金额角度考虑，存款报告对象有本金、报告日账面价值（本金加应付利息），未经折现合同现金流（报告日账面价值加定期存款未来利息）三个层次，如图 6-1 所示。

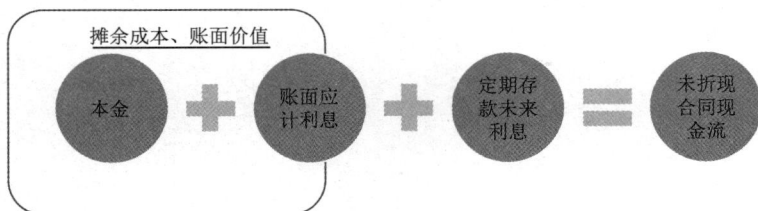

图 6-1　存款报告金额层次

存款价值层次再分别按照客户类别（公司、个人）、产品类别（活期、定期），以及客户集中度和剩余期限等展开。

6.1.1　需求描述

上市银行定期报告中，存款账面价值披露标准格式是先按活期、定期区分报送公司与个人存款本金，其次是应付利息，最后合计数为账面价值，如图 6-2 所示。

活期存款	
—公司客户	452 783 330
—个人客户	97 764 094
小计	550 547 424
定期存款（含通知存款）	
—公司客户	612 445 140
—个人客户	287 437 928
小计	899 883 068
应计利息	22 535 484
合计	1 472 965 976

图 6-2　吸收存款披露格式（上海银行 2021 年度报告）

6.1.2　问题难点

在 Power BI 中，虽然可以根据数据表或数据模型中已经存在的字段标签切分显示度量值金额，但在以上存款披露的案例更加复杂。因为从上到下分为三部分披露的金额在数据表之中分别是来自三个数据表原始字段的存款本金、应付利息以及账面价值；由于图 6-2 要求的列报金额并非通过简单加总一列数据而形成，如果将本金、应付利息与账面价值这三个度量值都拖拽到以客户类型与存款产品为行标签的矩阵，这三个度量值也只能够处于三个不同列，无法将三种性质的数据放置于一列，如图 6-3 所示，所以需要更加灵活强大的方法。

客户类型	本金	应计利息	账面价值
个人			
定期	1,295,750.78	43,904.79	1,339,655.57
活期	995,203.21	129.94	995,333.14
公司			
定期	715,396.20	19,915.42	735,311.62
活期	12,755,424.12	1,206.32	12,756,630.44

图 6-3　原生度量值披露效果

6.1.3　解决思路

由于无法将产生于三列原始数据的度量值数据显示在 Power BI 报告同一列之中，所以必须另辟蹊径。在构思 Power BI 报告时，经常会遇到简单度量值无法满足复杂要求的场景，这时就需要首先设计出报告行列框架，然后以行列框架之中具体的元素值为判断条件确定适用于各个分支的 DAX 函数表达式。

在图 6-4 中，有三列数据：第一列【序号】用于按列排序，使得【T2_项目】一栏中的元素在 Power BI 报告之中作为行标题时可以按照图示顺序自上而下地排列；第二列【T1_类别】相当于第一级行标签，起辅助作用，用于约束属于同一个一级类别的二级项目元素处于相邻位置的同一组之中；第三列【T2_项目】是存款报告行维度，精确切分与显示综合度量值的数据标签。

序号	T1_类别	T2_项目
1	1.公司	公司活期存款
2	1.公司	公司定期存款
3	1.公司	公司存款小计
4	2.个人	个人活期存款
5	2.个人	个人定期存款
6	2.个人	个人存款小计
7	3.合计	存款总额
8	3.合计	应计利息
9	3.合计	账面价值

图 6-4　维度表_存款价值披露层次

设计一个综合度量值依据外部行列标题不同元素在 Power BI 可视化对象中显示不同数值是解决会计准则披露要求复杂报告结构的通用思路。

6.1.4　实现步骤

1. 步骤 1，通过 Power Query 导入数据并加载

首先，将数据源文件名称与地址定义为独立查询"数据文件名称地址"，以方便统一引用与后续修改。

```
let
    源 = "C:\ Power_BI_Case\ data_source\ C12\ C1201_财务存款
报告数据源.xlsx"
in
    源
```

其次，新建查询"数据文件视图"引用上述查询"数据文件名称地址"，并且筛选保留其中的 Table 类数据，形成数据源文件视图，作为其他查询的公用数据源，如图 6-5 所示。

```
let
    源 = Excel.Workbook(File.Contents(数据文件名称地址),
true),
    筛选 = Table.SelectRows(源,each[Kind]="Table")
in
    筛选
```

以 let 开头 in 结尾的语句是 Power Query 语句 M 函数查询的完整形式。

图 6-5　数据源文件视图

最后，新建多个查询从"数据文件视图"中逐个引用所需要的维度表、参数表与数据表，如以下引用客户表的语句所示。以等号"＝"开头是 Power Query M 函数语句显示在公式编辑栏中的简单形式。

```
=Table.SelectRows(数据文件视图,each Text.Contains([Name],"
客户"))[Data]{0}
```

除了通过引用新建查询，将 A_度量值修改名称为 0_度量值（使得其可以显示在 Power BI 报告之中字段视图最上方），在存款查询中按交易编号升序排列数据及将相应列的数据类型设置为日期与数值之外，没有在 Power Query 之中执行其他操作。

如此形成 12 个 Power Query 查询，分别存储在"基本参数"及"客户与业务数据"两个文件夹之中，如图 6-6 所示。

"基本参数"文件夹之中有 10 个查询，分别是：

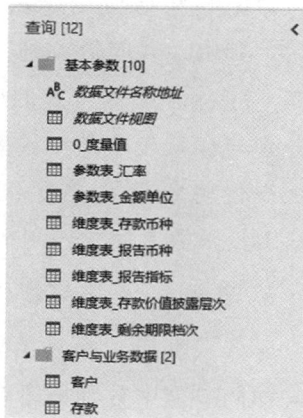

图 6-6　Power Query 查询列表

➤ 最上方两个不需要被加载的查询形成公用数据源，"数据文件名称地址"与"数据文件视图"，名称显示为斜体字，前者是为了方便修改数据源 Excel 文件的地址与名称而单独创建，当一个数据源需要被多次引用时，统一数据源的优势特别明显；后者引用以前者为参数的文件作为其余参数表、维度表与数据表共同来源。

➢ 0_度量值，本查询为不含数据的空表，用于在 Power BI Desktop 报告中收纳度量值于一张表内，防止度量值被散乱存储于多处。

➢ 两个参数表，分别是"参数表_汇率"，承载外币折人民币汇率，以及"参数表_金额单位"，承载元、千、万、百万，一直到十亿元的数值单位，用于灵活切换显示数值。

➢ 五个维度表：维度表_存款币种、维度表_报告币种、维度表_报告指标、维度表_存款价值披露层次、维度表_剩余期限档次全部用于在 Power BI 报告之中作为报送维度或者数据切片。

➢ "客户与业务数据"文件夹之中有"客户"与"存款"两个查询，分别承载客户与存款明细数据，从数据源表加载到 Power Query 之后没有计算，仅有修改数据类型与排序等简单操作，不需赘述。

Power Query 中最后一步操作是将 0_度量值，参数表_汇率……一直到存款为止的 10 个表加载到 Power BI 数据模型之中。

2. 步骤 2，构建 Power BI 数据模型

数据经过 Power Query 导入，形成 10 个查询并加载到 Power BI 数据模型后，其中"0_度量值表"作为度量值容器没有任何数据；存款、客户、"维度表_存款币种" 3 个查询形成以存款为核心的数据模型，客户表与存款币种表分别与存款表形成一对多关系。其余 6 个查询是参数表与维度表，主要作为可视化对象显示维度和切片器选项，通过选择切片项目和 SELECTED-VALUE 函数表达式控制输入与输出结果。

3. 步骤 3，矩阵可视化对象与度量值

导入数据后，接着在 Power BI 报告中创建度量值实现财务报告披露要求，即同一列中分别披露存款本金、应付利息与账面价值；其中存款本金还需按照公司与个人再分成活期与定期列报，如图 6-7 所示；进一步甚至分币种展现存款金额，更全面展示信息。

4. 可视化报告

基于数据模型与度量值，可以构建图 6-8 的 Power BI 报告。

● 在前述吸收存款账面价值披露矩阵之中，行标签来自"维度表_存款价值披露层次"之中【T1_类别】与【T2_项目】两列，由于这两列既不属于存款表，又无法与存款表建立一对多的关联，所以对存款表数据不产生筛选效果，必须通过

DAX 函数（SELECTEDVALUE、SWITCH、CALCULATE、FILTER、ALL 等）构造复杂度量值结构以切分显示存款数据。

图 6-7　Power BI 数据模型

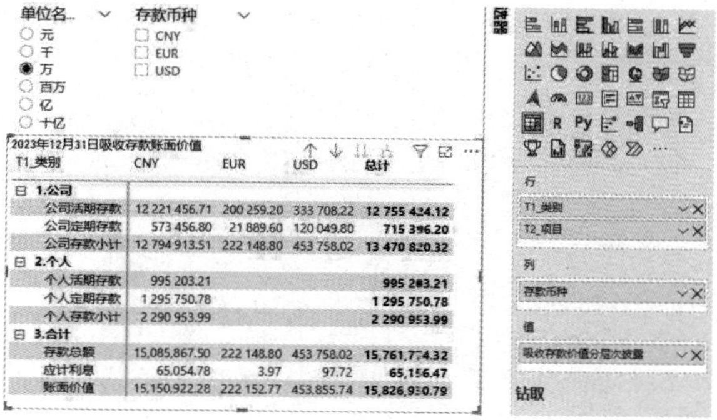

图 6-8　存款价值分层次披露

● 列标题来自存款表【存款币种】列，可以直接切分依据存款表数据生成的度量值。

● 值字段为复杂度量值［吸收存款价值分层次披露］。

以下将介绍如何定义基础度量值，再构建分层次复杂度量值。

（1）基础度量值。

基于三个基础度量值"本金－折人民币"、"应付利息－折人民币"及"账面价值－折人民币"，根据行标签设计复杂度量值"吸收存款价值分层次

披露"，以外部行标签为判断条件调用与筛选数据，即可以实现图 6-8 的效果。其中，

$$本金-折人民币=SUM('存款'[余额折人民币])/[金额单位数值]$$

$$应计利息-折人民币=SUM('存款'[应计利息折人民币])/[金额单位数值]$$

$$账面价值-折人民币=[本金-折人民币]+[应计利息-折人民币]$$

[金额单位数值] 是引用的辅助型度量值，根据切片器金额单位所选值返回元、千、万对应数字为分母以灵活显示输出结果。以下表达式中逗号之后的第二参数 1 是默认返回值，也就是没有切片器或者在切片器中没有做任何选择时，返回单位数值 1。

$$金额单位数值=SELECTEDVALUE('参数表\_金额单位'[单位数值],1)$$

（2）复杂度量值－吸收存款账面价值分层次披露，表达式如下。

```
吸收存款价值分层次披露=
VAR X=
        SELECTEDVALUE('维度表_存款价值披露层次'[T2_项目])
RETURN
    SWITCH(
        TRUE(),
        X="公司活期存款",
            CALCULATE(
                [本金-折人民币],
                FILTER(ALL('客户'),[客户类型]="公司"),
                FILTER(ALL('存款'[产品类型]),[产品类型]="活期")
            ),
        X= "公司定期存款",
            CALCULATE(
                [本金-折人民币],
                FILTER(ALL('客户'),[客户类型]="公司"),
                FILTER(ALL('存款'[产品类型]),[产品类型]="定期")
            ),
        X="公司存款小计",CALCULATE([本金-折人民币],'客户'
[客户类型]="公司"),
```

```
            X="个人活期存款",
                 CALCULATE (
                      [本金-折人民币],
                      FILTER(ALL('客户'),[客户类型]="个人"),
                      FILTER(ALL('存款'[产品类型]),[产品类型]="活期")
                 ),
            X="个人定期存款",
                 CALCULATE (
                      [本金-折人民币],
                      FILTER(ALL('客户'),[客户类型]="个人"),
                      FILTER(ALL('存款'[产品类型]),[产品类型]="定期")
                 ),
            X="个人存款小计",CALCULATE([本金-折人民币],'客户'
[客户类型]="个人"),
            X="存款总额",[本金-折人民币],
            X="应计利息",[应计利息-折人民币],
            X="账面价值",[账面价值-折人民币]
      )
```

　　以上复杂度量值中，首先根据"维度表_存款价值披露层次［T2_项目］"标签内容定义 VAR 变量"X"作为复杂度量值判断分支输入值，然后返回不同结果；再根据存款币种自然切分。为了便于理解，我们将判断条件从简单到复杂，将其分解成三个层次：

　　● 直接引用基础度量值。

　　底部三个判断分支最为直接，当标签值为 X＝存款总额、应计利息、账面价值时，分别返回基础度量值"本金－折人民币"，"应计利息－折人民币"，"账面价值－折人民币"。

　　● 引用基础度量值再加一个判断条件：公司或个人存款，当需要显示个人存款小计时，输入以下信息。

```
    X="个人存款小计",CALCULATE([本金-折人民币],'客户'[客户类型]=
"个人")
```

也就是从客户表筛选出"个人"类型客户，然后统计［本金－折人民币］金额。

公司存款小计实现方法与此类似，只需修改判断条件为"客户"［客户类型］＝"公司"。

● 引用基础度量值再加双重判断条件：公司或个人以及定期与活期。

当需要显示个人定期存款小计时，相当于在个人存款小计基础上添加［产品类型］是否等于定期的判断条件，执行以下判断分支即可：

```
X="个人定期存款",
    CALCULATE(
        [本金-折人民币],
        FILTER(ALL('客户'),[客户类型]="个人"),
        FILTER(ALL('存款'[产品类型]),[产品类型]="定期"))
```

也就是从客户表筛选"个人"类型客户，再从存款表筛选"定期"存款，然后统计［本金－折人民币］金额。依次类推，可得个人活期存款、公司活期存款、公司定期存款判断分支。

通过以上复杂度量值创建的 Power BI 报告不仅可以灵活根据底层数据而刷新展示结果，还可切换数据显示单位，从元、千元、万元一直到十亿元。

但图 6-8 中矩阵仍然存在改进空间：

● 矩阵中只能固定展示存款本金、应计利息与账面价值，无法从外部输入条件以便选择所展示的价值类型；

● 矩阵中只能够展示各币种"折人民币金额"，无法显示原币金额；

● 矩阵标题为固定内容的文体，无法灵活根据内容而灵活变化。

6.1.5 价值披露进阶

财务报告工作涉及大量数据，难以避免牵一发而动全身地反复修改，如果通过嵌套调用减少计算，将大大提高效率和报告工作质量。以下将讨论如何通过度量值折算各币种原币金额，使用切片器控制度量值输出内容，以及形成动态标题的度量值。

1. 币种折算率

银行业处理多个日期不同币种时，有时候需要报原币，有时候需要将原币折为其他货币。例如将所有币种折合为人民币，或者将外币折合为美元。

在本案例 Excel 数据源中，已经按照报告日 2023 年 12 月 31 日外币对人民币汇率将其折算为人民币，所以简单加总各币种存款本金、应计利息、账面价值、合同现金流等各项金额折合人民币即可按人民币报告。但是随着币种与金额项目的增加，需要折算为人民币的数据量必将加大，甚至由于各个报告日汇率不同，在每一个报告日都需要重新折算，如果每一币种在每一报告日的各种金额都在数据源中计算与存储一遍，那么随着时间推移而膨胀的数据量将大大降低数据模型运行效率，名目繁多的折算汇率与金额也会加大出错概率。

所以使用随不同币种与报告日而切换的动态币种折算率满足币种换算要求是一种更好的方法，首先根据外部切片器选择报告币种是以原币报告还是折人民币报告。如果是原币，那么折算率为 1；如果折人民币，那要以存款币种与报告日期两个条件筛选出适用的汇率，效果如图 6-9 所示。

存款币种	原币	折人民币
CNY	1.00	1.00
EUR	1.00	8.00
USD	1.00	6.50

图 6-9　折算率

```
币种折算率=
VAR V_Report_CCY=
    SELECTEDVALUE('维度表_报告币种'[报告币种])
VAR V_Deposit_CCY=
    SELECTEDVALUE('存款'[存款币种])
VAR V_Date=[报告日]
RETURN
    IF(
        V_Report_CCY="原币",
        1,
        CALCULATE(
            VALUES('参数表_汇率'[对人民币汇率]),
            FILTER(
                ALL('参数表_汇率'),
                '参数表_汇率'[币种代码]=V_Deposit_CCY
                    &&'参数表_汇率'[日期]=V_Date
            )
        )
    )
```

原币数据结合不同币种在各个日期的币种折算率可以代替数据源中繁多的折算后数据，降低数据模型大小，简化计算。

2. 可选币种报告金额

基于上述度量值"币种折算率"构建出可选择报告币种的度量值，也就是根据外部切片器输入确定报告金额是原币还是各币种折人民币，所希望达成的效果如下：

（1）若无存款满足筛选条件时，例如当不存在1个月内到期美元存款时，返回空值；

（2）当报告币种为各币种折人民币时，各单独币种与合计栏位都可以显示折人民币金额；

（3）当报告币种为原币，且存款币种切片器选择单一币种时，在所选币种栏位与合计栏都可以显示当前币种原币金额；

（4）当报告币种为原币，且存款币种切片器中选择多币种时，在各币种栏位显示原币金额，但合计栏显示"按原币合计仅适用于单一币种"，提示多币种原币相加没有意义。

我们以存款本金为例，说明如何设计可配置报告币种为原币或各币种折人民币的度量值，录入以下信息。

```
本金报告金额=
VAR V_Result=
    SUMX('存款','存款'[余额]*[币种折算率]/[金额单位数值])
RETURN
    SWITCH(
        TRUE(),
        SELECTEDVALUE('维度表_报告币种'[报告币种])="折人民币",V_Result,
        ISERROR(VALUES('维度表_存款币种'[存款币种代码]))),"按原币合计仅适用于单一币种",
        V_Result
    )
```

以上DAX表达式中首先定义变量各币种折算金额V_Result，根据外部输入的报告币种不同，按原币报告时币种折算率是1，按各币种折人民币报告时，折算率是各币种对人民币汇率。其次，当报告币种为人民币时，将原币乘以各币种对人民币折算率再除以金额换算单位得到"折人民币"报告单位金额；如果报告币种不等于人民币，而且选择了多个存款币种，即 VALUES（'维度表_存款币种'［存款币种代码］）出错时，提示"按原币合计仅适用于单一币种"，即多币种原币相加没有意义；其余情况都返回各币种折算金额 V_Result：一是单一币种返回该币种原币金额；二是币种为空时，返回相当于 0 的空值。

以此类推，我们设计出针对应计利息与合同现金流的度量值，账面金额度量值稍为复杂一些，将度量值"本金报告金额"中余额替换为余额与应计利息相加即可。

```
账面价值报告金额=
VAR V_Result=
    SUMX('存款',('存款'[应计利息]+'存款'[余额])*[币种折算率]/[金额单位数值])
RETURN
    SWITCH(
        TRUE(),
        SELECTEDVALUE('维度表_报告币种'[报告币种])="折人民币",V_Result,
        ISERROR(VALUES('维度表_存款币种'[存款币种代码])),"按原币合计仅适用于单一币种",
        V_Result
    )
```

3. 可选指标与币种-报告金额

分别定义输出金额按原币还是各币种折合人民币的基础度量值后，再设计可变输出的金额价值层次类型，其 DAX 表达式如下。

```
可选指标与币种- 报告金额=
VAR V_KPI=
    SELECTEDVALUE('维度表_报告指标'[指标])
RETURN
    SWITCH(
        TRUE(),
        V_KPI="应计利息",[应计利息报告金额],
        V_KPI="本金",[本金报告金额],
        V_KPI="账面价值",[账面价值报告金额],
```

```
        V_KPI="合同现金流",[合同现金流报告金额]
    )
```

以上是 Power BI 中切换输出指标的典型写法，SELECTEDVALUE（'维度表_报告指标'[指标]）对应切片器"指标"的输入内容，SWITCH 结构意义是当其嵌套的各个逻辑分支前半部分为真时，返回后半部分度量值计算结果。

4. 辅助度量值-报告标题

在财务报告工作中，百密难免一疏，在长期精益求精的高压之下，如果最终报告日期、币种、金额单位等出现瑕疵，那么前期工作效果也将大打折扣，甚至形成重大错报；所以根据报告内容自动生成报告标题是非常重要的工作。在 Power BI 中，可以从数据范围和输入参数中提取报告标题要素，自动生成正确标题以善始善终。

以下报告标题度量值存款报告表头由各个基础度量值拼接而成，既减轻了报告编制人员手工修改工作量，也有利于报告用户据此理解报告数据范围与金额单位，效果如图 6-10 所示。

```
存款报告表头=
FORMAT([报告日],"yyyy年mm月dd日")&[存款币种名称]&[报告指标
名称]&[报告币种]&[金额单位名称]
```

2023年12月31日（USD.EUR）存款账面价值折人民币百万元

图 6-10　通过卡片图展示的报告标题

我们再接着分析复杂度量值的组成部分：

➢ 报告日提取存款表【报告日】一列中最大值生成，虽然整列中每一元素都相同，但根据 Power BI 语法规则，不可以直接将整列数据内容作为单一值使用，所以必须聚合计算取唯一值。另外，在本场景中选取最大值、最小值或者平均值，其最终效果都相同，读者可以自行实验。

```
报告日=
MAX('存款'[报告日])
```

➢ 报告标题中的存款币种名称来自不重复的被筛选的存款币种，以英文逗号相连接。

```
存款币种名称=
VAR X=
    VALUES('存款'[存款币种])
```

```
RETURN
    "("&CONCATENATEX(X,'存款'[存款币种],",")&")存款"
```

➤ 报告指标名称与报告币种都是直接采用相关切片器之中的指标名称，由于案例报告中该切片器为必须单选，因此不需要考虑空值的可能性。

```
报告指标名称=
SELECTEDVALUE('维度表_报告指标'[指标])
报告币种=
SELECTEDVALUE('维度表_报告币种'[报告币种])
```

➤ 金额单位名称稍微复杂一些，除了金额单位切片器选择为 "元" 时，返回 "元"；其余场景都是以切片器选项内容再加上后缀 "元"，如切片器选项为 "千" 时，将返回 "千元"。

```
金额单位名称=
VAR X=
    SELECTEDVALUE('参数表_金额单位'[单位名称])
RETURN
    IF(X="元","元",X&"元")
```

6.2　财务报告存款披露—剩余期限

除金额外，时间维度也是非常重要的存款报告要求。处理固定的原始合同期限相对比较简单，我们以下将讨论如何围绕剩余期限而展开存款金额。

从时间角度出发，不需要考虑存款逾期，活期存款视同次日到期；而定期存款时间轴包括起存日、报告日与到期日，如图 6-11 所示。

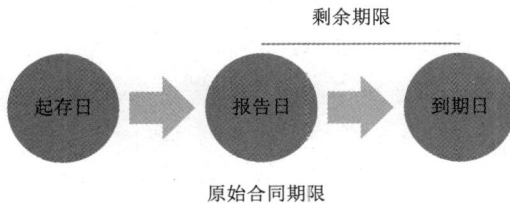

图 6-11　定期存款报告时间维度

不同档次的时间维度结合各种层次的存款价值，可以形成非常复杂的报送场景，为 Power BI 展现其强大数据处理能力提供了机会。

6.2.1　需求描述

在财务报告准则中，要求按照剩余期限披露金融资产与负债的账面价值与未折现合同现金流，如图 6-12 所示。我们以下将致力于解决存款账面价值和未折现合同现金流按剩余期限披露问题。

本集团

	无期限	逾期/即期偿还	1个月内	1至3个月	3个月至1年	1年至5年	5年以上	合计
					2021 年 12 月 31 日			
金融资产								
现金及存放中央银行款项	113,785,151	32,026,164	-	-	-	-	-	145,811,315
存放同业及其他金融机构款项/拆出资金	-	12,897,114	25,359,118	43,519,686	113,364,310	17,155,706	-	212,295,934
买入返售金融资产	-	-	3,296,573	87,853	-	-	-	3,384,426
发放贷款和垫款	-	10,693,174	96,733,014	82,797,918	325,966,106	416,070,796	251,620,121	1,183,881,129
金融投资(注)	192,061,668	7,055,889	13,815,216	46,759,880	136,777,766	450,304,172	191,072,154	1,037,846,745
其他金融资产	-	23,536,535	1,926,304	1,760,266	3,784,266	3,347,927	73,096	34,428,394
金融资产合计	305,846,819	86,208,876	141,130,225	174,837,750	579,980,301	886,878,601	442,765,371	2,617,647,943
金融负债								
向中央银行借款	-	-	(1,410,262)	(1,504,985)	(28,197,430)	-	-	(31,112,677)
同业及其他金融机构存放款项/拆入资金	(33)	(126,278,896)	(192,366,439)	(69,694,549)	(137,339,787)	(637,595)	(255,192)	(526,572,491)
交易性金融负债	(811,328)	-	-	-	-	-	-	(811,328)
卖出回购金融资产款	-	(2,777,557)	(88,752,614)	(9,349,471)	(6,946,593)	-	-	(107,826,235)
吸收存款	-	(557,623,808)	(132,322,327)	(108,147,721)	(344,412,080)	(330,460,040)	-	(1,472,965,976)
已发行债务证券	-	-	(55,805,369)	(87,999,895)	(49,118,807)	(35,814,348)	(44,855,770)	(273,594,189)
其他金融负债	-	(4,641,967)	(1,748,046)	(1,754,345)	(3,691,126)	(3,320,562)	(74,636)	(15,230,682)
金融负债合计	(811,361)	(691,322,228)	(472,405,057)	(278,450,966)	(569,705,823)	(370,232,545)	(45,185,598)	(2,428,113,578)
净头寸	305,035,458	(605,113,352)	(331,274,832)	(103,613,216)	10,274,478	516,646,056	397,579,773	189,534,365
衍生金融工具名义金额	-	-	455,195,431	365,539,155	974,961,440	448,342,545	2,720,000	2,246,758,571

图 6-12　账面价值按剩余期限披露（上海银行 2021 年报）

6.2.2　问题难点

首先，在存款数据源表中并不存在剩余期限档次，所以无法简单地将存款剩余期限档次作为列标题切分存款明细数据，需要在度量值或计算列中创建中间过程。其次，在多表关联的 DAX 环境之中，我们将使用"以表筛表"的计算形成度量值达到存款按剩余期限披露的效果。最后，初学者难以在运行列计算的 Power BI 中想象如何按存款剩余期限划分档次，不像在 Excel 中凭借 Vlookup 模糊查询生成可以观察和拖拽的中间数据作为定位标签，难度较大。

具体到业务数据与报送要求中，我们还需要将活期存款与定期存款区别对待，因为活期存款没有到期日，整体报送为即期存款；而定期存款必须按到期日与报告日之间的天数差异计算剩余期限档次。另外，由于剩余期限档次并非自然形成的数据标签，所以无法像简单度量值一样自动按列汇总，还需要特别处理使得每一行"总计"栏得以显示合计值。

6.2.3　解决思路

为了方便理解与调试代码以及排查错误，我们需要大量使用 VAR 结构作为中间变量，区分多种场景采用不同的分支计算逻辑，最后拼接成为完整的 DAX 表达式。

首先，命名变量将存款产品类型定为活期，或者将到期日为空值的活期存款整体处理，剩余期限指定为即期；然后，在复杂度量值中定义中间表，根据作为矩阵列标题的存款期限档次筛选出特定到期日范围内的定期存款，聚合后得到每一列当前剩余期限档次的指标数值小计，当不存在外部存款期限档次筛选时，小计当前行所有数据以实现总计效果；最后，在到期日档次"即期"列，合并活期存款与按到期日筛选出的次日到期定期存款；非即期的其余各个期限档次报送筛选出的定期存款报告金额；当不存在任何期限档次时，也就是在合计栏加总当前行所有存款数据。

6.2.4　实现步骤

以下将由简至难，逐步深入，分两部分分别探讨如何实现将存款报告金额"折人民币"以及原币按剩余期限披露。

1. 按剩余期限报告存款—初级

基于前文分析，我们按照语法规范写出度量值［存款_剩余期限_折人民币］，如下所示。由于入门阶段读者对 DAX 语法结构不太熟悉，容易出错，所以需要反复拆解和重复练习以便掌握。

```
存款_剩余期限_折人民币=
VAR V_Saving_Deposit=//1)活期存款
    CALCULATE([可选指标-折人民币],'存款'[到期日]=BLANK())
VAR V_LeftValue=
    SELECTEDVALUE('维度表_剩余期限档次'[左边界])
VAR V_RightValue=
    SELECTEDVALUE('维度表_剩余期限档次'[右边界])
VAR V_Buckets=//2)剩余到期日筛选表
```

```
        FILTER('存款',[到期日]>V_LeftValue&&[到期日]<=V_Right-
Value)
    VAR V_Time_Deposit_And_Total=//3)定期存款切分与合计
        IF(
            HASONEFILTER('维度表_剩余期限档次'[档次]),
            CALCULATE([可选指标-折人民币],V_Buckets),
            [可选指标-折人民币]
        )
RETURN//4)返回设计结果
    IF(
        SELECTEDVALUE('维度表_剩余期限档次'[档次])="即期",
        V_Saving_Deposit+ V_Time_Deposit_And_Total,
        V_Time_Deposit_And_Total
    )
```

以上 DAX 语句中，笔者认为有四处重点，分别以代码注释符号"//"开头，详述如下：

（1）V_Saving_Deposit 定义活期存款。

由于活期存款到期日为空值，同时定期存款到期日不为空值，所以将到期日为空值作为活期存款筛选条件。此处如果在 CALCULATE 函数使用存款产品类型＝活期作为判断条件，根据 CALCULATE 函数特性，会使用内部定义覆盖外部条件，在定期小计行错误地返回活期存款小计数。

（2）V_Buckets 剩余到期日筛选表。

```
VAR V_Buckets=
    FILTER('存款',[到期日]>V_LeftValue&&[到期日]<=V_Right-
Value)
```

中间变量虚拟表 V_Buckets 之中 V_Left Value 与 V_Right Value 数值分别来自维度表_剩余期限档次［左边界］与［右边界］交集部分，见表 6-1。

表 6-1　维度表_剩余期限档次（报告日为 2023 年 12 月 31 日）

序号	档次	左边界	右边界
1	逾期	1900-01-01	2023-12-30

序号	档次	左边界	右边界
2	即期	2023-12-30	2024-01-01
3	1 个月内	2024-01-01	2024-01-31
4	1 到 3 个月	2024-01-31	2024-03-31
5	3 个月到 1 年	2024-03-31	2024-12-31
6	1 年到 5 年	2024-12-31	2028-12-31
7	5 年以上	2028-12-31	9999-12-31

左右边界将同时随着列标题剩余期限档次而变化。例如剩余期限档次为"即期"时，左边界＝2023 年 12 月 30 日，右边界＝2024 年 01 月 01 日，中间虚拟表 V_Buckets 将用来筛选到期日大于 2023 年 12 月 30 日，同时小于等于 2024 年 01 月 01 日的所有定期存款；其余各行依次类推。

（3）V_Time_Deposit_And_Total 定期存款切分与合计，输入以下内容。

```
VAR V_Time_Deposit_And_Total=
    IF(
        HASONEFILTER('维度表_剩余期限档次'[档次]),
        CALCULATE([可选指标-折人民币],V_Buckets),
        [可选指标-折人民币]
    )
```

在以上变量中，结构 IF…HASONEFILTER（'维度表_剩余期限档次' [档次]）的作用是当外部存在具体的剩余期限档次时，筛选符合当前剩余期限档次的定期存款数据并且计算其指标；而活期存款没有到期日，所以不会被纳入计算；当不存在具体的剩余期限档次时，也就是外部为"总计"时，对剩余期限档次不做要求但保留按行筛选，即各行分别显示度量值［可选指标－折人民币］中分期限定期存款与活期存款小计金额。

（4）RETURN 返回设计结果。

```
RETURN
    IF(
        SELECTEDVALUE('维度表_剩余期限档次'[档次])="即期",
        V_Saving_Deposit+ V_Time_Deposit_And_Total,
        V_Time_Deposit_And_Total
    )
```

RETURN 下方表达式综合含义为，当外部列标题为"即期"时，加总活期存款与报告日次日到期的定期存款数据；当列标题不等于"即期"时，采用变量 V_Time_Deposit_And_Total 计算结果，也就是当存在外部按剩余期限档次筛选时，筛选符合条件的定期存款数据；当不存在外部按剩余期限档次筛选时，或者说处于"总计"栏时，加总所有符合当前行筛选条件的活期与定期存款。具体效果如图 6-13 所示。

产品类型		逾期	即期	1个月内	1到3个月	3个月到1年	1年到5年	5年以上	总计
☐ 定期			140.98	1,065.77	3,319.71	6,222.92	9,362.10		20,111.47
	3.00		123.50	299.68	1,032.89				1,456.07
	6.00		4.22	120.66	629.31	802.79			1,556.98
	12.00			183.38	639.78	1,887.91			2,711.08
	36.00		13.25	462.05	1,017.74	3,532.21	9,111.61		14,136.86
	60.00					250.49			250.49
☐ 活期		137,506.27							137,506.27
		137,506.27							137,506.27
总计		137,647.25	1,065.77	3,319.71	6,222.92	9,362.10			157,617.74

图 6-13　存款按剩余期限档次列报

在以上存款按剩余期限档次列报的案例中，我们突破了必须按照原生数据标签筛选与切割数据的局限性，得以通过自定义复杂筛选条件实现需求。

但是，本案例中度量值只能够处理折算后各币种折人民币金额，需在数据源中存在各币种折合人民币金额的数据，也无法按原币金额报送。以下将讨论如何进一步优化。

2. 按剩余期限报告存款—进阶

在前文基础上，我们以下再探讨如何升级初阶度量值〔可选指标-折人民币〕，以便可以报送原币以及从原币出发折人民币，然后再分别按存款产品类型与剩余期限列报存款。

```
存款_剩余期限_分币种报告金额=
VAR V_Saving_Deposit=
    CALCULATE([可选指标与币种-报告金额],'存款'[到期日]=
BLANK())
VAR V_LeftValue=
    SELECTEDVALUE('维度表_剩余期限档次'[左边界])
VAR V_RightValue=
```

```
    SELECTEDVALUE('维度表_剩余期限档次'[右边界])
VAR V_Buckets=
    FILTER('存款',[到期日]>V_LeftValue && [到期日]<=V_
RightValue)//以上部分与初阶度量值[存款_剩余期限_折人民币]相同
VAR V_Time_Deposit_And_Total=
    IF(
        HASONEFILTER('维度表_剩余期限档次'[档次]),
        CALCULATE([可选指标与币种-报告金额],V_Buckets),
        [可选指标与币种-报告金额]
    )//1)替换使用可选币种报告金额度量值
VAR V_Deposit_CCY=
    VALUES('维度表_存款币种'[存款币种代码])//2)新增变量
VAR V_Report_CCY=
    SELECTEDVALUE('维度表_报告币种'[报告币种])//2)新增变量
RETURN
    SWITCH(
        TRUE(),
        V_Report_CCY="原币"
            && ISERROR(V_Deposit_CCY),"按原币合计仅适用于单
一币种",
        //3)新增判断分支,此分支及以后与初阶度量值[存款_剩余期
限_折人民币]相同
        SELECTEDVALUE('维度表_剩余期限档次'[档次])= "即期",
V_Saving_Deposit+ V_Time_Deposit_And_Total,
        V_Time_Deposit_And_Total
    )
```

在上一个可以按期限切分存款报告金额的度量值［存款_剩余期限_折人民币］的基础上，主要做出三点改进：

（1）替换使用可选币种报告金额度量值。

将切分定期存款与求存款合计数的核心变量 V_Time_Deposit_And_Total

中所嵌套的度量值修改为［可选指标与币种－报告金额］之后才有可能实现按原币报送；而初阶度量值［存款_剩余期限_折人民币］之中使用的是［可选指标－折人民币］，只能输出各币种折人民币金额。

（2）新增存款币种与报告币种变量。

增加存款币种（V_Deposit_CCY）与报告币种（V_Report_CCY）两个中间变量，作为判断条件用于后续确定输出结果的 RETURN 语句中。

（3）在 RETURN 语句中新增判断分支。

```
V_Report_CCY="原币"
    && ISERROR(V_Deposit_CCY),"按原币合计仅适用于单一币种",
```

在返回最终结果的 RETURN 语句开始部分增加一个判断分支设定，当报告币种为原币且存款币种变量 V_Deposit_CCY 由于多选而报错时，返回文字提示"按原币合计仅适用于单一币种"；此外各种存款币种与报告币种组合都返回相应活期与定期存款小计或切分结果。

通过以上步骤修改度量值之后，即可实现按剩余期限划分原币、各币种折人民币的各种存款报告金额。如果选择单一存款币种，还可以报送原币金额。

6.3　存款财务报告披露度量值

我们分别从简单到复杂介绍了若干存款报告相关度量值，再回顾总结以加深印象。

6.3.1　单一币种度量值

存款报告金额有多个层次，包括应付利息、本金、账面价值与未来合同现金流一共四项指标，其中账面价值等于应付利息度量值加上本金度量值，其余三项简单加总存款表中原币数据列或者折人民币数据列再除以金额折算单位后，即得出所需度量值。

［应计利息－折人民币］［本金－折人民币］［账面价值－折人民币］［合同现金流－折人民币］，这一组四个度量值使用数据源中已有的各原币折人民币金额聚合生成，可输出单一存款币种或多存款币种折人民币金额。除了折合成人民币的度量值之外，还有更加简单地按照原币计算的对应度量值，如

［应计利息－原币］［本金－原币］［账面价值－原币］［合同现金流－原币］。

以上底层度量值可以被组装嵌套成综合性度量值［可选指标－折人民币］，以便根据外部筛选、切片器或者行列标签输入条件而分别返回各层次指标折人民币金额，包括应计利息、本金、账面价值及合同现金流四项"折人民币金额"。

6.3.2 可选币种度量值

在各种维度存款报告中，客户存款有时被折合为人民币报送，也可能需要以原币报送。

［应计利息报告金额］、［本金报告金额］、［账面价值报告金额］、［合同现金流报告金额］、共四个度量值更加简洁高效，直接基于原币和各币种折算率得出，不需要使用数据源中的各种折人民币金额，可以减少数据冗余。其次，各个报告金额度量值还可以选择存款币种与报告币种，当报告币种为各币种折合人民币时，可以任意选择存款币种；当报告币种为原币且只选择一种货币时，可以自由列示明细与汇总金额；当报告币种为原币且选择两个或更多存款币种时，度量值不会将不同币种的存款原币金额加总，而是报出文字提示信息。

6.3.3 时间维度度量值

本案例中，最为复杂的两个度量值：［存款_剩余期限_折人民币］与［存款_剩余期限_分币种报告金额］，可以按照剩余期限和产品类型报送存款应计利息、本金、账面价值与合同现金流金额。后者选择报告币种的自由度更大。

（1）［存款_剩余期限_折人民币］：基于所嵌套引用的核心度量值［可选指标－折人民币］，根据外部行标签与列标题确定返回结果；在列方向按剩余期限档次（即期、1个月内、1到3个月……，存款不存在逾期）与合计；在行方向分产品期限档次（活期、定期3个月、6个月……60个月）；分别披露应付利息、本金、账面价值或者未来合同现金流折合人民币金额作为报告金额。本度量值虽然可以在四种报告金额之间自由选择任何一种折人民币金额，但是这个度量值仍然无法实现对单一币种按原币报送，而且依赖数据源中的原币折人民币金额。

（2）［存款_剩余期限_分币种报告金额］：在［存款_剩余期限_折人民币］

的基础上予以改进，增加存款币种与报告币种两个中间变量，并且将计算金额所嵌套的核心度量值修改为［可选指标与币种－报告金额］。

与［存款_剩余期限_折人民币］相比，本度量值如果选择报告币种为各币种"折人民币"，同样可以选择任意币种；除此之外还有两个优势：一是对单一存款币种可以按原币报送；二是本度量值底层依据原币金额与币种折算率得出，不依赖各币种"折人民币"数据列，可以减少数据冗余。

6.3.4　其余度量值

金额类度量值中还有可以分层次披露本金、应计利息与账面本金的度量值［吸收存款价值分层次披露］：根据已经定义的外部披露标题，区分活期与定期存款产品类别，以及公司与个人客户切分存款本金，并附带列示应付利息与账面价值金额。

除此之外，还有一些 Power BI 报告中用到的辅助度量值。例如，报告日、报告指标名称、报告表头、币种金额单位、货币折算率等。

6.4　监管报告存款披露—流动性覆盖率

流动性覆盖率（Liquidity Coverage Ratio，LCR）是基于市场压力情况下的一种估算，归集计算银行资产负债及表外与衍生品数据在压力情况下所产生的资金流失与优质流动资产储备之比。在存款部分的计算要求是根据不同类型客户的存款产品与账户类型和日常行为判断压力情况下可能有的存款流失金额。由于 LCR 估算时纳入客户行为要素，所以其动态特性导致数据收集、设定前提假设与计算过程更加复杂。

6.4.1　需求描述

表 6-2 中，所有存款需要按照交易对手分成个人（2.1.1 零售存款的现金流出），小企业（2.1.2.1 小企业）以及大中企业（2.1.2.2 大中型企业）三部分，然后对每一类交易对手的存款余额进一步按照是否有存款保险和是否有业务关系交叉细分。

表 6-2　流动性覆盖率存款部分表样

项目	A	B	C
	金额	折算率	折算后金额
2. 净现金流出			
2.1 现金流出			
2.1.1 零售存款的现金流出	0		
2.1.1.1 稳定存款（满足有效存款保险附加标准）		3%	0
2.1.1.2 稳定存款（不满足有效存款保险附加标准）		5%	0
2.1.1.3 欠稳定存款（有存款保险）		10%	0
2.1.1.4 欠稳定存款（无存款保险）		10%	0
2.1.2 无担保批发现金流出	0		
2.1.2.1 小企业	0		
2.1.2.1.1 稳定存款（满足有效存款保险附加标准）		3%	0
2.1.2.1.2 稳定存款（不满足有效存款保险附加标准）		5%	0
2.1.2.1.3 欠稳定存款（有存款保险）		10%	0
2.1.2.1.4 欠稳定存款（无存款保险）		10%	0
2.1.2.2 大中型企业	0		
2.1.2.2.1 有业务关系且有存款保险（满足有效存款保险附加标准）		3%	0
2.1.2.2.2 有业务关系且有存款保险（不满足有效存款保险附加标准）		5%	0
2.1.2.2.3 有业务关系且无存款保险		25%	0
2.1.2.2.4 无业务关系且有存款保险		20%	0
2.1.2.2.5 无业务关系且无存款保险		40%	0

首先按照客户类型与存款规模动态区分交易对手类型，将其划分为：

● 零售存款，即自然人客户存款。

● 小企业存款，按照《中小企业划型标准规定》（工信部联企业［2011］300 号）（以下简称工信部 300 号）文规定企业规模属于微型与小型，而且按客户合计存款不超过人民币 800 万元的企业。

● 大中企业客户，按照工信部 300 号文规定企业规模属于中型与大型，再加上按客户汇总合计超过人民币 800 万元的微型与小型企业客户存款，适用较高的流失折算率，而且大中企业客户存款无保险部分需要细分为有业务关系及无业务关系。

其次，根据银行业监管机构指导意见，中国现行存款保险不满足有效存款保险附加标准[①]；所以排除"稳定存款或者有业务关系且有存款保险（满足有效存款保险附加标准）"这一档次。

再次，需要根据客户存款汇总金额、存款产品、账户类型、业务关系类型与业务关系存款额度判断是否有保险（被"存款保险计划覆盖"），以及是否有业务关系。同时满足有存款保险与业务关系两个条件的即"稳定存款"。

1. 稳定存款

根据银保监会发布的《商业银行流动性风险管理办法》，稳定存款[②]是指被有效存款保险计划完全覆盖或由公开保证提供同等保护，并且存放于交易性账户（如自动存入工资的账户）或者存款人与商业银行之间由于存在其他关系使得提取可能性很小的存款。

所以稳定存款等价于既有存款保险又有业务关系的存款，接下来需要分析如何定性定量识别被存款保险制度所覆盖金额及有业务关系的存款金额。

2. 存款保险

国内存款保险最高偿付限额为人民币 50 万元，即同一存款客户在同一投保金融机构所有被保险存款账户的本外币存款本金利息合并资金数额在 50 万元以内的，实行全额偿付。由于存款利息在流动性覆盖率报表之中与存款本金分开报送，为简化起见，本章计算过程中忽略存款应付利息，只考虑本金。

综上所述，对于参加存款保险计划的商业银行吸收存款，按客户小计本金 50 万元以内部分为有保险，否则为无保险。

3. 存款业务关系

《商业银行流动性风险管理办法》规定了流动性覆盖率计算中业务关系存款的范围，即填报机构为非自然人客户提供清算、托管和现金管理服务所产生的存款。

- 清算服务是指客户通过直接参与境内支付结算系统的商业银行间接地将资金（或证券）转移给最终接受方，仅限于对客户支付指令的传送、对账和确认，日间透支、隔夜融资和结算后账户维护，以及日间和最终结算头寸的确定。

---

① 有效存款保险计划是指有能力迅速赔付，保险覆盖范围明确且公众广泛知晓的存款保险计划。中国的存款保险制度属于有效的存款保险计划，但不满足有效存款保险附加标准。"满足有效存款保险附加标准"相关项目应为满足条件的境外业务。根据存款保险条例，存款保险实行限额偿付。

② 稳定存款是指被有效存款保险计划完全覆盖或由公开保证提供同等保护，并且存放于交易性账户（如自动存入工资的账户）或者存款人与商业银行之间由于存在其他关系使得提取可能性很小的存款。

● 托管服务是指在客户交易或持有金融资产的过程中，商业银行代表客户对资产进行保管、报告、处理或者对相关营运和管理活动提供便利，仅限于证券交易结算、契约性支付的转移、押品处理与托管相关的现金管理服务，以及股利和其他收入的收取、客户申购赎回、资产和公司信托服务、资金管理、第三方保管、资金转移、股票转移、支付结算等代理服务（不含代理行业务）和存托凭证。

● 现金管理服务是指商业银行向客户提供现金流管理、资产和负债管理等及客户日常经营所必需的金融服务相关产品或服务，仅限于汇款、收款、资金归集、工资支付管理和资金支出控制。

由此可见，银行需要在日常业务过程中根据与客户合作的业务范围与合作深度识别存款业务关系，并且量化有业务关系的存款金额。例如，业务关系额度可以取清算、托管与现金管理服务沉淀资金最近两年最低值。

4. 要点小结

根据对监管需求的解读，以下几点需要关注：

（1）以客户为单位，存款 50 万元以上部分没有存款保险覆盖，存款 50 万元以内部分有存款保险；

（2）是否有业务关系先考虑存款产品类型，再将存款余额与日常业务过程中设定的业务关系额度金额比较，定期存款一般没有业务关系。若是活期存款期末余额低于业务关系额度的部分有业务关系，期末余额高于业务关系额度的部分没有业务关系。

（3）零售与小企业存款口径的"稳定存款"等价于大中企业"有业务关系且有存款保险"。稳定存款范围等于同时处于存款保险保护且有业务关系的存款金额，也就是单户 50 万元以内有业务关系的存款额。

（4）流动性覆盖率计算口径的小企业需要同时满足客观规模为小型或微型，以及客户存款总额小于等于 800 万元两个标准。

6.4.2　问题难点

理清监管口径定义之后，如何从错综复杂的监管需求与业务数据之中识别与抓取数据成为突出难点。

（1）首先是各种报送项目范围动态相互交叉。例如，是否有保险与业务关系，判断范围与抓取数据比较困难。

（2）其次，监管报表中存款项目多而且不统一，如大中企业存款报送项目之中"2.1.2.2.2有业务关系且有存款保险"，虽然其实质与零售和小企业的稳定存款相同，但是在报表中的名称不同；还有一项"2.1.2.2.4无业务关系且有存款保险"，其实质与零售和小企业存款中的"欠稳定存款（有存款保险）"相同，但是名称也不同。除此之外，大中型企业"2.1.2.2.3有业务关系且无存款保险"与"2.1.2.2.5无业务关系且无存款保险"合计之后相当于零售与小企业客户的"欠稳定存款（无存款保险）"项目。

（3）不同项目折算比率不同，加大了计算困难。

6.4.3　解决思路

为了实现高效计算，统一数据基础与计算要素标准化是解决流动性覆盖率报告问题的关键，可以采用以下几个方面措施。

（1）事先确立业务数据基础，为每一家客户设定业务关系类型与业务关系限额。

（2）统一除了交易对手类型不同之外其余实质相同项目的判断与抓取标准，包括：

● 零售与小企业的稳定存款（不满足有效存款保险附加标准）与大中企业"2.1.2.2.2有业务关系且有存款保险（不满足有效存款保险附加标准）"，性质上都是既有保险又有业务关系的存款。

● 零售与小企业的欠稳定存款（有存款保险）与大中型企业"2.1.2.2.4无业务关系且有存款保险"，性质上都是仅有存款保险但是没有业务关系的存款。

（3）细分无存款保险的项目为有业务关系以及无业务关系。例如欠稳定存款（无存款保险）对于零售与小企业存款是一个项目，而对于大中企业客户需要将无业务关系的存款拆分成有业务关系（2.1.2.2.3有业务关系且无存款保险）与无业务关系（2.1.2.2.5无业务关系且无存款保险）两部分，将零售、小企业与大中企业无保险存款全部细分到最底层粒度后再汇总，可以统一计算过程。

在统一要求与细分标准之后，根据是否有保险与业务关系，大中企业与零售及小企业存款报送项目最底层都由性质相同的四个子项组成：

● A，有效存款，同时有保险与业务关系存款；

● B，仅有保险，无业务关系存款；

- $C1$，有业务关系，无保险存款；

- $C2$，无业务关系，无保险存款。

从以上四种类别出发，可以设计出标准计算方法。

1. 四象限分类法

基于已知影响存款流动性覆盖率报送项目性质确定的三个参数，存款保险限额 50 万元，TD（客户存款总额），以及 Q（业务关系限额），再将存款余额与业务关系限额按照是否高于 50 万元各自切分成两部分之后，形成四种情景，其中 TD 与 Q 产生交集的情景 1 与情景 4 需要判断存款余额的 LCR 报送项目归属。结合前文中所做 A、B、C1、C2 分类之后，具体对应关系见表 6-3。

表 6-3　LCR 存款项目判断逻辑

TD 存款余额 ＼ Q 业务关系限额	$Q1=Min（50，Q）$ 小于等于 50 万元部分	$Q2=Max（Q-50，0）$ 大于 50 万元部分
$TD1=Min（TD，50）$ 小于等于 50 万元部分有保险存款	情景 1 $B=Max（TD1-Q1，0）$，无业务关系存款 $A=Min（TD1，Q1）$，有效存款	无交集
$TD2=Max（TD-50，0）$ 大于 50 万元部分无保险存款	无交集	情景 4 $C2=Max（TD2-Q2，0）$，无业务关系 $C1=Min（TD2，Q2）$，有业务关系

情景 1，存款余额在 50 万元以内，且有存款保险。

（1）$A=Min（TD1，Q1）$，有效存款，同时有业务关系与存款保险，取 50 万元以内孰低者。

- $TD1=Min（TD，50）<=50$，为存款余额有存款保险的部分。

- $Q1=Min（50，Q）<=50$，为业务关系限额低于存款保险额度部分。

（2）$B=Max（TD1-Q1，0）$，有保险无业务关系，50 万元以内存款余额超出业务关系额部分。

情景 4，存款余额在 50 万元以上时，无存款保险。

（3）$C1=Min（TD2，Q2）$，无保险有业务关系，当存款余额与业务关额度同时超出 50 万元后，取超出部分孰低者。

- $TD2＝Max（TD－50，0）\geqslant0$，为无保险存款余额。
- $Q2＝Max（Q－50，0）\geqslant0$，业务关系限额大于存款保险额度 50 万元的部分。

（4）$C2＝Max（TD2－Q2，0）$，无保险也无业务关系，当存款余额与业务关系额度同时超出 50 万元之后，存款余额大于业务关系额度的部分。

（5）$C＝C1＋C2$，全部无保险存款等于无保险有业务关系的存款加上既没有保险也没有业务关系的存款。

以上分析中，情景 1 与情景 4 可能叠加，也就是当客户存款总数超过 50 万元时，需要同时考虑两种场景。$C1$ 与 $C2$ 是大中企业要求的细分指标，而 C 是零售与小企业的报送口径，细分后加总可以实现三类交易对手存款余额得以按照统一规则细分。

2. 分类优化法

经过进一步分析，还可以将以上 A、B、C 简化后重新表述。

$A＝Min（TD，Q，50）$，有效存款，取客户存款余额，业务关系额度与存款保险限额三者最低者；

$B＝Min（TD，50）－A$，有保险无业务关系存款，即存款余额与 50 万元保险额度孰低者大于有效存款 A 的部分；

$C1＝Max（Min（TD，Q）－50，0）$，无保险有业务关系存款，即存款余额与业务关系额度孰低者超出 50 万元的部分；

$C2＝Max（TD－Max（Q，50），0）$，无保险也无业务关系，即存款余额超出业务关系额度与 50 万元孰高者的部分。

$C＝C1＋C2$，保持不变。

优化之后的计算公式更加简洁，但是理解起来比四象限分类方法要困难一些。

6.4.4 实现步骤

完成前期分析之后，我们将使用 Power Query 预处理数据，然后加载到 Power BI Desktop 之中按照流动性覆盖率要求计算各档次存款流失前后金额。

1. Power Query 中数据加工处理

在 Power Query 模块之中，与 LCR 数据整理与计算直接相关的有以下四个查询。

(1) 数据文件名称地址，这是为了方便修改数据源 Excel 文件的地址与名称而单独创建的查询，当一个数据源中的各部分需要被多次引用时，统一数据源优势明显。由于这一查询作为参数使用，因此不需要加载到 Power BI 数据模型中。

(2) 0_度量值，本查询为新创建的不含数据空表，用于在 Power BI Desktop 报告中收纳度量值于一张表内，防止混乱。即使没有这张表，也不影响最终形成 LCR 报告。

(3) 参数表_LCR 类型与折算率，既包含用于容纳与加载用于最终报告的 LCR 存款标准指标名称与折算率，也有在 Power Query 中作为查询关键字的字段客户类型与项目名称。

(4) LCR_存款，将各项存款的明细数据按照 LCR 计算逻辑分类转换，作为最终 Power BI 报告度量值的数据基础。

还有两个没有加载的查询 LCR_存款_四象限分类与优化法比较，以及 LCR_存款 ABC 检查用于数据核对。

①步骤 1，新建查询-导入 LCR 参数表。

参数表用于在 Power BI 报告中作为报告矩阵行标签，以及在 Power Query 中为存款明细数据添加行标签与折算率，涉及【报告行标签】以及【折算率】两列；另外还有【客户类型】与【项目】两列作为在参数表与存款明细表之间建立 Power Query 查询引用关系作为匹配关键字，如图 6-14 所示。

	1.2 序号	ABC 报告行标签	% 折算率	ABC 客户类型	ABC 项目	ABC 客户类型_排序用
	• 有效 100% • 错误 0% • 空 0%	• 有效 100% • 错误 0% • 空 0%	• 有效 100% • 错误 0% • 空 0%	• 有效 100% • 错误 0% • 空 0%	• 有效 100% • 错误 0% • 空 0%	• 有效 100% • 错误 0% • 空 0%
1	1	2.1.1.1稳定存款（满足有效存款保险附加标准）	3.00%	零售_个人	不适用	a.零售_个人
2	2	2.1.1.2稳定存款（不满足有效存款保险附加标准）	5.00%	零售_个人	A_稳定存款	a.零售_个人
3	3	2.1.1.3欠稳定存款（有存款保险）	10.00%	零售_个人	B_欠稳定存款_有保险	a.零售_个人
4	4	2.1.1.4欠稳定存款（无存款保险）	10.00%	零售_个人	C_欠稳定存款_无保险	a.零售_个人
5	5	2.1.2.1.1稳定存款（满足有效存款保险附加标准）	3.00%	小企业	不适用	b.小企业
6	6	2.1.2.1.2稳定存款（不满足有效存款保险附加标准）	5.00%	小企业	A_稳定存款	b.小企业
7	7	2.1.2.1.3欠稳定存款（有存款保险）	10.00%	小企业	B_欠稳定存款_有保险	b.小企业
8	8	2.1.2.1.4欠稳定存款（无存款保险）	10.00%	小企业	C_欠稳定存款_无保险	b.小企业
9	9	2.1.2.2.1有业务关系且有存款保险（满足有效存款保险附加标准）	3.00%	大中企业	不适用	c.大中企业
10	10	2.1.2.2.2有业务关系且有存款保险（不满足有效存款保险附加标准）	5.00%	大中企业	A_稳定存款	c.大中企业
11	11	2.1.2.2.3有业务关系且无存款保险	25.00%	大中企业	C1_有业务关系_无保险	c.大中企业
12	12	2.1.2.2.4无业务关系且有存款保险	20.00%	大中企业	B_欠稳定存款_有保险	c.大中企业
13	13	2.1.2.2.5无业务关系且无存款保险	40.00%	大中企业	C2_无业务关系_无保险	c.大中企业

图 6-14　LCR 参数表

以下 M 函数代码包括引用数据源文件，深化 LCR 参数表，以及将折算率数据类型调整为百分比三步，手工操作也可以达到相同效果。

```
let
    源=Excel.Workbook(File.Contents(数据文件名称地址),true),
    LCR_存款流失类型表_Table=源{[Item="LCR_存款流失类型表",
Kind="Table"]}[Data],
    更改的类型=Table.TransformColumnTypes(LCR_存款流失类型
表_Table,{{"折算率",Percentage.Type}})
in
    更改的类型
```

②步骤2，新建查询－引用各项存款数据表。

接下来需要导入各项存款数据表，方法是新建空白查询，然后在公式编辑栏输入以下函数代码，或者参照前文中描述进行手工操作。

```
=Excel.Workbook(File.Contents(数据文件名称地址),true)
```

```
=源{[Item="Table_各项存款",Kind="Table"]}[Data]
```

以下经过一步步加工，最终将形成支持 LCR 计算的明细数据。

③步骤3，按客户聚合存款。

由于 LCR 存款需要同时依据交易对手类型与客户存款小计金额而判断，所以获取每一笔存款明细数据之后，需要按客户代码与客户规模汇总存款余额"折人民币"及业务关系"折人民币"金额供下一步使用。

```
=Table.Group(Table_各项存款_Table,{"客户号","规模"},{{"业务
关系金额折人民币",each List.Sum([业务关系金额折人民币])},{"余额折
人民币",each List.Sum([余额折人民币])}})
```

④步骤4，添加复杂列并展开。

按客户汇总存款余额之后，紧接着按照前文所做分析（四象限分类法）新增复杂列，通过字段逐步落实判断过程。

```
=Table.AddColumn(按客户分组聚合,"A",each[
                客户类别 = if Text.Contains([客户号],"P")
then "零售_个人" else if([规模]="S" or[规模]="T")and[余额折人民
币]<=8000000 then "小企业" else "大中企业",//同时满足自身规模与存
```

款余额要求的才是合格小企业

存款保险上限＝500000，

TD1存款保险限额内＝List.Min({存款保险上限，[余额折人民币]})，

TD2存款保险限额外＝List.Max({[余额折人民币]－存款保险上限，0})，

Q1业务关系金额保险限额内＝List.Min({[业务关系金额折人民币]，存款保险上限})，

Q2业务关系金额保险限额外＝List.Max({[业务关系金额折人民币]－存款保险上限，0})，

A_稳定存款＝List.Min({TD1存款保险限额内，Q1业务关系金额保险限额内})，//50万保险上限内有业务关系的存款余额

B_欠稳定存款_有保险＝List.Max({TD1存款保险限额内－Q1业务关系金额保险限额内，0})，//仅有保险，无业务关系，取50万元以内存款余额减去50万元以内的业务关系限额的非负结果

C1_有业务关系_无保险＝List.Min({TD2存款保险限额外，Q2业务关系金额保险限额外})，//超出50万元的存款，且处于业务关系额度以上

C2_无业务关系_无保险＝List.Max({TD2存款保险限额外－Q2业务关系金额保险限额外，0})，//50万元以上，存款总额减去业务关系总额之后的剩余部分，等价于TD-A-B-C1

C_欠稳定存款_无保险＝C1_有业务关系_无保险＋C2_无业务关系_无保险

])

随后展开上一步新增的复杂列。

＝Table.ExpandRecordColumn(添加复杂记录列，"A"，{"客户类别"，"A_稳定存款"，"B_欠稳定存款_有保险"，"C1_有业务关系_无保险"，"C2_无业务关系_无保险"，"C_欠稳定存款_无保险"})

随后删除影响下一步正确逆透视的列，仅最低限度保留LCR计算所需要

字段，形成图 6-15 逆透视之前的效果。

```
=Table.RemoveColumns(展开,{"规模","业务关系金额折人民币",
"余额折人民币"})
```

客户号	客户类别	A_稳定存款	B_欠稳定存款_有保…	C1_有业务关系_无…	C2_无业务关系_无…	C_欠稳定存款_无保…
● 有效 100% ● 错误 0% ● 空 0%	● 有效 100% ● 错误 0% ● 空 0%	● 有效 100% ● 错误 0% ● 空 0%	● 有效 100% ● 错误 0% ● 空 0%	● 有效 100% ● 错误 0% ● 空 0%	● 有效 100% ● 错误 0% ● 空 0%	● 有效 100% ● 错误 0% ● 空 0%
1	P0002	零售_个人	100000	400000	0	1779691.342	1779691.342
2	P0004	零售_个人	100000	400000		4687141.517	4687141.517
3	P0005	零售_个人	100000	400000		2262227.155	2262227.155
4	P0006	零售_个人	100000	400000		1886478.677	1886478.677
5	P0007	零售_个人	100000	400000		18979161.31	18979161.31
6	P0009	零售_个人	300000	200000		6119986.129	6119986.129
7	P0010	零售_个人	300000	200000		6310221.219	6310221.219
8	P0011	零售_个人	200000	300000		4663095.77	4663095.77
9	P0016	零售_个人	100000	400000		2137056.491	2137056.491

图 6-15　逆透视之前

⑤步骤 5，逆透视。

由于上一步形成的 LCR 各档次数据分布于多列，不方便计算，因此通过逆透视将数据转置到一列，性质转置为另外一列，如图 6-16 所示。

```
=Table.UnpivotOtherColumns(删除,{"客户号","客户类别"},"LCR_
存款属性","LCR_存款金额")
```

客户号	客户类别	LCR_存款属性	LCR_存款金额
● 有效 100% ● 错误 0% ● 空 0%	● 有效 100% ● 错误 0% ● 空 0%	● 有效 100% ● 错误 0% ● 空 0%	● 有效 100% ● 错误 0% ● 空 0%
1	P0002	零售_个人	A_稳定存款	100000
2	P0002	零售_个人	B_欠稳定存款_有保险	400000
3	P0002	零售_个人	C1_有业务关系_无保险	0
4	P0002	零售_个人	C2_无业务关系_无保险	1779691.342
5	P0002	零售_个人	C_欠稳定存款_无保险	1779691.342
6	P0004	零售_个人	A_稳定存款	100000
7	P0004	零售_个人	B_欠稳定存款_有保险	400000
8	P0004	零售_个人	C1_有业务关系_无保险	0
9	P0004	零售_个人	C2_无业务关系_无保险	4687141.517
10	P0004	零售_个人	C_欠稳定存款_无保险	4687141.517

图 6-16　逆透视之后

⑥步骤 6，内部查询联接 LCR 参数表并展开。

在上一步的基础上，还需要根据客户类别与 LCR 存款属性增加折算率与报告行标签；同时，由于零售客户与小企业和大中企业的 C 类存款数据粒度不同而前期复杂列中计算到最底层造成冗余；所以使用当前存款表的【客户类别】与【LCR_存款属性】两列作为匹配字段查询 LCR 参数表，获取折算率与报告行标签；查询方式设置为内部查询即可排除冗余的存款分类。

```
=Table.NestedJoin(逆透视,{"客户类别","LCR_存款属性"},参数表_
LCR类型与折算率,{"客户类型","项目"},"参数表_LCR类型与折算率",Join-
Kind.Inner)
```

手动单击所需字段，即展开并且新增两列，效果如图6-17所示。

```
=Table.ExpandTableColumn(内部查询_LCR参数表,"参数表_LCR类
型与折算率",{"折算率","报告行标签"})
```

ABC 客户号	123 客户类别	ABC LCR_存款属性	123 LCR_存款金额	% 折算率	ABC 报告行标签
● 有效 100% ● 错误 0% ● 空 0%	● 有效 100% ● 错误 0% ● 空 0%	● 有效 100% ● 错误 0% ● 空 0%	● 有效 100% ● 错误 0% ● 空 0%	● 有效 100% ● 错误 0% ● 空 0%	● 有效 100% ● 错误 0% ● 空 0%
1 P0002	零售_个人	A_稳定存款	100000	5.00%	2.1.1.2稳定存款（不满足有效存款保…
2 P0004	零售_个人	A_稳定存款	100000	5.00%	2.1.1.2稳定存款（不满足有效存款保…
3 P0005	零售_个人	A_稳定存款	100000	5.00%	2.1.1.2稳定存款（不满足有效存款保…
4 P0002	零售_个人	B_欠稳定存款_有保险	400000	10.00%	2.1.1.3次稳定存款（有存款保险）
5 P0004	零售_个人	B_欠稳定存款_有保险	400000	10.00%	2.1.1.3次稳定存款（有存款保险）
6 P0005	零售_个人	B_欠稳定存款_有保险	400000	10.00%	2.1.1.3次稳定存款（有存款保险）
7 P0002	零售_个人	C_欠稳定存款_无保险	1779691.942	10.00%	2.1.1.4次稳定存款（无存款保险）
8 P0004	零售_个人	C_欠稳定存款_无保险	4687141.517	10.00%	2.1.1.4次稳定存款（无存款保险）
9 P0005	零售_个人	C_欠稳定存款_无保险	2262227.155	10.00%	2.1.1.4次稳定存款（无存款保险）

图 6-17　展开查询新增字段

⑦步骤7，添加LCR_折算后金额。

在区分LCR存款档次与获取相应折算率之后，在Power Query中添加折算后金额就十分容易。否则需要使用复杂而且不够直观的DAX表达式在Power BI报告之中计算。

```
=Table.AddColumn(展开合并查询,"LCR_折算后金额",each[LCR_存
款金额]* [折算率])
```

⑧步骤8，其他。

最后还有一些辅助性步骤，包括修改数据类型，筛选保留非0的LCR_存款金额，以及按客户号与LCR_存款属性将数据按行排序等。

2. 展示-Power BI 数据模型、度量值与报告

将Power Query之中的数据加载到Power BI Desktop报告之后，再加上通过DAX直接在前台创建的参数表_金额单位，在数据模型视图中一共可以看到四张表。在参数表_LCR类型与折算率与LCR_存款之间通过字段【报告行标签】创建一对多连接关系，就形成了一个简单的数据模型。通过数据模型可以灵活计算与展示LCR计算结果，如图6-18所示。

Power BI报告主要通过搭建数据模型，选择可视化对象，书写度量值而

打造，以下论述也主要依照度量值而展开，与 Power Query 中分步论述的行文结构区别较大。

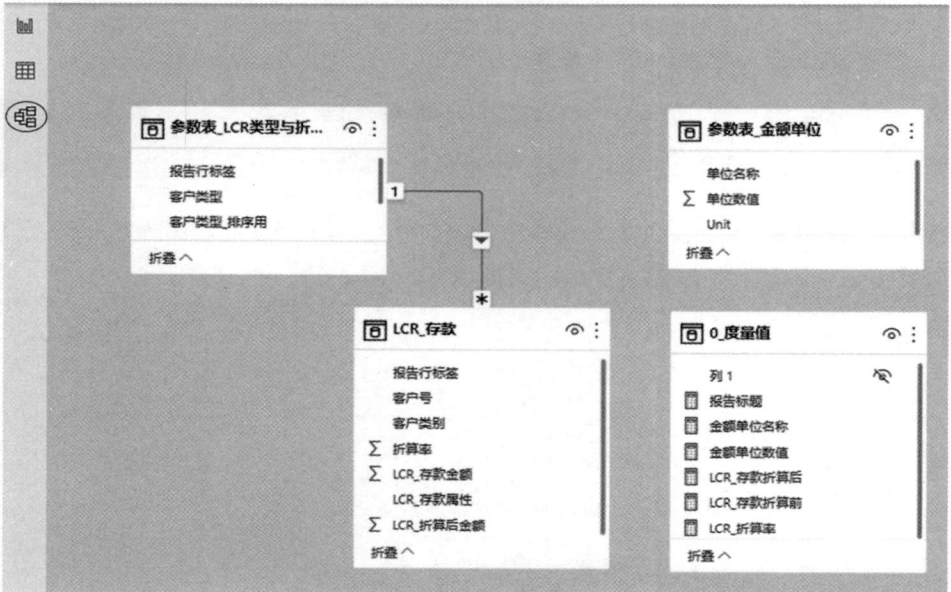

图 6-18　LCR 数据模型

图 6-19 是 Power BI Desktop 中字段视图折叠之后的数据表结构。

（1）核心度量值。

Power BI 报告的核心是度量值，所以我们首先根据报告需求构建以下 3 个度量值，[LCR_存款折算前] [LCR_存款折算后] 及 [LCR_折算率]。前两个计算金额的度量值在汇总算出分子之后还需要除以另外一个辅助性度量值 [金额单位数值]，这样可以根据需要

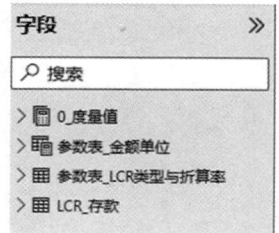

图 6-19　Power BI 报告
中数据表结构

灵活调节数据显示单位，元、千元、万元等。度量值 [LCR_折算率] 放置于矩阵可视化对象中，是为了使得矩阵看起来与监管报告格式一致，其实并不参与运算，所以并非必须。

```
LCR_存款折算前=
SUM('LCR_存款'[LCR_存款金额])/[金额单位数值]
```

```
LCR_存款折算后=
SUM('LCR_存款'[LCR_折算后金额])/[金额单位数值]
```

```
LCR_折算率=
SELECTEDVALUE('参数表_LCR 类型与折算率'[折算率])
```

以上 LCR_存款折算前与 LCR_存款折算后两个度量值中，使用了［金额单位数值］以便根据外部切片器输入结果将计算结果转换为按元、千元、万元等列示。

（2）可视化报告。

基于前述数据模型与度量值，就可构建图 6-20 Power BI 报告，步骤如图 6-20 所示：

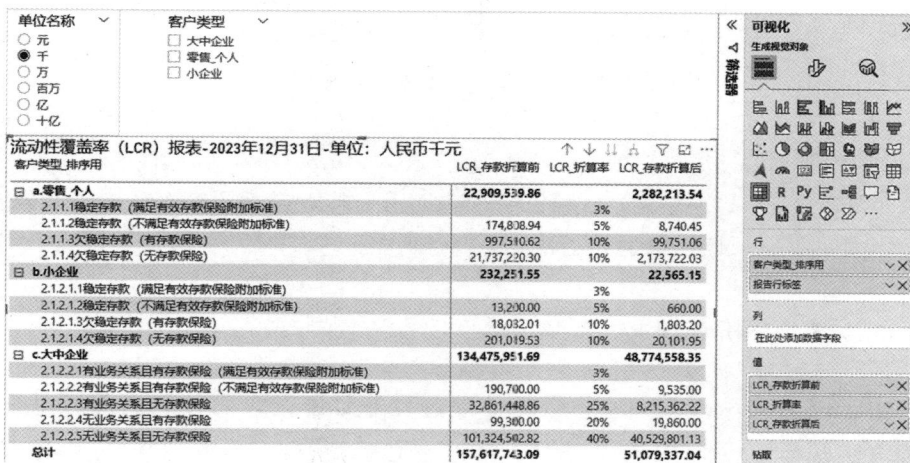

图 6-20　Power BI 报告

①将可视化对象矩阵拖拽到报告画布之中；

②将"参数表_LCR 类型与折算率"之中的【客户类型_排序用】与【报告行标签】拖拽到行区域，作为矩阵的两级行标题；

③将核心度量值［LCR_存款折算前］，［LCR_折算率］，［LCR_存款折算后］拖拽到值区域，作为显示金额；

④导入度量值自定义报告标题，选择【设置视觉对象格式】=>选择【常规】［标题］=>=>【文本】选项中点击图标 fx =>【格式样式】之中选择"字段值"=>【应将此基于哪个字段】中浏览选择目标度量值选择［报

告标题]。操作如图 6-21。

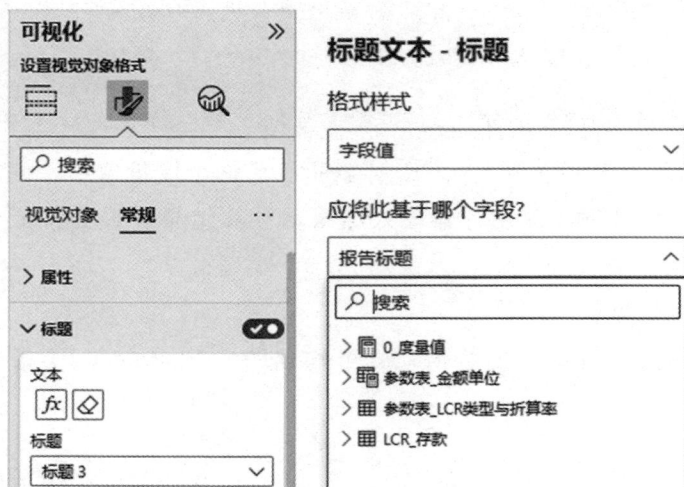

图 6-21　自定义度量值标题

报告标题=
"流动性覆盖率(LCR)报表-2023 年 12 月 31 日-单位:人民币"&[金额单位名称]

6.4.5　分析与比较

由于以上 Power Query 中数据处理过程非常复杂，而且我们前后讨论了两种方法转换生成 LCR 存款项目，所以有必要检查在 Power Query 中数据计算逻辑是否正确，两种方法输出结果是否一致。

1. LCR 存款档次（ABC 类）复核

为了检查 LCR 存款档次计算是否正确，我们可以复制前述的查询【LCR_存款】，然后再添加复杂记录列这一步骤中增加若干字段，检查各档次存款数据的钩稽合理性，展开后观察是否满足逻辑关系，如图 6-22 所示。

　　...
AB 小计检查=(A_稳定存款+B_欠稳定存款_有保险)-List.Min({存款保险上限,[余额折人民币]})),

C 小计检查＝(C1_有业务关系_无保险＋C2_无业务关系_无保险)-List.Max({[[余额折人民币]-存款保险上限,0}),

ABC 小计检查＝(A_稳定存款＋B_欠稳定存款_有保险＋C1_有业务关系_无保险＋C2_无业务关系_无保险)-[余额折人民币],

ABC 非负检查＝List.Min({{A_稳定存款,B_欠稳定存款_有保险,C1_有业务关系_无保险,C2_无业务关系_无保险}})>=0

...

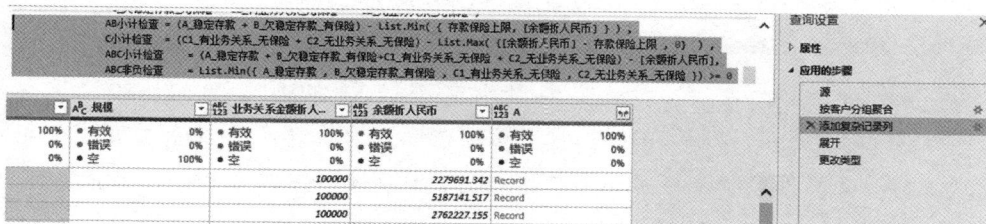

图 6-22　LCR 存款档次计算逻辑检查

展开之后观察，AB 小计检查、C 小计检查与 ABC 小计检查三列中每一行数据都应该为 0，ABC 非负检查一列之中每一行数据都应该为 TRUE。

2. 四象限分类法与优化方法比较

在 6.4.3 "解决思路"中的优化方法可以在 Power Query 运行后与优化前方法比较输出结果是否相同。方法是复刻查询【LCR_存款】，按客户分组聚合之后将添加复杂列中的 A、B、C 与 C1 和 C2 类存款计算逻辑按照优化后原理重写；接着执行其余步骤一直到排序；然后舍入数据；再引用与方法 2 相同列方法 1 中数据表执行舍入运算，比较二者异同。

具体步骤如下：

（1）复制前文中查询"LCR_存款"，然后将其中步骤 4 之中"添加复杂记录列"替换为以下代码并且保持一直到步骤 8，其他都保持不变。

```
=Table.AddColumn(按客户分组聚合,"A",each[
            客户类别=if Text.Contains([客户号],"P")
            then "零售_个人" else if([规模]="S" or [规
模]="T")and[余额折人民币]<=8000000 then "小企业" else "大中企业",
            存款保险上限=500000,
```

A_稳定存款=List.Min({存款保险上限,[余额折人民币],[业务关系金额折人民币]}),//同时有存款保险和业务关系,取存款余额、50万保险上限与业务关系限额三者间最低者

B_欠稳定存款_有保险=List.Min({存款保险上限,[余额折人民币]})-A_稳定存款,//仅有保险,无业务关系,取50万元与实际存款二者中较小者且不属于稳定存款的部分

C1_有业务关系_无保险=List.Max({List.Min({[业务关系金额折人民币],[余额折人民币]})-存款保险上限,0}),//业务关系金额和实际存款余额二者较低者大于存款保险限额50万元的部分

C2_无业务关系_无保险=List.Max({[余额折人民币]-List.Max({存款保险上限,[业务关系金额折人民币]}),0}),//,客户级别存款总数减去业务关系限额和50万元二者之中较大的一个后剩余的部分,等价于TD-A-B-C1

C_欠稳定存款_无保险=C1_有业务关系_无保险+C2_无业务关系_无保险

])

（2）对【LCR_存款金额】与【LCR_折算后金额】执行保留小数点后两位的舍入，如果省略这一步，将由于极小的可忽略数据差异导致两种方法输出结果不一致。

```
=Table.TransformColumns(排序,{{"LCR_存款金额",each Number.Round(_,2),Currency.Type},{"LCR_折算后金额",each Number.Round(_,2),Currency.Type}})
```

（3）引用查询 LCR_存款，同样执行舍入运算，并且只选择与方法 2 中相同的数据列，省略了"报告行标签"列。

```
=Table.SelectColumns(Table.TransformColumns(LCR_存款,{{"LCR_存款金额",each Number.Round(_,2),type number},{"LCR_折算后金额",each Number.Round(_,2),type number}}),Table.ColumnNames(舍入))
```

（4）比较表格异同的形式在 Power Query 中也非常简单，如同比较两个数字是否一致，此处预计返回结果为 TRUE，也就是二者相等。

```
=引用 LCR_存款=舍入
```

第七章　复利与债券基础

　　债券是政府、金融机构、工商企业等直接向社会大众借债筹借资金时，向投资者发行，按一定利率支付利息并按约定条件偿还本金的债权债务凭证，需要按约定时间付息或还本。根据市场预期利率与票面利率的差异，债券可以折价或者溢价发行，折价即发行价低于面值，溢价为发行价高于面值。

　　本章首先介绍如何使用 Power BI 计算复利，在此基础上以定期还本付息的传统债券为例，演示使用 Power BI 计算债券收益率，久期与凸性等风险控制指标。

债券预期价值是其未来合同现金流以目标收益率折算的结果，预期价值与市场报价比较之后，投资主体决定是否发起买卖交易；未来合同现金流是由发行条款确定的每一期利息与本金偿还金额；依据债券买价、剩余期限和未来合同现金流可以算出使得债券净现值为 0 的到期收益率（内含报酬率）；使用到期收益率系统性摊销后即算出各期摊余成本；而公允价值是众多市场参与者基于预期收益率报价所形成的有序成交价格。

1. 现值

如果以 PV（Present value）代表现值，R（Rate）代表票面利率，NV（Nominal value）代表面值，Yield（Yield to maturity）代表到期收益率，T（Time）代表债券最终到期年数，t 是其中每一期，那么每年付息一次且到期还本的债券现值计算公式为：

$$Price = PV = \sum_{t=1}^{T} \frac{R \times NV}{(1+\text{Yield})^t} + \frac{NV}{(1+\text{Yield})^T}$$

上述公式中分母为各年度贴现系数，分子是根据合同规定的预计现金流入，加号之前的部分是每年度应收利息金额除以贴现系数，即应收利息净现值；加号之后部分是票面名义本金除以最后一年的贴现系数，即名义本金净现值。采用目标收益率或者其他贴现率会得到不同的债券评估价值，使得债券经济价值为 0 的到期收益率就是内含报酬率（IRR，Internal Rate of Return）。

2. 债券计算

当债券为贴现式发行或者到期后才还本付息，那么债券定价公式将简化，计算到期日现金流入净现值即可；到期一次性还本付息债券最终回收金额等于面值再加上票面利率乘以计息期数，贴现系数为复利终值系数$(1+YTM)^T$，如下列公式。另外，贴现式债券也可以套用这个公式，只是票面利率 R 为 0。

$$Price = PV = \frac{NV \times (1+R \times T)}{(1+\text{Yield})^T}$$

如果债券一年付息不止一次，利率可浮动，采用连续复利法，到期前多次还本，为永续债，带有提前还款、提前赎回，或者转股选择权，估算方法会更加复杂，不适用以上公式。

以复利计算未来现金流是形成摊余成本与公允价值的基础，在熟练掌握后，广大财务与金融从业人员将加深对金融产品的理解和提升自我动手解决问题的能力。

当无法获得完整债券基础数据，难以形成统一规范定长表格时。例如，仅有债券本金、名义利率、付息日与付息频率而没有扩展到每一个日期的还本付息表，那么可以通过 Power Query 中 M 函数构造数据结构，处理与模拟各种复杂场景。例如，根据给定参数构造 List 列表、Record 记录和 Table 表格模拟现金流入流出模型，而列表、记录与表格如果作为标准维度固定结构之中的元素，那么在既定结构下扩展以实现批量自动处理就比较容易。用户通过 Power Query 分步视图结构可以观察其每一步计算过程，及时调整、优化和纠正错误，并且形成稳定的输出。由于 DAX[①] 表达式是一种缩略形式，输出结果会随着外部筛选和可视化对象的筛选而变化，初学者与普通用户有时难以适应。

如果已经获取了符合 Power BI 要求形式的规范金融基础数据表格，如买价、面值、折价、溢价、票面利率、购入日及还本付息日，付息频率等，那么可以使用 Power BI 中内置的 DAX 财务函数计算收益率、净现值、终值、久期与凸性等关键指标。

7.2 复利与年金系数

表 7-1 的复利与终值系数是金融计算与数据分析和风险管理的基础，计算过程不算复杂，但是探讨其 Power BI 中实现与调用过程有利于同时深入了解金融计算与 Power BI 原理。

表 7-1　10%利率复利与年金系数表

期数	复利终值	复利现值	年金终值	年金现值
1	1.100 0	0.909 1	1.000 0	0.909 1
2	1.210 0	0.826 4	2.100 0	1.735 5
3	1.331 0	0.751 3	3.310 0	2.486 9
4	1.464 1	0.683 0	4.641 0	3.169 9

---

① Excel 软件中也有相同名称的财务函数，可以与 Power BI 中同名函数生成类似结果，但 Excel 财务函数处理表和整列数据，以及批量生成结果的能力弱于 DAX 函数。

期数	复利终值	复利现值	年金终值	年金现值
5	1.610 5	0.620 9	6.105 1	3.790 8
6	1.771 6	0.564 5	7.715 6	4.355 3
7	1.948 7	0.513 2	9.487 2	4.868 4
8	2.143 6	0.466 5	11.435 9	5.334 9
9	2.357 9	0.424 1	13.579 5	5.759 0
10	2.593 7	0.385 5	15.937 4	6.144 6

7.2.1　DAX 财务函数计算复利与年金系数

在 Power BI 中应该优先采用 DAX 函数进行财务与金融专业计算，因为调用内置 DAX 财务函数与生成结果到 Power BI 数据表或者度量值表中都更加方便快捷。而 Power Query 中不存在专业财务函数，需要自己动手设计结构与步骤，虽然这样可以加深对产品与数据的理解，同时更加灵活地实现自定义需求，但过程比较复杂，需耗费更多时间。

1. 复利系数表

复利效果相当于乘方计算，复利终值系数 F 等于 1 加利率 R 的 n 次方，通常利率为正数，某些币种利率可能为 0 或者负数，例如日元与欧元。复利终值计算公式如下：

$$F_n = (1+R)^n$$

复利现值系数等于复利终值系数的倒数，计算公式如下：

$$P_n = 1/F_n = (1+R)^{-n}$$

根据复利的数学定义，需要确定输入变量利率 R 与期数 n，然后计算乘方。在 Power BI 之中，基于 DAX 乘方函数 POWER，再加上两个输入变量利率 R 与期数 n，即可快捷地算出复利终值系数与现值系数。

以下将通过新建参数表与创建度量值两大步骤实现复利终值系数与现值系数计算与输出。

①步骤 1，新建参数表期数与利率参数表。

首先在 Power BI 画布一级菜单中选择【建模】=>【新建参数】，然后依次输入或者选择名称（参数表_利率），数据类型（定点小数）、最小值（0.01，相当于 1%）、最大值（0.2，相当于 20%）与增量（0.01，相当于 1%），勾选下方"将切片器添加到此页"，单击"确定"按钮，如图 7-1 所示。

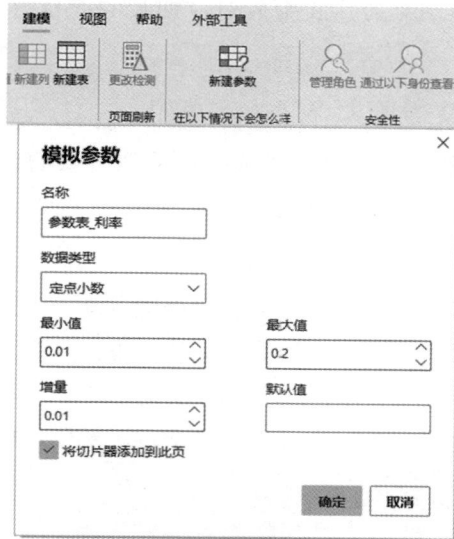

图 7-1　新建参数表-利率

随后将生成仅有一列数据，名为"参数表_利率"的参数表；画布中还将自动生成一个以利率值为字段的切片器。相应还有自动生成的以下 DAX 语句。

```
参数表_利率=// 默认整数状态参数表生成语句
GENERATESERIES (CURRENCY(0.01),CURRENCY(0.2),CURRENCY(0.01))
```

与此同时，还将自动生成一个与参数取值相对应的伴生度量值，名为[利率值]，这个新度量值由 SELECTEDVALUE 函数依据外部筛选（可能来自切片器、矩阵行值、列值，表格行值）确定参数表利率列所返回数值，也就是从利率表系列参数中选出具体利率数值。

```
利率值=
SELECTEDVALUE('参数表_利率'[参数_利率])
```

与利率参数表相类似，接着还需要建立期数参数表，同样将生成期数切片器与伴生的期数度量值。

以下 DAX 表达式将生成从 1 到 100，步长为 1 的正整数参数表，名为参数表_期数。

123

```
参数表_期数=
GENERATESERIES(1,100,1)
```

以下自动生成的 DAX 表达式生成对应期数的度量值。

```
期数值=
SELECTEDVALUE('参数表_期数'[期数])
```

两个自动生成的利率与期数度量值，被更加复杂的 DAX 函数表达式调用之后用于生成各种复利系数与年金系数。

②步骤 2，复利终值与现值系数度量值。

确定输入参数之后，基于 POWER 函数结合切片器、筛选器、矩阵或者表格筛选后生成的函数表达式，即可生成对应各个期数与利率水平的多水平复利系数表。

```
FV_复利终值=
POWER(1+[利率值],[期数值])
PV_复利现值=
POWER(1+[利率值],-[期数值])
```

两个复利系数度量值将与年金系数度量值一并展现于图 7-2 矩阵中。

2. 年金系数表

年金也分终值与现值，年金终值系数指按照固定的间隔时间（通常为 1 年）分期支付单位金额，经过若干期间后按复利计算的累计本利终值之和。

年金系数计算比复利系数更加复杂，按照资金支付在期初还是期末继续分成先付年金与后付年金。如果不加以特殊说明，年金指后付年金，也称之为普通年金，根据等比数列求和公式，后付年金终值系数表达式为

$$FVA_n = [(1+R)^n - 1]/R$$

其中 FVA 为年金终值，R 为收益率或贴现率，n 为期数。

年金现值系数为已知未来各期等额收付款金额、利率 R 和计息期数 n 时，考虑货币时间价值，计算出的未来收付款净现值。

$$PVA_n = 1/R - 1/[R(1+R)^n]$$

虽然年金计算公式内在机制更复杂，但基于前文中利率参数表与期数参数表，套用 DAX 财务专业函数 FV 与 PV 就十分简单。以下是计算年金终值与现值系数的 DAX 表达式。

```
FA_年金终值=
-FV([利率值],[期数值],1,0,0)
PA_年金现值=
-PV([利率值],[期数值],1,0,0)
```

3. 可视化展现

图 7-2 中利用矩阵形象地展示各个期间不同利率水平的复利与年金系数，通过切片器确定期数参数范围为第 1 期至第 10 期，每期利率分别为 5％与 10％，将度量值拖入矩阵"值"区域，就可以根据期数与利率返回相应期间复利系数与年金系数。如果没有通过切片器设定期间数与利率范围，那么矩阵将展示所有期数与利率组合形成的复利系数与年金系数。

图 7-2　复利与年金系数矩阵

4. 引用具体复利与年金系数

图 7-2 引用 4 个度量值：复利终值、复利现值以及年金终值、年金现值，按照外部行列与切片器筛选条件构成了复利与年金系数表；由于在计算过程中通常是引用给定利率与期数前提下的单一系数值，而不是处理整个表；所以还有必要继续细化，添加限制条件以得到具体利率与期数条件下的复利与年金系数。例如以下度量值将得到 5％利率、8 年期复利终值系数。

```
FV(5%,8)=//5%利率 8 年期复利终值系数
CALCULATE([FV_复利终值],'参数表_利率'[参数_利率]=0.05,'参数表_期数'[期数]=8)
```

依次类推，可以得到 5% 利率、8 年期复利现值系数 PV，5% 利率 8 年期年金终值系数 FA，5% 利率 8 年期年金现值系数 PA。

```
PV(5%,8)=//5%利率8年期复利现值系数
CALCULATE([PV_复利现值],'参数表_利率'[参数_利率]=0.05,'参数表_期数'[期数]=8)
FA(5%,8)=//5%利率8年期年金终值系数
CALCULATE([FA_年金终值],'参数表_利率'[参数_利率]=0.05,'参数表_期数'[期数]=8)
PA(5%,8)=//5%利率8年期年金现值系数
CALCULATE([PA_年金现值],'参数表_利率'[参数_利率]=0.05,'参数表_期数'[期数]=8)
```

使用类似方法可以得到其余给定利率与期数组合条件下的复利与年金终值、现值系数。

5. 年金与复利系数关联性讨论

从定义和数学公式中不难判断复利终值与现值系数互为倒数。接下来，我们再探讨年金终值系数与年金现值系数，以及复利系数与年金系数之间的关系，以便加深对复利与年金的理解。

（1）年金终值系数与年金现值系数。

由于年金终值与年金现值对应基础是同一个现金流系列，其中年金终值是该现金流系列的期末价值，而年金现值是该现金流期初价值；所以年金终值相当于期初一次性投入年金现值金额再经过若干次复利增长的结果；因此，年金现值乘以相应期间的复利终值系数等于年金终值，也就是年金现值系数等于年金终值系数除以相应期间复利终值系数。

$$PVA_n = FVA_n \times (1+R)^n$$

所以，年金现值系数在 DAX 中也可以表示为：

```
PA_年金现值_V2=
[FA_年金终值]/[FV_复利终值]
```

我们可以新建度量值［比较年金现值系数］观察两种方法算出的年金现值系数是否存在差异，将新度量值结果拖拽到矩阵中观察是否每一个行列交叉点显示的差异数据都为 0。

```
比较年金现值系数=
[PA_年金现值]-[PA_年金现值_V2]
```

以上 Power BI 年金度量值表达式之中，DAX 函数写法非常简洁，在调用专业财务函数的同时嵌套底层度量值，避免从头定义变量、数据类型、设计计算结构等烦琐重复工作。

（2）年金现值系数与复利现值系数。

根据定义，每一期复利现值系数相当于对应未来各期末单位资金投射到期初的现值；而年金现值系数相当于从即期到未来若干连续期间内单位资金现值叠加，所以年金现值系数等于从即期到相应未来期间期末各期复利现值系数累加合计。年金现值与复利现值关系式为

$$PVA_n = \sum_{i=1}^{n} P_i$$

度量值写法如下，先设定变量 V_Periods，根据外部对期数的筛选确定年金计算对应的期间数，然后对每一个期数标签都累计加总期间数小于等于当前期间数的复利现值系数，即得到年金现值系数。

```
PA_复利累加=//累加复利现值系数得出年金现值系数
VAR V_Periods=
    SELECTEDVALUE('参数表_期数'[期数])
RETURN
    CALCULATE(
        SUMX('参数表_期数',[PV_复利现值]),
        FILTER(ALL('参数表_期数'[期数]),'参数表_期数'[期数]
<=V_Periods)
        )
```

（3）年金终值系数与复利终值系数。

每一期复利终值系数都相当于在即期投入单位资金经过若干期复利增值后的最终产出；而年金终值系数相当于从第一期末开始每一期都投入相同单位资金，经过若干期增值后累计产出，由于每一期年金（后付年金）投入时点都比计算复利终值延迟一期，所以年金终值系数等于从即期到相应未来期间期末，复利终值系数累加合计之后再贴现一期的结果。年金终值与复利终值计算公式为

$$FVA_n = (\sum_{i=1}^{n} FV_i) \div (1+R)$$

度量值写法如下，先设定变量 V_Periods，根据外部筛选确定年金计算对应的期间数，然后就每一个期间数标签，累计加总期间数小于等于当前期间数的各期复利终值系数再除以一期贴现系数即得到年金终值系数。

```
FA_复利累加=//累加复利终值系数再折现一期得出年金终值系数
VAR V_Periods=
    SELECTEDVALUE('参数表_期数'[期数])
RETURN
    CALCULATE(
        SUMX('参数表_期数',[FV_复利终值]),
        FILTER(ALL('参数表_期数'[期数]),'参数表_期数'[期数]
<=V_Periods)
    )
        /(1+[利率值])
```

图 7-3 显示使用复利累加法得出的年金系数与直接套用 DAX 中 PV 与 FV 函数结果一致。

DAX_复利系数累加与年金系数比较

参数_利率	5%				10%			
期数	PA_年金现值	PA_复利累加	FA_年金终值	FA_复利累加	PA_年金现值	PA_复利累加	FA_年金终值	FA_复利累加
1	0.9524	0.9524	1.0000	1.0000	0.9091	0.9091	1.0000	1.0000
2	1.8594	1.8594	2.0500	2.0500	1.7355	1.7355	2.1000	2.1000
3	2.7232	2.7232	3.1525	3.1525	2.4869	2.4869	3.3100	3.3100
4	3.5460	3.5460	4.3101	4.3101	3.1699	3.1699	4.6410	4.6410
5	4.3295	4.3295	5.5256	5.5256	3.7908	3.7908	6.1051	6.1051
6	5.0757	5.0757	6.8019	6.8019	4.3553	4.3553	7.7156	7.7156
7	5.7864	5.7864	8.1420	8.1420	4.8684	4.8684	9.4872	9.4872
8	6.4632	6.4632	9.5491	9.5491	5.3349	5.3349	11.4359	11.4359
9	7.1078	7.1078	11.0266	11.0266	5.7590	5.7590	13.5795	13.5795
10	7.7217	7.7217	12.5779	12.5779	6.1446	6.1446	15.9374	15.9374

图 7-3　复利系数累加法与年金系数比较

（4）预付年金系数与普通年金系数。

预付年金每一期等额资金收付发生在期初，按照早投资早受益的原则，预付年金比后付年金收付款早一期，因此预付年金现值与终值总是比后付年金现值与终值多一期复利增值。

预付年金终值与普通年金终值关系为

$$PVA_{预付年金} = PVA_n \times (1+R)$$

将普通年金终值和预付年金终值互相转换的 DAX 度量值写作：

> 预付年金终值系数＝
>
> [FA_年金终值]* (1+ [利率值])

预付年金现值与普通年金现值关系公式为

$$FVA_{预付年金} = FVA_n \times (1+R)$$

将普通年金现值和预付年金现值互相转换的 DAX 度量值写作：

> 预付年金现值系数＝
>
> [PA_年金现值]* (1+ [利率值])

另外，也可以将预付年金想象为比后付年金多一次期初投入金额，但是缺少最后一期投入，最终效果相同。

7.2.2　Power Query 计算复利与年金系数

虽然 DAX 财务函数计算复利与年金系数非常高效快捷，但 DAX 财务函数计算综合性过强，无法分步观察调试且结果会随着外部筛选而灵活变化；而 Power Query 可以逐步输出、复现与验证中间过程，且结果稳定，所以有时候仍需要在 Power Query 中执行金融计算以加深理解与调试复杂过程。

1. M 函数计算复利系数

Power Query 之中 List. Transform 函数嵌套乘方函数 Number. Power 可以将序列数据转换为复利终值或现值系数，两个函数语法如下：

> List. Transform(list as list,transform as function)as list
>
> Number. Power(number as nullable number,power as nullable number) as nullable number

以上结构计算复利终值时，以期间数序列作为第一参数；转换器 Number. Power 函数作为第二参数，通过在转换器中以 1 加收益率作为底数，遍历第一参数的每一个元素作为指数，计算乘方而输出列表。

以 10％作为复利率，30 为期数参数，以下 M 函数输出如图 7-4 所示收益率序列：

> = List. Transform ({1. 30}, each Number. Round (Number. Power (1. 1,_),6))

其中 {1..30} 是从 1 到 30 所有正整数序列的简化写法，第二参数是 Number.Round 舍入以 1.1（1 加收益率 10%）为底数的 Number.Power 乘方函数计算结果，与 each_搭配后表示第二参数循环处理第一参数之中每一个元素，即 1 到 30。最终结果是生成由 30 期复利终值系数组成的 30 个元素列表。

```
= List.Transform({1..30}, each Number.Round ( Number.Power(1.1, _ ), 6 ) )
```

	列表
1	1.1
2	1.21
3	1.331
4	1.4641
5	1.61051
6	1.771561
7	1.948717
8	2.143589
9	2.357948
10	2.593742
11	2.853117
12	3.138428
13	3.452271
14	3.797498
15	4.177248
16	4.594973
17	5.05447
18	5.559917
19	6.115909
20	6.7275
21	7.40025
22	8.140275
23	8.954302
24	9.849733
25	10.834706
26	11.918177
27	13.109994
28	14.420994
29	15.863093
30	17.449402

图 7-4　10%利率的终值系数

2. 复利终值系数表格（Table）

在前一步给定利率按照期数循环求终值列表的基础上，使用以上 M 函数代码通过 Table.From List，将复利系数转换为二维结构的多利率水平多期间复利终值系数表格，并且添加列标题，详解如下。

```
=Table.FromList(
          List.Transform({1..30},
                    (x)=>{x} &
                              List.Transform({1..10},
                                        (y) = > Number.Round (Num-
ber.Power(1+y/100,x),6))
                              ),
                    each_,
                              {"期数"} & List.Transform({1..10},
each "利率" & Number.ToText(_/100,"P0"))
          )
```

（1）表格数据由两部分拼接而成，共十一列；其中第一列是期数，从 1 到 30 共 30 行；第二部分有 10 列，分别对应利率 1%到 10%的各期复利终值系数，每一列都以 1 加利率为底数，按期数从 1 到 30 循环，依次生成底数的 30 次方，为各期复利终值系数。

在数据处理部分，List. Transform 再嵌套 List. Transform 的结构形成双循环，外部 {1..30} 为期数，内部 {1..10} 再除以 100 将形成利率，因为简写列表中无法引用小数，所以使用整数再被 100 除（y/100）之后得到 1% 到 10% 的利率系列，（x）=>x 和（y）=>y 是 Power Query 的语法规定，这里 x 与 y 分别代表期数与利率，以保证两层上下文传递正确，否则公式编辑器无法区分内外循环各自引用的参数而报错。

（2）each_作为 Table. From List 的第二参数，表示将第一部分生成的 30 个复合型 List 作为新表格的数据行，行之中每一个元素是该期间不同利率的终值系数。

（3）最后，为了方便用户读表，还需添加有 11 个元素的列表为表头，语句 {x} & List. Transform 作用是在 10 个利率栏之前加上一个期数栏。第一列名为"期数"，使用 {} 包裹文本之后形成单元素列表拼接其后由 10 个元素组成的列表，后 10 个元素分别使用汉字"利率"拼接 Number. ToText（_/100," P0"）所生成的利率转换为带百分号的文本形式，形成"利率 1%"，"利率 2%"至"利率 10%"等各列标题。

3. 复利现值系数

计算现值系数时，底数与终值系数相同，区别在于将序列中乘方数乘以 −1，形成贴现系数。以下 M 函数代码可以计算出利率为 10% 的 30 期复利现值。

```
=List. Transform({1..30},each Number. Power(1.1,- _))
```

与复利终值系数表类似，30 期，利率分别从 1% 到 10% 的现值系数表代码如下：

```
=Table. FromList(
        List. Transform({1..30},
                (x)=>{x} &
                        List. Transform({1..10},
                                (y)=>Number. Round(Number.
Power(1+y/100,-x),6))
```

```
                            ),
                each_,

                        {"期数"} & List.Transform({1..10},
each "利率" & Number.ToText(_/100,"P0"))
                    )
```

4. 自定义复利函数

前述计算复利与年金系数的 M 函数表达式可以封装为自定义函数。

复利终值函数（Function_FV_List），如图 7-5 所示，返回由 Periods 和 Rate 确定的复利终值系数列表，其中 Periods 作为复利期数中最大元素必须为正整数；公式中利率等于 Rate 除以 100，所以 Rate 应该输入目标利率百分数的 100 倍，如利率为 5％，则输入 5；如果不按要求输入参数，函数运行将报错。

```
= (Periods as number,Rate as number)=>List.Transform({1..Periods},
each Number.Power(1+Rate/100,_))
```

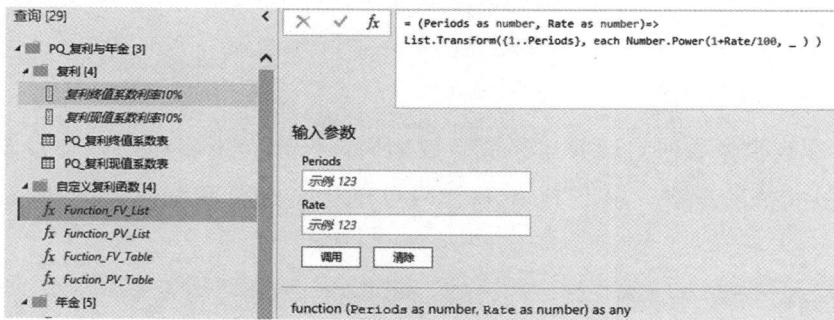

图 7-5　复利终值函数

开启 M Intelligense 智能感知之后，调用自定义函数也非常方便，Power Query 将自动提示自定义函数名称。

复利现值函数（Function_PV_List），返回由 Periods 和 Rate 确定的复利现值系数列表，输入 Periods 与 Rate 时的注意事项同复利终值函数。

```
= (Periods as number,Rate as number)=>List.Transform({1..Periods},
each Number.Power(1+Rate/100,_*-1))
```

使用类似的方法，还可以自定义其他函数计算复利系数表、年金系数与年金系数表。

5. 年金终值与现值系数

基于复利系数可以得到年金系数，要点是使用 List.Sum 对 List.firstN 所包裹复利系数列表之中前若干个复利系数求和，即得到年金系数。

（1）M 函数计算年金现值系数，录入以下信息：

```
let
        年金现值系数=
let
    复利现值系数=(List.Transform({1..30},each Number.Power(1.1,
_*(-1)))))
in
    List.Transform({1..30},(x)=>List.Sum(List.FirstN(复利现值
系数,x)))
in
    年金现值系数
```

以上 M 函数表达式中使用双层 let…in 结构以突出语句逻辑结构，在中间过程中定义名为"复利现值系数"的变量，计算第 1 期到第 30 期的复利现值系数，然后再分别取出前 n 个累加，即得出年金现值系数。

（2）M 函数计算年金终值系数，录入以下信息：

```
let
        年金终值系数=
let
    复利终值系数=(List.Transform({1..30},each Number.Power(1.1,_)))
in
List.Transform({1..30},(x)=>List.Sum(List.FirstN(复利终值系数,
x))/1.1)
in
    年金终值系数
```

以上 M 函数表达式中使用双层 let…in 结构以突出语句逻辑结构，在中间过程中定义名为"复利终值系数"的变量，计算第 1 期到第 30 期的复利终值系数，然后再分别取出前 n 个累加之后除以一期贴现系数，即扣除一期复利效应后得终值系数。

综合所述，给定收益率（r）与期数（n）之后：

（1）复利终值系数等于 1 加收益率 r 的 n 次方；

（2）复利现值系数等于 1 加收益率 r 的负 n 次方，或者同期复利终值系数的倒数；

（3）年金终值系数等于从第 1 期到第 n 期复利终值系数累加之后再贴现一期，即累加 n 期复利终值系数后再除以 1 加收益率 r；

（4）年金现值系数等于从第 1 期到第 n 期复利现值系数累加；

（5）年金终值系数等于相应期间的年金现值系数乘以相应期间的复利终值系数；

（6）预付年金的现值与预付年金的终值分别等于相同期间年金现值与终值系数乘以 1 加收益率 r。

7.3 债券收益率与定价

了解复利与年金系数计算原理并且动手实践有助于理解如何计算债券收益率。由于债券初始发行以及二手市场参与者都可能以折价或溢价买卖债券，付息方式除了少量贴现式零息发行，还有到期一次性支付与按季度、半年度，或年度定期支付利息等多种惯例。因此，大多数情况下买入债券持有至到期的收益率并不等于其票面利率。

7.3.1 DAX 收益率与价格函数

Power BI 两大模块之中有两种函数，分别是主要负责 ETL（数据抽取转换与加载）的 Power Query 中的 M 函数，以及在 Power BI 报告模块中执行分析与展示功能的 DAX 函数；二者都可以参与计算债券价格与收益率和其他更加复杂的指标，但是优势与侧重点不同。

因为 DAX 中存在直接计算债券收益率的专业财务函数，所以只要基础数据完备，就应该优先使用 DAX 内置财务函数计算收益率。

M 函数用于债券业务的场景主要是使用 M 函数加工转化业务数据，生成符合 DAX 语法要求的数据形式。例如根据债券起始日期、付息方式、本金与票面利率生成现金流序列。以计算债券收益率为例，由于 Power Query 之中不存在直接计算收益率的函数，需要使用迭代或者递归等艰深的方法，比前述复利系数与年金系数更加复杂和难以掌握与验证。所以初学者应该尽可能减少在 Power Query 中进行金融计算，优先使用 DAX 解决问题。

在 DAX 函数帮助文档中一共可以找到多个财务函数，经过检验发现其中 YIELD 与 PIRCE 函数搭配计算收益率与价格，XIRR 与 XNPV 函数搭配处理收益率与净现值效果较好，所计算的价格与收益率与和讯网所发布债券数据高度接近，见表 7-2。

表 7-2　优选 DAX 财务收益率与定价相关函数

函数	描述
YIELD	返回支付定期利息证券的收益率
PRICE	返回支付定期利息证券的每 $100 面值的价格
XIRR	返回不一定具有周期性的现金流时间表的内部收益率
XNPV	返回不一定具有周期性的现金流时间表的现值

1. 收益率与价格

对于固定频率付息且到期还本债券，一旦给定债券结算日（买入日），到期日，票面利率，到期收回的单位本金金额，付息频率与计息天数惯例，那么进一步确定价格（*pr*）或者收益率（*yld*）两个参数之中的一个，就可以使用 DAX 财务函数算出另外一个；其中 YIELD 函数在已知价格后计算收益率，PRICE 函数在已知收益率后计算债券不含应计利息的价格（净价）。

（1）债券收益率函数（YIELD）适用于定期支付利息债券，也就是本金最终到期之前每一年、半年或者按季度支付利息，到期一次还本债券的内含收益率。

YIELD 函数语法中各参数含义见表 7-3[①]。

---

① DAX 与 Excel 工作表函数中的 YIELD 函数语法与输出效果都相同。

表 7-3　YIELD 与 PRICE 函数参数说明（微软文档）

术语	定义	备注
settlement	证券结算日是指在发行日之后，证券卖给购买者的日期	
maturity	到期日是指证券到期的日期	
rate	证券发行日的利率	
pr	每 ＄100 面值的证券价格	净价①
yld	证券的年收益率	适用于 PRICE 函数
redemption	证券每 ＄100 面值的赎回价值	适用于 YIELD 函数
frequency	每年支付息票的次数。按年支付，frequency＝1；按半年期支付，frequency＝2；按季支付，frequency＝4	
basis	（可选）要使用的天数基数的类型。如果省略 basis，则假定为 0。此表下方列出了可接受的值	

```
YIELDMAT(<settlement>,<maturity>,<issue>,<rate>,<pr>[,<ba-
sis>])
```

根据 YIELD 函数语法结构、参数说明和微软官方函数示例，需引用参数都是简单形式的单一数值而非结构复杂的数据表或者数据列，所以其应用前提是债券相关数据都处于一行之中，逐行计算，PRICE 函数及其他名称中包含 YIELD 与 PRICE 的函数也是如此。

与此不同的是，下一小节将要介绍的 XIRR 与 XNPV 函数都必须引用表格，数据结构更复杂，需要使用者具备更好的空间想象力。

（2）PRICE 债券价格函数返回已知结算日（settlement）、到期日（maturity）、收益率（*yld*）等参数时，支付定期利息的每 100 元债券面值不含利息价格。

```
PRICE(<settlement>,<maturity>,<rate>,<yld>,<redemption>,
<frequency>[,<basis>])
```

（3）DAX 计算债券收益率与价格。初步介绍债券相关函数之后，我们通过一些例子学习掌握。基于与前文 YIELD 债券收益率函数小节中相同的基础数据收益率与价格，对于固定频率付息且到期还本债券，一旦给定购入日

---

① DAX 函数中使用净价测算所产生的 YIELD 与和讯网发布债券报价中净价与收益率更加接近。

（债券结算日）、到期日、票面年利率、到期收回的单位本金金额，付息频率与计息天数惯例；那么进一步确定价格（pr）或者收益率（yld）两个参数之中的一个，就可以使用 DAX 财务函数算出另外一个；其中 YIELD 函数在已知价格后计算收益率，PRICE 函数在已知收益率后计算债券不含应计利息的价格（净价）如图 7-6 所示。

代码简称	年利率	发行日	购入日	到期日	还本付息方式	付息频率	净价	到期收益率-和讯网	YIELD_DAX计算列	收益率差异	PRICE_计算列	PRICE与净价差异
15债州20	3.23%	2015年12月24日	2021年3月5日	2025年12月24日	年付	1	100	3.23%	3.23%	0.00%	100.00	0.00
国债917	4.26%	2001年7月31日	2021年3月5日	2021年7月31日	年付	1	100.77	2.26%	2.29%	0.03%	100.77	0.00
国债1805	3.77%	2018年3月9日	2021年3月5日	2025年3月9日	年付	1	99	4.05%	4.05%	0.00%	99.00	0.00
国债1804	3.85%	2018年4月31日	2021年3月5日	2028年4月31日	年付	1	99.58	3.92%	3.92%	0.00%	99.58	0.00
国债1801	3.81%	2018年1月18日	2021年3月5日	2023年1月18日	年付	1	101	3.25%	3.25%	0.00%	101.00	0.00
国债1727	3.90%	2017年12月21日	2021年3月5日	2024年12月20日	年付	1	100	3.90%	3.90%	0.00%	100.00	0.00
国债1721	3.73%	2017年10月19日	2021年3月5日	2022年10月19日	年付	1	101	3.08%	3.08%	0.00%	101.00	0.00
国债1707	3.13%	2017年4月13日	2021年3月5日	2022年4月13日	年付	1	97.3	5.71%	5.71%	0.00%	97.30	0.00
国债1701	2.88%	2017年1月12日	2021年3月5日	2022年1月12日	年付	1	98.2	5.04%	5.05%	0.01%	98.20	0.00
国债1614	2.95%	2016年6月16日	2021年3月5日	2023年6月16日	年付	1	100	2.95%	2.95%	0.00%	100.00	0.00
国债1606	2.75%	2016年3月17日	2021年3月5日	2023年3月17日	年付	1	99.3	3.11%	3.11%	0.00%	99.30	0.00
国债1526	3.05%	2015年10月22日	2021年3月5日	2022年10月22日	年付	1	100	3.04%	3.04%	0.00%	100.00	0.00
国债1507	3.54%	2015年4月16日	2021年3月5日	2022年4月16日	年付	1	102	1.71%	1.71%	0.00%	102.00	0.00
国债1502	3.96%	2015年1月22日	2021年3月5日	2022年1月22日	年付	1	100	3.34%	3.35%	0.01%	100.00	0.00
国债1305	3.52%	2013年4月17日	2021年3月5日	2023年4月17日	年付	1	94.21	6.76%	6.76%	0.00%	94.21	0.00
国债1221	3.55%	2012年12月13日	2021年3月5日	2022年12月13日	年付	1	100.5	3.25%	3.25%	0.00%	100.50	0.00
国债1215	3.39%	2012年8月23日	2021年3月5日	2022年8月23日	半年付	2	98.88	4.18%	4.18%	0.00%	98.88	0.00
国债1209	3.36%	2012年5月24日	2021年3月5日	2022年5月24日	半年付	2	99.1	4.12%	4.12%	0.00%	99.10	0.00
国债1115	3.36%	2011年6月24日	2021年3月5日	2021年6月24日	半年付	2	100	3.95%	3.96%	0.03%	100.00	0.00
国债1014	4.03%	2010年5月24日	2021年3月5日	2060年5月24日	半年付	2	101.5	3.95%	3.95%	0.00%	101.50	0.00
国债0303	3.40%	2003年4月17日	2021年3月5日	2023年4月17日	半年付	2	101.35	2.74%	2.74%	0.00%	101.35	0.00
09国债30	4.30%	2009年11月30日	2021年3月5日	2039年11月30日	半年付	2	100	4.30%	4.30%	0.00%	100.00	0.00
09国债25	4.18%	2009年10月14日	2021年3月5日	2039年10月15日	半年付	2	95.01	4.58%	4.58%	0.00%	95.01	0.00

图 7-6　YIELD 函数与 PRICE 函数数据表（和讯网①）

首先，添加计算列使用 YIELD 函数算出在给定债券价格的收益率。

```
YIELD_DAX 计算列 =
YIELD(
    '定期付息债_YIELD 与 PRICE'[购入日],
    '定期付息债_YIELD 与 PRICE'[到期日],
    '定期付息债_YIELD 与 PRICE'[年利率],
    '定期付息债_YIELD 与 PRICE'[净价],
    100,
    '定期付息债_YIELD 与 PRICE'[付息频率],
    3
)
```

其次，添加计算列使用 PRICE 函数算出在给定收益率的债券价格。

---

① 2021 年 3 月 5 日数据。

```
PRICE_计算列=
PRICE(
    '定期付息债_YIELD 与 PRICE'[购入日],
    '定期付息债_YIELD 与 PRICE'[到期日],
    '定期付息债_YIELD 与 PRICE'[年利率],
    '定期付息债_YIELD 与 PRICE'[YIELD_DAX 计算列],
    100,
    '定期付息债_YIELD 与 PRICE'[付息频率],
    3
)
```

然后再添加计算列，比较给定 YIELD 算出的债券价格 PRICE 与购入时净价差异。

```
PRICE 与净价差异=
[PRICE_计算列]-'定期付息债券_待生成 YIELD 与 PRICE'[净价]
```

观察图 7-6 之中的计算列"收益率差异"发现，YIELD 计算形成的收益率与和讯网收益率高度接近；"PRICE 与净价差异"整列差异四舍五入保留小数点后两位后显示为 0.00，说明 PRICE 函数算出的债券现价与和讯网发布的价格相等，没有差异，对比检验结果说明 YIELD 与 PRICE 函数计算结果可以接受。

（4）其余收益率与定价函数。除 YIELD 外，YIELDDISC、YIELDMAT、ODDFYIELD、ODDLYIELD、TBILLYIELD 等类似函数也用于计算不同债券产品收益率，含有 PRICE 的还有 ODDFPRICE、ODDLPRICE、PRICE-DISC、PRICEMAT、TBILLPRICE 等定价函数，可以与带有相应前缀、后缀的各种 YIELD 函数配合使用；除此之外，甚至还有 DISC（返回证券的贴现率）与 RRI（返回投资增长的等效利率）等更加生僻的财务函数。

这些函数定义、参数要求与返回结果的意义在函数帮助文档中都不是特别明确，用户不一定有能力测试其输出结果与自身理解是否一致。例如，根据 YIELDDISC 与 YIELDMAT 计算结果与和讯网发布的债券收益率差距较大；ODDFYIELD 与 ODDLYIELD 使用场景不太常见，分别返回首期或者最后一期息票日不固定（长期或短期）的证券的收益率；而 TBILLYIELD 返回美国国库券的收益率，国内可能较少这一类产品，同时使用者也需要理解更多相关产品知识。收益率算法测试大多需要借助迭代运算技巧。

所以在没有获得满意的结果而且充分了解函数工作原理之前，笔者建议主要使用 YIELD、PRICE 和 XIRR 与 XNPV 函数，谨慎使用其他函数。

2. 内部收益率与净现值

YILED 与 PRICE 函数只能够处理固定频率付息到期还本债券，但是还有一些超出其处理范围的债券品种。例如固定单利到期还本付息、贴现式零息债券，以及其他更加复杂现金流的金融工具。虽然 DAX 函数中有 YILED 与 PRICE 的多种变形，但使用场景各异，而且并未提供特别详细的参数描述与使用场景说明，其中文翻译有时较难理解，许多参数基于欧美债券产品属性而设计并非所有用户都可以正确理解与应用。

XIRR 函数与 XNPV 函数可以灵活地处理各种金融工具现金流，最低限度只需要数据表、现金流金额与日期三个参数，含义明确，更容易理解，所需参数见表 7-4。

表 7-4　XIRR 与 XNPV 函数参数说明（微软文档）

术语	定义	备注
table	应为其计算值和日期表达式的表	
values	返回表中每行的现金流值的表达式	流入流出须表示为方向相反的正负数
dates	返回表中每行的现金流日期的表达式	
guess	（可选）对内部收益率的初步猜测值。如果省略，则使用默认猜测值 0.1	仅适用于 XIRR
alternate result	（可选）当无法确定解决方案时，将返回值以取代错误	仅适用于 XIRR
rate	贴现率	仅适用于 XNPV

（1）XIRR 内部收益率函数，根据给定日期与现金流金额即返回内部收益率，不要求每期现金流金额固定，也不要求收付日期间隔固定，可用于计算按期付息到期还本、固定单利债券与贴现式债券收益率，以及其他更加复杂产品和投资组合收益率，其语法规则如下：

```
XIRR(<table>,<values>,<dates>,[,<guess>[,<alternateRe-
sult>]]))
```

XIRR 函数第一参数必须为数据表类型，依据参数表中正负现金流数量列及现金流日期列生成内含报酬率，最低限度只需要前三个参数（一个表格与两列），最后两个参数 guess 与 alternate result 并非必须提供。alternate result 适用于当参数缺失或者原始数据不符合要求而无法得到正确结果时，用于处理错误。

由公式可见，XIRR 要求现金流金额与日期完备且一一配对时，以各期现金流发生日期与第一个现金流发生日期之间相隔天数除以 365 天得出的年数为各期现金流贴现系数的指数，求解不规则现金流的内含收益率。

（2）XNPV 净现值函数。已知债券现金流金额、日期与贴现率之后，XNPV 可测算净现值作为债券预期价格，与 XIRR 函数所需参数类似。其语法如下：

```
XNPV(<table>,<values>,<dates>,<rate>)
```

净现值计算公式如下：

$$\text{XNPV} = \sum_{j=1}^{N} P_j \div (1+R)^{\frac{d_j - d_1}{365}}$$

上式中，R 为任意收益率，P_j 是第 j 期付款金额，d_1 与 d_j 分别是第 1 个与第 j 个付款日；现金流入流出系列值必须包含至少一个正数和一个负数；使得 XNPV 为 0 的收益率等于 XIRR。

（3）DAX 计算收益率与净现值。图 7-7 展示了依据现金流金额与日期所计算的债券收益率、净现值数据与和讯网收益率的差异比较。

依据图 7-8 中的债券现金流与日期数据，设计度量值［XIRR］计算内含收益率，同时使用度量值［XNPV@XIRR］验证以［XIRR］为贴现率的债券净现值是否为 0。

```
XIRR=
XIRR('债券现金流_XIRR 数据基础','债券现金流_XIRR 数据基础'[Cash-
flow],'债券现金流_XIRR 数据基础'[Dates])
XNPV@ XIRR=
XNPV(
```

```
    '债券现金流_XIRR 与 XNPV',

    '债券现金流_XIRR 与 XNPV'[Cashflow],

    '债券现金流_XIRR 与 XNPV'[Dates],

    [XIRR]

)

和讯收益率=

SELECTEDVALUE('债券现金流_XIRR 数据基础'[收益率_和讯])
```

还本付息方式	XIRR	XNPV@XIRR	和讯收益率	XIRR_年化	年化VS.和讯	债券全价
⊟ 半年付	**4.22%**	**0.00**		**4.17%**		
09国债25	4.63%	0.00	4.58%	4.58%	-0.00%	96.64
09国债30	4.34%	0.00	4.30%	4.30%	-0.00%	101.14
国债0303	2.75%	0.00	2.74%	2.73%	-0.01%	102.66
国债1014	3.99%	0.00	3.95%	3.95%	0.00%	102.64
国债1115	3.97%	0.00	3.93%	3.93%	0.00%	100.88
国债1209	4.16%	0.00	4.12%	4.12%	-0.00%	100.05
国债1215	4.23%	0.00	4.18%	4.19%	0.01%	98.98
⊟ 固定单利	**5.09%**	**0.00**		**5.09%**		
国债1625	5.74%	0.00	5.74%	5.74%	-0.00%	102.79
国债1704	4.78%	0.00	4.78%	4.78%	-0.00%	101.53
⊟ 年付	**3.71%**	**0.00**		**3.71%**		
15贵州20	3.22%	0.00	3.23%	3.22%	-0.01%	100.64
国债1221	3.24%	0.00	3.25%	3.24%	-0.01%	101.31
国债1305	6.75%	0.00	6.76%	6.75%	-0.01%	94.34
国债1502	3.34%	0.00	3.34%	3.34%	-0.00%	100.40
国债1507	1.70%	0.00	1.71%	1.70%	-0.01%	105.14
国债1526	3.04%	0.00	3.04%	3.04%	-0.01%	101.13
国债1606	3.10%	0.00	3.11%	3.10%	-0.01%	101.97
国债1614	2.94%	0.00	2.95%	2.94%	-0.01%	102.13
国债1701	5.06%	0.00	5.04%	5.06%	0.02%	98.62
国债1707	5.70%	0.00	5.71%	5.70%	-0.01%	100.10
国债1721	3.07%	0.00	3.08%	3.07%	-0.01%	102.41
国债1727	3.89%	0.00	3.90%	3.89%	-0.01%	100.80
国债1801	3.24%	0.00	3.25%	3.24%	-0.01%	101.49
国债1804	3.92%	0.00	3.92%	3.92%	-0.00%	99.93
国债1805	4.04%	0.00	4.05%	4.04%	-0.01%	102.75
国债917	2.28%	0.00	2.26%	2.28%	0.02%	103.31
总计	**4.12%**	**0.00**		**4.12%**		

图 7-7　收益率（XIRR）与净现值（XNPV）

债券代码	代码简称	年限	年利率	购入日	到期日	还本付息方式	全价	Dates	Cashflow
101014	国债1014	50	0.0403	2021年3月5日	2060年5月24日	半年付	102.64	2021年5月24日	2.015
101014	国债1014	50	0.0403	2021年3月5日	2060年5月24日	半年付	102.64	2021年11月24日	2.015
101014	国债1014	50	0.0403	2021年3月5日	2060年5月24日	半年付	102.64	2022年5月24日	2.015
101014	国债1014	50	0.0403	2021年3月5日	2060年5月24日	半年付	102.64	2022年11月24日	2.015
101014	国债1014	50	0.0403	2021年3月5日	2060年5月24日	半年付	102.64	2023年5月24日	2.015
101014	国债1014	50	0.0403	2021年3月5日	2060年5月24日	半年付	102.64	2023年11月24日	2.015
101014	国债1014	50	0.0403	2021年3月5日	2060年5月24日	半年付	102.64	2024年5月24日	2.015
101014	国债1014	50	0.0403	2021年3月5日	2060年5月24日	半年付	102.64	2024年11月24日	2.015
101014	国债1014	50	0.0403	2021年3月5日	2060年5月24日	半年付	102.64	2025年5月24日	2.015
101014	国债1014	50	0.0403	2021年3月5日	2060年5月24日	半年付	102.64	2025年11月24日	2.015
101014	国债1014	50	0.0403	2021年3月5日	2060年5月24日	半年付	102.64	2026年5月24日	2.015
101014	国债1014	50	0.0403	2021年3月5日	2060年5月24日	半年付	102.64	2026年11月24日	2.015
101014	国债1014	50	0.0403	2021年3月5日	2060年5月24日	半年付	102.64	2027年5月24日	2.015
101014	国债1014	50	0.0403	2021年3月5日	2060年5月24日	半年付	102.64	2027年11月24日	2.015
101014	国债1014	50	0.0403	2021年3月5日	2060年5月24日	半年付	102.64	2028年5月24日	2.015
101014	国债1014	50	0.0403	2021年3月5日	2060年5月24日	半年付	102.64	2028年11月24日	2.015
101014	国债1014	50	0.0403	2021年3月5日	2060年5月24日	半年付	102.64	2029年5月24日	2.015
101014	国债1014	50	0.0403	2021年3月5日	2060年5月24日	半年付	102.64	2029年11月24日	2.015
101014	国债1014	50	0.0403	2021年3月5日	2060年5月24日	半年付	102.64	2030年5月24日	2.015

图 7-8　债券现金流与日期表（部分数据）

图 7-7 中，度量值［XNPV@XIRR］整列为 0，这说明 XIRR 函数与 XNPV函数两者基于共同的参数与假设而运行，而且参数输入与结果均正确。另外，输入不同水平贴现率可以得到不同债券净现值。

3. YIELD 与 XIRR 比较异同

进一步观察图 7-7 发现，XIRR 函数计算到期还本付息的固定单利债券与按年付息的债券收益率与和讯网发布数据差异不大，年收益率相差最多不超过 0.02％；但一些半年期付息债券的 XIRR 收益率高于和讯网收益率较多，如 2009 年记账式贴现（二十五期）国债收益率差异为 0.05％。

笔者猜想 XIRR 函数处理每半年收到的利息时，按照收息日与初始交易日之间日期差异折合为年处理，没有将半年度收到的单利折算为复利，导致 XIRR 收益率偏高。度量值［XIRR_实际］参照名义利率按年度付息频率将 XIRR 年化转换为实际利率后，与和讯网收益率之间差异显著降低（参见图 7-7）。

```
XIRR_实际=
VAR Patern=
    SELECTEDVALUE('债券现金流_XIRR 与 XNPV'[还本付息方式])
RETURN
    SWITCH(
        TRUE(),
        Patern="半年付",
            (
                POWER(1+[XIRR],1/ 2)-1
            )*2,
        Patern="季付",
            (
                POWER(1+[XIRR],1/ 4)-1
            )*4,
        [XIRR]
    )
```

进一步使用以下度量值［XIRR 实际 VS. 和讯］比对［XIRR_实际］与和讯网单一债券收益率之间的差异，由于 XIRR 基于多种债券的现金流收付日期与金额返回收益率，导致在分组小计和总计行也都显示收益率，所以使用 IF 函数排除各种债券分组小计收益率。

```
XIRR 实际 VS. 和讯=
IF([和讯收益率]<> 0,[XIRR_实际]-[和讯收益率])
```

7.3.2 利率转换

按照计息周期是否连续，利率被分为离散复利与连续复利；以固定时间周期进行复利计算的形式为离散复利；离散利率还可以进一步分为名义利率与实际利率。

当计息周期无限缩短，单位时间内无限次复利转换为连续复利，这时实际利率放大倍数趋近于离散复利的极限值，自然常数 e（约等于 2.718 282）是 100％名义年利率一年内无限次复利的极限。

1. 名义利率转实际利率

当每年计息次数大于 1 时，一年内多次收到利息，利息再投资会产生复利，使得实际利率大于按年报价的名义利率，所以名义利率、年度付息次数与实际利率之间存在转换关系。

Excel 与 DAX 之中都存在转换利率的财务函数，其中 EFFECT 函数生成实际利率，而 NOMINAL 将实际利率转换为名义利率，二者互为逆运算，参数比较简单，语法见表 7-5。

表 7-5　名义利率与实际利率转换 DAX 函数

函数	描述	语法
EFFECT	返回给定名义年利率和每年的复利期数下的实际年利率	EFFECT（<nominal_rate>，<npery>）
NOMINAL	返回在给定实际利率和每年复利期数的情况下的名义年利率	NOMINAL（<effect_rate>，<npery>）

依据名义利率 R_{nom} 生成实际利率 R_{eff} 的数学表达式如下：

$$R_{eff} = (1 + R_{nom} \div n)^n$$

表 7-6 列举了依据名义利率与年付息次数，通过计算列求实际利率，以及从实际利率再结合年付息次数转回名义利率的过程。两个计算列 DAX 表达式分别如下：

表 7-6　DAX 计算列转换利率

名义利率	年付息次数	实际利率_计算列	名义利率_计算列
12.00%	1	12.00%	12.00%
12.00%	2	12.36%	12.00%
12.00%	4	12.55%	12.00%
12.00%	12	12.68%	12.00%

实际利率_计算列=

EFFECT('名义利率待转换实际利率'[名义利率],'名义利率待转换实际利率'[年付息次数])

名义利率_计算列=

NOMINAL('实际利率待转换名义利率'[实际利率_计算列],'实际利率待转换名义利率'[年付息次数])

2. 连续收益率与名义利率

在金融业理论研究与实务操作中，经常会用到基于自然常数的连续复利。以下将简单介绍自然常数的起源，以及连续复利与离散利率如何转换。

（1）自然常数 e。数学常数 e 是自然对数函数的底数，是连续复利的基础，是数学中最重要的常数之一，其定义如下：

$$e=\lim_{x\to\infty}\left(1+\frac{1}{x}\right)^{x}\approx 2.718\,282$$

当计算与讨论复利时，自然常数 e 通常作为一年内连续多次乃至无限次复利之后收益的上限，使用逐步加大的频率模拟 100% 利率在一年内无限多次复利的增值。当期数分别为 1 000 000、2 000 000、10 000 000 时，得到的终值系数四舍五入之后分别是 2.718 280，2.718 281，2.718 282，随着复利频率加大，返回的终值系数无限接近 2.718 282，见表 7-7。由此可见，自然常数 e 就是年度名义利率 100% 时，单位时间内无限次复利的极限。

表 7-7　模拟自然常数 e

名义利率	年付息次数	复利终值	实际收益率
100.00%	1 000 000	2.718 280	171.828 0%
100.00%	2 000 000	2.718 281	171.828 1%
100.00%	10 000 000	2.718 282	171.828 2%

表 7-7 中复利终值计算列内部 DAX 表达式如下：

> 复利终值=
>
> POWER(1+'模拟自然常数 e'[名义利率]/'模拟自然常数 e'[年付息次数],'模拟自然常数 e'[年付息次数])

（2）连续收益率数学表达式。

初步了解自然常数的起源之后，我们使用以下符号讨论和演示连续复利率与离散利率公式以及相关计算场景：

- Y 表示复利年数，n 表示年复利次数；
- e 表示自然常数，ln 表示以 e 为底的对数。
- R_{nom} 表示名义利率，R_{eff} 表示实际利率，R_{con} 表示连续复利率。

3. 连续收益率

根据复利、自然常数和幂指数的数学定义，得出连续利率换算关系如下：

$$(e^{R_{Con}})^Y = e^{R_{Con} \times Y} = e^{Y \times R_{Con}}$$

4. 名义利率转连续收益率

已知名义利率和年复利次数之后，得出等价连续复利率计算公式，即

$$R_{con} = n \times \ln\left(1 + \frac{R_{nom}}{n}\right)$$

5. 连续收益率转实际收益率

年度实际收益率等于复利终值减本金系数，也就是 1，计算公式为

$$R_{eff} = e^{R_{Con}} - 1$$

（1）DAX 转换连续利率。

表 7-8 之中 EXP 与 LN 并非财务专用函数，但是可用于处理连续复利问题。

表 7-8 自然常数与对数

函数	描述	语法
EXP	返回常数 e（2.718 282）指定次方	EXP（<number>）
LN	返回某一数字基于常数 e（2.718 282）的自然对数	LN（<number>）

（2）连续利率转换实际利率。

在表 7-9 中，已知名义利率与年度复利次数，需要求出连续利率以及将连续利率转实际利率。这里需要用到 EXP 与 LN 等 DAX 函数在计算列中完成运算。

表 7-9　连续利率与实际利率互相转换

序号	NOMINAL	复利次数	连续利率	连续利率转实际利率
1	12.00%	1	11.332 9%	12.000 0%
2	12.00%	2	11.653 8%	12.360 0%
3	12.00%	4	11.823 5%	12.550 9%
4	12.00%	12	11.940 4%	12.682 5%
5	12.00%	100	11.992 8%	12.741 6%
6	12.00%	1 000	11.999 3%	12.748 9%
7	12.00%	10 000	11.999 9%	12.749 6%
8	12.00%	1 000 000	12.000 0%	12.749 7%
9	50.00%	1 000 000	50.000 0%	64.872 1%
10	100.00%	1 000 000	99.999 9%	171.828 0%
11	100.00%	2 000 000	100.000 0%	171.828 1%
12	100.00%	10 000 000	100.000 0%	171.828 2%
13	200.00%	10 000 000	200.000 0%	638.905 5%

　　根据连续收益率数学表达式中的论述，使用 DAX 中的 LN 函数与 EXP 函数分别基于复利次数与名义利率生成连续利率；再从连续复利转回实际利率。录入信息如下：

```
连续利率=
'利率综合转换'[复利次数]
    *LN(1+'利率综合转换'[NOMINAL]/'利率综合转换'[复利次数])
```

```
连续利率转实际利率=
EXP('利率综合转换'[连续利率])-1
```

7.4　债券久期与凸性

　　在前述计算复利系数、现值和终值的基础上，我们可以在 Power BI 中探讨债券风险管理指标，计算久期与凸性指标。

7.4.1 久期概念与计算

债券久期（Duration）是使得债券未来现金流入净现值等于初始现金投入所需要的加权平均时间，等于每一期回收现金的现值除以债券期初价格再乘以期数。久期通常以年为单位，与债券利率敏感性和利率风险正向相关，久期越大说明债券对利率敏感性越高，风险也越高。

1. 麦考利久期

久期最早由经济学家麦考利（Frederick Robertson Macaulay）提出，所以最初的久期也被称之为麦考利久期（Macaulay Duration），使用以下公式计算，其中：t 是从 1 开始的现金流各期期数，T 是最终期数，R 是收益率，C_t 是各期现金流，Principal 是到期日回收本金。麦考利久期一般形式如下：

$$D_{\text{Mac}} = \frac{\displaystyle\sum_{t=1}^{T} \frac{t \times C_t}{(1+R)^t} + \frac{T \times \text{Principal}}{(1+R)^T}}{\displaystyle\sum_{t=1}^{T} \frac{C_t}{(1+R)^t} + \frac{\text{Principal}}{(1+R)^T}}$$

对于按期付息，到期还本的债券，以上公式可以进一步简化，Int 与 Principal 分别是每一期利息与到期可回收本金，Price 是债券价格。麦考利久期简化形式如下：

$$D_{\text{Mac}} = \frac{\displaystyle\sum_{t=1}^{T} \frac{t \times \text{Int}_t}{(1+R)^t} + \frac{T \times (\text{Int}_T + \text{Principal})}{(1+R)^T}}{\text{Price}}$$

2. 修正久期

修正久期（Modified Duration）指当到期收益率发生微小变动时，债券价格相对变动与其麦考利久期的比例，是在给定收益率基础上对麦考利久期的修正，可以更加精确地度量债券价格对于利率变动的敏感性；其公式如下（其中 R 为到期收益率，n 为每年复利次数）：

$$D_{\text{Mod}} = \frac{D_{\text{Mac}}}{1+R/n}$$

3. 美元久期

美元久期是指利率变动导致的债券价值变动的金额，等于修正久期乘以债券价格。

$$D_{\text{Dollar}} = D_{\text{Mod}} \times \text{Price}$$

4. DAX 函数计算久期

在 Power BI 中，可以使用 DAX 中 DURATION 函数与 MDURATION 函数分别计算麦考利久期与修正久期，并且根据其他条件算出债券价格之后乘以修正久期得到美元久期，见表 7-10。

表 7-10 麦考利久期与修正久期函数

函数	描述	语法
DURATION	返回假定面值为 ＄100 的麦考利久期	DURATION （＜ settlement ＞，＜ maturity ＞，＜coupon＞，＜yld＞，＜frequency＞［，＜basis＞]）
MDURATION	返回修改后的证券（假定面值为 ＄100）麦考利久期	MDURATION （＜ settlement ＞，＜ maturity ＞，＜coupon＞，＜yld＞，＜frequency＞［，＜basis＞]）

表 7-11 的以下 5 笔债券分别在 Power BI 中使用 DAX 函数计算其久期与修正久期，其中 Rate 是票面利率，Continuous_Compound_Interest 是连续收益率，其余参数含义见表 7-3，或者查阅函数帮助。

表 7-11 债券久期计算基础数据表

Reference	Settlement	Redemption	Residual_Years	Maturity	Rate	Frequency	Basis	Continuous_Compound_Interest
Sec01	2021/3/5	100	4	2025/3/4	3.10％	2	3	3.800 0％
Sec02	2021/3/5	100	5	2026/3/4	3.25％	1	3	3.600 0％
Sec03	2021/3/5	100	3	2024/3/4	3.50％	2	3	3.500 0％
Sec04	2021/3/5	100	2	2023/3/4	4.15％	2	3	4.500 0％
Sec05	2021/3/5	100	4	2025/3/4	4.20％	4	3	3.700 0％

将以上债券数据表通过 Power Query 导入加载到 Power BI 数据表模块，输入 DAX 函数新增计算列，生成结果见表 7-12。

表 7-12　债券久期 DAX 计算结果

Reference	YIELD	PRICE	麦考利久期	修正久期	美元久期
Sec01	3.873 1%	97.16	3.79	3.71	360.90
Sec02	3.665 6%	98.13	4.69	4.52	443.86
Sec03	3.562 0%	99.83	2.87	2.82	281.59
Sec04	4.602 8%	99.15	1.94	1.89	187.70
Sec05	3.769 3%	101.59	3.70	3.67	372.69

　　首先，根据目标连续复利收益率将其转换成计算久期的 DAX 函数公式所需实际收益率。各个计算列 DAX 表达式分别如下，其中实际收益率 YIELD 与债券价格 PRICE 是支持三种久期计算的辅助信息。

```
YIELD=
EXP('债券久期基础数据_DAX'[Continuous_Compound_Interest])-1
```

　　其次，根据票面利率、实际收益率、债券期限和合同现金流计算预期价格，录入信息如下：

```
PRICE=
PRICE(
    '债券久期基础数据_DAX'[Settlement],
    '债券久期基础数据_DAX'[Maturity],
    '债券久期基础数据_DAX'[Rate],
    '债券久期基础数据_DAX'[YIELD],
    [Redemption],
    '债券久期基础数据_DAX'[Frequency],
    '债券久期基础数据_DAX'[Basis]
)
```

　　最后，使用 DAX 公式计算三种久期，输入信息如下：

```
麦考利久期=
DURATION(
'债券久期基础数据_DAX'[Settlement],
'债券久期基础数据_DAX'[Maturity],
'债券久期基础数据_DAX'[Rate],
```

```
'债券久期基础数据_DAX'[YIELD],
'债券久期基础数据_DAX'[Frequency],
'债券久期基础数据_DAX'[Basis]
)
修正久期=
MDURATION(
'债券久期基础数据_DAX'[Settlement],
'债券久期基础数据_DAX'[Maturity],
'债券久期基础数据_DAX'[Rate],
'债券久期基础数据_DAX'[YIELD],
'债券久期基础数据_DAX'[Frequency],
'债券久期基础数据_DAX'[Basis]
)
美元久期=
'债券久期基础数据_DAX'[PRICE]*'债券久期基础数据_DAX'[修正久期]
```

7.4.2　凸性概念与计算

本小节简要论述债券凸性定义，以及如何使用 Power Query 计算凸性与久期，并且比较 M 函数与 DAX 函数久期计算结果。

1. 凸性定义

凸性（Convexity）是收益率变化 1% 所引起的久期变化。用来衡量债券价格收益率曲线的曲度。凸性越大，债券价格曲线弯曲程度越大，用修正久期度量的利率风险所产生的误差越大。凸性等于每一期回收现金的现值除以债券期初价格再乘以期数平方；除了将期数替换为期数平方之外，凸性计算公式与麦考利久期其余部分相同。

对于按期付息，到期还本的债券，凸性公式为

$$\text{Convexity} = \frac{\sum\limits_{t=1}^{T} \dfrac{t^2 \times \text{Int}}{(1+R)^t} + \dfrac{T^2 \times (\text{Int} + \text{Principal})}{(1+R)^T}}{\text{Price}}$$

其中：t 是从 1 到最后一期的现金流期数，T 是最终期数，R 是收益率，Int 与 Principal 分别是每一期利息与到期可回收本金，Price 为初始买入价格。

2. M 函数计算久期与凸性

由于在 DAX 和 Excel 中没有计算凸性的内置函数，而计算债券凸性比久期更加复杂，展开每一期现金流入流出之后，由于不同债券剩余期限和流入频率不同，难以形成定长计算表格。所幸的是，利用 Power Query 列表（List）和记录（Record）收纳各个债券品种不同期数的现金流和折现系数，可以形成复合嵌套式标准化数据结构，从而实现批量自动计算。以下将介绍如何使用 Power Query 中的 M 函数，依据与前述 DAX 计算久期相同的数据源，批量计算麦考利久期、修正久期、美元久期和凸性，见表 7-13。

表 7-13　债券久期与凸性计算基础数据表

Reference	Settlement	Redemption	Residual_Years	Maturity	Rate	Frequency	Basis	Continuous_Compound_Interest
Sec01	2021/3/5	100	4	2025/3/4	3.10%	2	3	3.800 0%
Sec02	2021/3/5	100	5	2026/3/4	3.25%	1	3	3.600 0%
Sec03	2021/3/5	100	3	2024/3/4	3.50%	2	3	3.500 0%
Sec04	2021/3/5	100	2	2023/3/4	4.15%	2	3	4.500 0%
Sec05	2021/3/5	100	4	2025/3/4	4.20%	4	3	3.700 0%

在 Power Query 中导入表 7-13 后，后续使用 M 函数计算凸性与久期的核心步骤是在新增记录列中同步开展多个计算过程，输入以下信息：

```
=Table.AddColumn(自定义1,"A",each[
    Periods = List.Transform({1..[Frequency] * [Residual_
Years]},(x)=>x/[Frequency]),//根据付息频率,生成按年表示的从1到
最后一次付息的债券现金流付息时点数
    DF_EXP=List.Transform(Periods,(x)=>Number.Exp(-x* [Contin-
uous_Compound_Interest])),//依据连续收益率生成贴现系数系列
    CashFlow=let Interest= [Redemption] * [Rate]/[Frequency]
in List.Repeat({Interest},[Residual_Years] * [Frequency]-1) &
{[Redemption]+Interest},//生成由票面利息与到期本金组成的现金流
金额系列
    Discounted_CashFlow=List.Transform(List.Zip({CashFlow,
DF_EXP}),List.Product),//以现金流系列乘以连续复利收益率折现系数生
```

成现金流每一期的折现金额

```
    PRICE=List.Sum(Discounted_CashFlow),//累加债券未来现金
流的现值,估计债券价格
    NPV_Weight_Converted=List.Transform(List.Zip({Discoun-
ted_CashFlow,Periods}),each List.Product(_)/ PRICE),//将每一期
现金流净现值占债券价格之比与期数相乘
    Yield=Number.Exp([Continuous_Compound_Interest])-1,//
连续利率转换为 Yield 收益率麦考利久期=List.Sum(NPV_Weight_Con-
verted),//上一步转换结果相加得到麦考利久期
    修正久期=麦考利久期/(1+Yield/[Frequency]),//根据定义计算
修正久期
    美元久期=PRICE*修正久期,//根据定义计算美元久期
    凸性 = List.Sum (List.Transform (List.Zip ({Discounted_
CashFlow,List.Transform (Periods,each Number.Power (_,2))}),
List.Product))/ PRICE// 根据定义计算凸性
    ])
```

以下以债券"Sec01"的期数、利率等基础参数为例,进一步详细解释所生成记录内部字段的含义:

(1) Periods,按年表示的债券现金流入期限时点所组成的列表。

```
Periods=List.Transform({1..[Frequency]*[Residual_Years]},
(x)=>x/[Frequency]),
```

以上函数分两部分解析,首先生成从 1 开始,到剩余年限([Residual_Years])4 年乘以每年付息次数 2([Frequency])为止的正整数序列,即从 1 到 8;然后将这个正整数序列中每一个元素都除以年付息次数。

例如,对于剩余 4 年,每年付息两次的债券,Periods 将返回从 0.5 开始,以 0.5 为步长递增的数列,以 4 结尾,列表中一共有 8 个元素,形如 {0.5,1,1.5,2,2.5,3,3.5,4}。

(2) DF_EXP,连续复利现值系数列表。

```
DF_EXP=List.Transform(Periods,(x)=>Number.Exp(-x*[Con-
tinuous_Compound_Interest])),
```

将以上 Periods 之中的序列使用 List. Transform 嵌套 Number. Exp 函数转换为按各债券连续收益率和期限计算的复利现值系数，其数值分别为 98.117 9%、96.271 3%、94.459 4%、92.681 6%、90.937 3%、89.225 8%、87.546 5%、85.898 8%。

（3）Cash Flow，合同现金流列表。

```
CashFlow=let Interest=[Redemption]*[Rate]/[Frequency]in
List.Repeat({Interest},[Residual_Years]*[Frequency]-1)&{[Re-
demption]+Interest},
```

先求出按照票面值（[Redemption]）与票面利率（[Rate]）和年付息次数（[Frequency]）所计算的各期票面利息 Interest，然后按照收取现金总期数减 1 重复若干次 Interest 形成利息现金流列表，在最后一期拼接面值（[Redemption]）加 Interest 之和，形成完整的现金流系列。

● let Interest= [Redemption] *[Rate] / [Frequency] in …，在这一结构中使用 let 语句定义 Interest，然后用于在 in 之后的结构中。

● List. Repeat （{Interest}，[Residual_Years] *[Frequency] －1），第一参数 {Interest} 是形成仅有一个元素 Interest 数值的列表，然后计算全部付息期数再减 1，即 [Residual_Years] *[Frequency] －1，最终形成包含若干个相同元素的列表。

● & { [Redemption] ＋Interest}，计算最后一期本金与利息回收金额，被列表序号 {} 包裹之后形成单个数值列表，再使用 & 符号与前述利息现金流相连接，最终形成完整的合同现金流列表。

由于 Interest 是在 Record 记录列中定义的中间变量，所以被引用时外侧不需要加方括号。而引用上一步数据视图中的字段值需要在列名外部加上方括号。

（4）Discounted_CashFlow，按到期收益率折现合同现金流，录入下列信息：

```
Discounted_CashFlow=List.Transform(List.Zip({CashFlow,DF_
EXP}),List.Product),
```

在 List. Transform 之中，第一参数 List. Zip （{CashFlow，DF_EXP}）将各

期合同现金流与贴现系数一一配对组合，然后通过第二参数 List. Product 将每期合同现金流与贴现系数一一匹配相乘，得到折现之后的现金流现值数据列表。

（5）PRICE，意为加总折现现金流，录入下列信息：

```
PRICE=List. Sum(Discounted_CashFlow),
```

（6）NPV_Weight_Converted，折算各期现金加权回收期，录入下列信息。将合同现金流净现值与期数配对后一一相乘再除以债券价格。

```
NPV_Weight_Converted=List. Transform(List. Zip({Discounted_
CashFlow,Periods}),each List. Product(_)/ PRICE),
```

（7）Yield，意为实际收益率，按照定义，需要使用基于债券离散利率的 Yield 计算修正久期，所以将年度连续收益率转换为期间非连续收益率，录入下列信息：

```
Yield=Number. Exp([Continuous_Compound_Interest])- 1,
```

（8）麦考利久期，录入以下信息：

```
麦考利久期=List. Sum(NPV_Weight_Converted)
```

（9）修正久期，录入以下信息：

```
修正久期=麦考利久期/(1+ Yield/[Frequency]),
```

（10）凸性，录入以下信息：

```
凸性 = List. Sum (List. Transform (List. Zip ({Discounted_Cash-
Flow, List. Transform ( Periods, each  Number. Power ( _, 2 ))}),
List. Product))/PRICE
  ])
```

借用麦考利久期和 NPV_Weight_Converted 的结构，将期数或者 each List. Product （_）改为期数平方，也就是 each Number. Power （_，2）即可计算凸性。

这一步计算列后续操作，包括展开、保留列以及修改数据类型的操作不做赘述。Power Query 最终计算结果见表 7-14，其中间过程也可以在案例附件的 Power Query 编辑器之中分步深化显示。

表 7-14 **Power Query 四舍五入后计算结果**

Reference	Yield	Price	麦考利久期	修正久期	美元久期	凸性
Sec01	3.873 1%	97.29	3.789 2	3.717 2	361.661 4	14.846 6
Sec02	3.665 6%	98.13	4.691 6	4.525 7	444.120 6	22.852 3
Sec03	3.562 0%	99.91	2.873 9	2.823 6	282.111 9	8.476 1
Sec04	4.602 8%	99.24	1.939 6	1.895 9	188.156 3	3.829 2
Sec05	3.769 3%	101.79	3.706 2	3.671 6	373.717 9	14.417 3

3. 分析比较

表 7-15 将 DAX 函数生成的收益率、预期价格及各种久期计算结果与 M 函数产生结果相比较，二者关于债券价格 PRICE 与美元久期计算结果存在差异，其余结果非常接近；而差异主要源于不同的计算方法。

表 7-15 **Power Query M 函数与 DAX 计算结果差异**

Reference	Yield	Price	麦考利久期	修正久期	美元久期
Sec01	0.000 0%	0.13	−0.00	0.01	0.76
Sec02	0.000 0%	0.00	0.00	0.01	0.26
Sec03	0.000 0%	0.08	0.00	0.00	0.52
Sec04	0.000 0%	0.09	−0.00	0.01	0.46
Sec05	0.000 0%	0.20	0.01	0.00	1.03

DAX 函数依据离散收益率 YIELD，简单输入参数即可输出价格以及各种久期，但是无法直接计算凸性，如果间接计算，则非常困难。

M 函数从预计的连续收益率出发，计算价格、久期和凸性，虽然中间过程比较复杂，但是可观察各中间步骤，还可以基于中间数据计算凸性。

读者应该根据自身技术水平、数据完备性以及精确度和算法要求，决定使用 DAX 函数或者 M 函数完成债券相关指标与其他复杂金融计算。

第八章　债券核算与报告

在第七章复利与收益率的基础上，我们将进一步深入探讨如何在 Power BI 中模拟债券会计核算及披露报告。

8.1 会计计量方式

根据现行金融工具会计准则，债券投资作为金融资产，由合同现金流类型和业务模式两个维度确定核算方式。传统债券（大体上包括各种按预定时间还本付息的债券，甚至包括部分定期付息不还本的永续债券）大都属于"金融工具现金流量仅为本金及利息的支付（SPPI，Solely Payments of Principal and Interest）"。"持有收取""兼顾""出售与其他"三种业务模式各自对应"债权投资""其他债权投资""交易性金融资产"三个资产负债表项目，各自的账面价值（BV，Book Value）分别为摊余成本（AMC，Amortized Cost）、公允价值通过其他综合收益核算（FV，Fair Value Through Other Comprehensive Income）与公允价值通过损益核算（Fair Value Through Profit And Loss）。以下我们将探讨债券三种计量方式除减值之外的各种主要会计处理环节，以及如何在 Power BI 中模拟债券本金与利息的主要核算过程。

8.1.1 摊余成本计量

持有收取类金融资产按摊余成本核算，简称为 AMC 或者 AC（Amortized Cost）。我国《企业会计准则第 22 号——金融工具确认和计量（2017）》之中列举了摊余成本的以下三个特征：

（一）（初始）本金扣除已偿还的本金；本金包括期初购入时的交易费用；

（二）加上（或减去）采用实际利率法将该初始确认金额与到期日金额之间的差额进行摊销形成的累计摊销额，即利息调整；

（三）扣除减值损失（金融资产）。

摊余成本是从期初开始采用债券实际利率，综合每一个报告日所有累计现金流入流出金额现值和预计未来信用损失现值净额的计量方式。

由于本章不讨论减值以及忽略交易费用，因此期初摊余成本等于购入时所付出的买价，也就是期初公允价值。后续每一期报告日摊余成本等于上一期摊余成本加上本期预提的实际利息收入减去本期收到的现金。实际利率 Yield 是使得债券持有期内现金流入与流出净现值为 0 的内含报酬率（IRR，

Internal Rate Of Return)；在实际利率法下，所收回现金不论名义上是利息或本金，都同样调减摊余成本。摊余成本计算公式如下：

$$BV_{n+1} = AMC_{n+1} = AMC_n + Eff\_Int_n - Cash\_In_n$$

本期实际利息等于上一期摊余成本乘以实际利率 Yield，下列公式是以一年为现金收付周期的简化方式。当周期不等于一年时，计算更加复杂。

$$Eff\_Int_{n+1} = AMC_n \times Yield$$

对于到期还本的债券而言，每一期实际利息与账面利息之间的差异形成摊销金额。按年付息债券每期摊销计算公式如下：

$$Amort_n = Eff\_Int_n - Principal \times R_{nom}$$

摊余成本债券需要计提减值准备，但实务中许多投资机构对所持有高信用质量债券仅计提较低金额减值准备，甚至对最高等级的国家信用债不计提减值准备，所以本章也不讨论债券减值核算。预期信用风险损失与减值准备计提与披露将在贷款部分探讨。

8.1.2 公允价值变动通过其他综合收益计量

这种核算方式简称为 FVOCI（Fair Value Through Other Comprehensive Income），兼容其余两种核算方式的重要特征。

- 利息收入和减值准备与摊余成本计量方式保持一致。

- 账面价值按照公允价值计量，同一报告日账面价值与摊余成本之间差额计入其他综合收益[①]。公允价值变动计入其他综合收益计算公式如下：

$$BV_{n+1} = FV_{n+1} = AMC_{n+1} + OCI_{n+1}$$

由于该方法需要同时保留内部摊余成本和外部参照公允价值两套体系，所以在三种核算方式中最为复杂，涉及会计科目也最多。

本章随后将根据会计核算原则，在 Power BI 中模拟债券业务日常核算与出售计量过程。

[①] 其他综合收益是指企业根据相关会计准则的规定不在当期损益中确认的各项利得和损失，笔者认为一是由于现期利得损失不确定今后是否能够实现。例如，业务模式未定的债券，虽然当期公允价值浮盈，但如果持有到期，那么将只能够收取固定金额本金与利息，而不会通过卖出实现当期浮动盈亏；二是会计准则制定者为了防止操纵利润而规定某些项目永远不可转入当期利润。例如 FVOCI 类股票投资浮动盈亏。

8.1.3 公允价值变动通过损益计量

在出售和其他业务模式下，债券按公允价值核算，简称为 FVPL（Fair Value Through Profit And Loss）。在购入日与每一个报告日都按照公允价值计量，两期之间公允价值差异计入公允价值变动损益，计算公式如下：

$$BV_{n+1} = FV_{n+1} = FV_n + \Delta FV_{n+1}$$

公允价值是指市场参与者在计量日发生的有序交易中，出售一项资产所能收到或者转移一项负债所需支付的价格，可以细分为三个层次：分别是在活跃市场上未经调整的报价；可观察的输入值；不可观察的输入值。虽然公允价值计量方式账务处理比摊余成本简单，但是取得公允价值可能并不容易，需要花费额外的成本与时间，来自外部的公允价值还可能无法直接批量导入现有的记账系统。公允价值计量通过损益的另外一个缺陷是公允价值变动会导致企业利润波动，影响企业盈利指标。

因为与 IFRS 9 趋同的会计准则将利息定义为与持有时间和信用风险相关的投资回报，而公允价值变动通过损益类债券持有时间并不固定，所以这核算方式不需要按期系统性计提利息，在实际收到，或者可以确定将要收到票面利息金额与日期时作为投资收益，不作为利息收入。

小结

由于债券可能以折价或者溢价发行与购入，账面价值有三种不同计量方式（AMC，FVPL，FVOCI），到期之前还可能有定期或者不定期还本付息，且会计借贷方复式记账会同时影响资产、权益与损益，所以其价值变动数据较为复杂。

债券账面价值期初期末账面余额与本期变动总结见表 8-1，其中公允价值变动 ΔFV_n 与实际利息收入 Eff_Int$_n$ 将影响会计利润，而回收现金 Cash_In$_n$ 与其他综合收益变动 ΔOCI_n 不影响损益。另外，本章假设 FVPL 类债券仅仅在票面利息支付日记录投资收益并且同时增加银行存款，其他日期不预提利息，所以这一类债券票面利息不影响账面价值。

表 8-1 债券计量方式

资产类别	期初账面余额	本期变动	期末账面余额
FVPL 公允价值变动计入损益	FV_n公允价值	ΔFV_{n+1}公允价值变动 票面利息不影响账面价值	FV_{n+1}公允价值
AMC 摊余成本	AMC_n摊余成本	$+$Eff_Int$_n$预提实际利息 $-$Cash_In$_n$回收现金	AMC_{n+1}摊余成本
FVOCI 公允价值变动计入其他综合收益	$FV_n = AMC_n + OCI_n$摊余成本＋公允价值重估	$+$Eff_Int$_n$预提实际利息 $-$Cash_In$_n$回收现金＋ ΔOCI_n其他综合收益变动	$FV_{n+1} = AMC_{n+1} + OCI_{n+1}$摊余成本＋公允价值重估

8.2　业务场景与数据

在展开 Power BI 处理前，有必要介绍业务场景与构造数据的基本假设与数据结构。

8.2.1　业务数据

为了展现债券核算步骤，本数据模型中假设在 2023 年 1 月 1 日期初购入三种不同业务模式的 10 只债券，然后分别在 3 到 5 年内继续持有或出售，以每半年作为一个报告期间，展示其资产负债表与利润表各个维度的会计口径数据。

需要导入 Power BI 的数据表有四张，债券购入日基本信息、现金流与公允价值，以及债券出售，最后一张金额单位表比较简单；以下将介绍表 8-2 至表 8-4 三张业务数据表。

表 8-2 债券购入日基本信息（部分字段）

代码	购入日	到期日	年利	年限	付息方式	面值	单价	会计科目	付息日
BD01	2023/01/01	2027/12/31	10%	5	半年付	1 000 000	101.500 0	债权投资	每半年底
BD02	2023/01/01	2027/12/31	10%	5	半年付	1 000 000	93.652 6	债权投资	每半年底
BD03	2023/01/01	2025/12/31	10%	3	固定单利	200 000	105.000 0	债权投资	到期日
BD04	2023/01/01	2025/12/31	10%	3	固定单利	200 000	95.000 0	债权投资	到期日
BD05	2023/01/01	2027/12/31	5%	5	年付	10 000 000	91.000 0	交易性金融资产	每年底

代码	购入日	到期日	年利	年限	付息方式	面值	单价	会计科目	付息日
BD06	2023/01/01	2027/12/31	4%	5	年付	7 000 000	99.000 0	其他债权投资	每年底
BD07	2023/01/01	2027/12/31	5%	5	年付	8 000 000	100.000 0	交易性金融资产	每年底
BD08	2023/01/01	2027/12/31	5%	5	半年付	9 000 000	101.000 0	其他债权投资	每半年底
BD09	2023/01/01	2027/12/31	3%	5	固定单利	1 000 000	101.000 0	交易性金融资产	到期日
BD10	2023/01/01	2027/12/31	6%	5	半年付	2 000 000	98.000 0	其他债权投资	每半年底

表 8-2 展示了案例中 10 只债券购入日主要基本信息，包括到期日、付息日、票面利率、合同期限、付息方式、面值以及会计科目等。根据这些信息，可以在 Power Query 中生成债券持有期间现金流金额与日期。

表 8-3　债券现金流与公允价值（部分数据）

代码	现金流	公允价值	报告日	期数	日期间隔	会计科目	应收利息
BD01	−1 015 000.00	1 015 000.00	2023/1/1/	1		债权投资	—
BD01	50 000.00	996 200.00	2023/6/30/	2	180.00	债权投资	—
BD01	50 000.00	1 005 600.00	2023/12/31/	3	184.00	债权投资	—
BD01	50 000.00	1 000 400.00	2024/6/30/	4	182.00	债权投资	—
BD01	50 000.00	1 005 500.00	2024/12/31/	5	184.00	债权投资	—
BD01	50 000.00	1 002 500.00	2025/6/30/	6	181.00	债权投资	—
BD01	50 000.00	993 800.00	2025/12/31/	7	184.00	债权投资	—
BD01	50 000.00	1 015 000.00	2026/6/30/	8	181.00	债权投资	—
BD01	50 000.00	1 003 900.00	2026/12/31/	9	184.00	债权投资	—
BD01	50 000.00	996 700.00	2027/6/30/	10	181.00	债权投资	—
BD01	1 050 000.00	1 000 000.00	2027/12/31/	11	184.00	债权投资	—

表 8-3 截取债券 BD01 从 Excel 导入的在每一报告日业务数据，基于报告

日与现金流这两列数据，XIRR 公式可计算债券年度实际利率；日期间隔是作为将 XIRR 结果转换为每半年期间实际利率的参数。

XIRR 收益率不仅适用于单一债券品种，而且也适用于多个债券品种构成的投资组合，后续还用于生成按会计科目汇总或者包括全部债券的会计数据；案例中公允价值是模拟数据，期数用于方便定位各报告日数据；由于样例数据 BD01 中的债券每半年付息一次，因此该债券每个报告日应收利息余额都为 0。

表 8-4 展示了出售日的售价与账面价值以及会计科目，用于生成出售日会计分录。

表 8-4　债券出售

出售日期	代码	持有目的	单位售价	出售面值	出售比率	总售价	账面价值	会计科目
2025/12/31	BD05	出售与其他	100.64	1 000 000	10.00%	1 006 410	978 800	交易性金融资产
2025/12/31	BD06	兼顾	99.63	3 500 000	50.00%	3 487 062	3 475 500	其他债权投资
2025/12/31	BD07	出售与其他	101.363 1	400 000	5.00%	405 452	398 640	交易性金融资产
2025/12/31	BD08	兼顾	99.93	9 000 000	100.00%	8 993 673	9 120 600	其他债权投资
2025/12/31	BD09	出售与其他	101.704 7	500 000	50.00%	508 523	501 700	交易性金融资产

8.2.2　数据模型结构

表 8-2 至表 8-4 三个业务数据表债券购入日基本信息、现金流与公允价值，以及债券出售从数据源导入到 Power Query 之后经过简单数据类型转换即加载到数据模型中，没有数据加工过程。除此之外，如何生成辅助信息表金额单位与度量值表 0_Meaure 在以前章节都曾经介绍过，而且结构都非常简单，不需要详细描述。接下来还有一张参数表（预期收益率），用于评估多水平收益率之下债券在购入日的净现值，有助于大家加深对实际利率 XIRR 和净现值的了解，并非会计核算所必须。

以上所述各数据表与辅助表构成的数据模型如图 8-1 所示，其中仅有债券购入日基本信息、现金流与公允价值两张表之间建立了一对多的数据关联。

图 8-1　数据模型与表间关联关系

8.2.3　前提假设与场景简化

本章重点在于使用 Power BI DAX 函数反映债券业务会计初始确认与后续计量，而 DAX 函数处理数据时以整列和整表为基本处理对象，用于模拟会计核算是一个巨大难题。如果完全照搬传统会计处理方式难度极大，因此笔者予以适度简化与放松要求。

1. 报告日与还本付息频率

本案例中，初始确认日为 2023 年 1 月 1 日，这也是第一个报告日，随后以每半年为一个报告期间，即报告日为每年 6 月 30 日与 12 月 31 日。

本案例中债券付息方式有三种：一是半年付，债券付息日为每年 6 月 30 日与 12 月 31 日；二是年付，债券付息日为 12 月 31 日；三是固定单利债券在到期日收取利息。票面利息被收取后，应收利息或者摊余成本余额中即不再包括这一部分金额。

最后，所有债券都设定在到期日还本，忽略永续债券以及逐期还本场景。

2. 公允价值与应收利息

债券牌价有全价与净价两个口径，全价公允价值含有按名义本金、票面利率与持有期间日期数算出的票面应收利息；在全价法公允价值中扣除票面应收利息，即为净价法公允价值。以摊余成本计量的债券日常核算时不考虑公允价值；但是其余两种计量方式的债券选择全价或者净价公允价值需要考虑公允价值和其他实际操作因素。

FVOCI（以公允价值计量变动计入其他综合收益）类债券应该按实际利率法计提实际利息收入，由于实际利率基于现金流入流出金额与日期而得出，因此每个报告日应收未收的利息需纳入摊余成本，所以应用全价法公允价值更加简单直接。

FVPL（以公允价值计量变动计入损益）类债券不要求按照持有时间系统性计量利息收入，因此为简化起见，本章案例中在付息日之外的日期不计提票面利息，仅在付息日增加货币资金与投资收益，债券公允价值不包括应收利息，应收利息科目余额一直为 0。

综上所述，本案例 FVOCI 类债券公允价值为全价法，FVPL 类债券报告方式类似净价法。读者可以自行探索更加合理的场景。

3. 忽略初始确认日交易费用

现行会计准则规定，债券购入的交易成本处理方式根据后续计量类型而定，交易性金融资产初始交易费用计入当期损益，而其他两类金融资产初始交易费用计入摊余成本。本章中忽略交易费用，使得初始确认日摊余成本等于公允价值。

4. 会计科目度量值设置

为简化 Power BI 数据模型与计算，尽可能将性质接近的会计名词和会计科目使用相同度量值处理。例如无论票面利息在近期内是否可以收到，仅设置一个应收利息度量值反映按年支付及到期支付债券的应收未收票面利息，不区分应计利息与应收利息。

其次，由于同一个名称度量值只能够定义一次，所以用买卖价差度量值计量与反映债券出售收益，这是因为会计准则要求使用的投资收益科目已经被用于债券利息收入。

再次，由于篇幅所限，使用 DAX 书写会计分录度量值时，没有写出全部明细科目。实务工作之中如果需要详细区分，那么请另行处理。

总之，为简化起见，本章之中度量值并没有完全按照会计惯例或者会计准则要求而命名，主要以满足案例展示要求为目的。读者可以自行探索与优化。

5. 适度数据冗余

虽然在 Power BI 数据模型中可以根据关联字段跨表引用数据以减少相同字段在不同数据表之间重复出现，但是为了降低计算复杂程度，便于读者理解逻辑与计算过程，本案例中存在少量字段重复。

例如债券基本信息表之中存在会计科目字段，在另外一张业务现金流与公允价值表中本来可以通过债券代码跨表引用而不设置会计科目字段，但是由于跨表引用的计算过程比较复杂，所以我们仍然在业务数据表现金流与公允价值中设置了会计科目字段以减少跨表引用和降低计算复杂度。债券出售表之中也有少量数据冗余。

6. 放宽数据显示精度

在 Power BI 中执行计算时，由于数据缩放显示，以及复杂运算等原因造成汇总栏目数据与明细数据相加后的结果存在误差，当差距在一定范围之内时，将被忽略。

第一种情况缩放显示是指将数据单位放大或者缩小。例如，案例中底层数据全部为"元"，但是在 Power BI 报告中有时需要按"万元"显示；将数据显示单位从元调整为万元之后，四舍五入会造成明细相加与总数存在尾差，但是这种由数据显示精度造成的差异并非实际差异，并且将数据显示单位缩小为千元或者元之后，差异随即变小。

第二种情况是复杂运算造成的实际误差。例如，对单一债券与债券组合分别计算摊余成本时，DAX 对单一债券与债券组合各自计算内含收益率，然后计算并将摊余成本分别显示在单一债券行与分组小计行，这时单一债券明细数据相加后与债券组合汇总数据存在差异。在本案例中最高差异率约为 0.5%，即约 200 万元债券账面价值最多相差 1 万元（参见摊余成本中小节收益率计算部分）。但是这一类差异主要存在于债券持有期中段，在第一期与最后一期差异低于 100 元，笔者将这一种性质差异也忽略不计。

8.3　债券核算详解

在前面章节讲述了数据模型、数据表与计算列之后，接下来就是在案例中讲解本章核心部分，使用 DAX 度量值计算债券财务数据并且展示在 BI 报告之中。

本文之中的度量值逻辑并不太复杂，用于模拟日常会计核算过程，未涉及算法与性能等高级话题，意在深入探讨如何将 Power BI 与古老而又年轻的会计核算范式相结合，依托可变的数据源，使用规范的 DAX 函数表达按照 IFRS 9 处理金融资产初始确认与后续计量的完整过程，最终在 BI 报告中以度量值生动展现会计处理逻辑与结果。

基于 8.2.1 业务数据表（表 8-2 至表 8-4）和 8.2.3 中的前提假设，我们将分别使用 Power BI 实现计算与展现摊余成本计量、公允价值计量变动转入损益与公允价值计量变动转入其他综合收益计量债券的关键数据，模拟主要过程。

为了突出重点，本节不涉及任何 Power Query 数据处理。

8.3.1　摊余成本核算

AMC 类债券期末以摊余成本作为账面价值，各期按上一期摊余成本乘以考虑本期天数长度的期间实际利率计算利息收入；如果不考虑减值准备，债券各报告日摊余成本在购入日就可以根据期初购置成本与债券条款所确定的合同现金流而确定；由于实际利率是确定摊余成本与实际利息收入的前提，所以必须先确定实际利率再确定摊余成本。

为了在有限的篇幅内突出作为重点的摊余成本与实际利率，本小节不讨论以 DAX 函数书写会计分录。

1. 实际利率

根据定义，债券实际利率等同于内含报酬率，可以使用 XIRR 函数根据债券业务数据表之中的现金流与公允价值两列数据得出。XIRR 函数语法结构如下：

```
XIRR(<table>,<values>,<dates>,[,<guess>[,<alternateRe-
sult>]])
```

在 7.3.1DAX 收益率与价格函数初级应用示例的基础上，本小节进一步讲述 XIRR 函数如何应用与计算债券实际利率。

根据筛选条件的不同，XIRR 函数所返回的结果范围也随之变化；如果以债券品种为筛选条件，那么返回当前债券品种的内含收益率；如果以会计科目为筛选条件，那么返回当前会计科目的内含收益率；如果不限定债券品种或者会计科目，那么返回所有债券的内含收益率；会计科目级别与所有债券品种的内含收益率实际就是资产组合内含收益率。

（1）收益率计算。在 Power BI 中，由于度量值外部矩阵行轴、列轴及切片器筛选器等都会对度量值产生筛选作用，因此 DAX 度量值输出结果更加灵活，也更难把握。

Power BI DAX 中 XIRR 函数语法结构中前三个参数分别是引用数据表，数据表中的现金流金额列，以及日期列；第四与第五两个参数为非必选项，可以忽略，我们将重点关注前三个参数以及如何设定外部筛选条件以返回预期结果。

```
XIRR=
CALCULATE(
        XIRR(ALLSELECTED('现金流与公允价值'),'现金流与公允价值'
[现金流],'现金流与公允价值'[报告日]),
        ALL('现金流与公允价值'[报告日]),
        VALUES('现金流与公允价值'[会计科目]),
        VALUES('现金流与公允价值'[代码简称])
    )
```

以上 DAX 语句可以返回明细债券品种、会计科目小计，以及所有债券汇总的收益率。CALCUALTE 函数嵌套 XIRR 结构，同时使用 ALL（'现金流与公允价值'［报告日］）的结构打破外部日期筛选；因为内含报酬率需要引用和计算债券生命周期内所有日期的现金流入流出金额；一旦外部日期轴对 XIRR 函数形成筛选，那么 DAX 函数只能够调用一个报告日的数据，而无法迭代返回内含收益率。其次，使用 VALUES（'现金流与公允价值'［会计科目］）与 VALUES（'现金流与公允价值'［代码简称］）的作用是恢复外部行轴对现金流数据的筛选，实际测算中比不添加 VALUES 筛选条件可以在会计科目级返回更加精确的结果。

如果不添加这两个筛选条件，度量值 XIRR_简版所生成的单一债券实际收益率与度量值 XIRR 相同，但是在会计科目一级有所差异，如图 8-2 所示。

```
XIRR_简版=
CALCULATE(
        XIRR('现金流与公允价值','现金流与公允价值'[现金流],'现金
流与公允价值'[报告日]),
```

```
            ALL('现金流与公允价值'[报告日])
      )
```

报告日 会计科目	2026/6/30 XIRR	XIRR_简版	2026/12/31 XIRR	XIRR_简版	2027/6/30 XIRR	XIRR_简版
日 债权投资	10.9235%	10.6914%	10.9235%	10.6914%	10.9235%	10.6914%
BD01	9.8489%	9.8489%	9.8489%	9.8489%	9.8489%	9.8489%
BD02	12.0596%	12.0596%	12.0596%	12.0596%	12.0596%	12.0596%
总计	10.9235%	10.6914%	10.9235%	10.6914%	10.9235%	10.6914%

图 8-2　XIRR 收益率比较

仅仅比较收益率仍然无法确定二者优劣，所以需要进一步调用两个实际收益率度量值分别计算摊余成本（参见下一节摊余成本及层次结构），我们会发现两种 XIRR 方法计算的单一债券摊余成本都相同，差异在于会计科目汇总级别的摊余成本，基于 XIRR_简版计算的摊余成本汇总数与其底层债券的个别摊余成本相加后差异更大。例如，在报告日 2026/6/30，债券 BD01 与 BD02 摊余成本分别是 1 005 与 977，直接相加后为 1 982，而会计科目级摊余成本为 1 988，差异等于 1 988－（1 005＋987）＝6 万元；所以应该采用包含更加复杂筛选条件的 XIRR 计算摊余成本，如图 8-3 所示。

报告日 会计科目	2026/6/30 摊余成本	摊余成本_XIRR_简版	2026/12/31 摊余成本	摊余成本_XIRR_简版	2027/6/30 摊余成本	摊余成本_XIRR_简版
日 债权投资	1,982	1,988	1,988	1,992	1,993	1,995
BD01	1,005	1,005	1,004	1,004	1,001	1,001
BD02	977	977	984	984	991	991
总计	1,982	1,988	1,988	1,992	1,993	1,995

图 8-3　分组摊余成本计算结果比较（单位：万元）

（2）债券组合收益率。XIRR 函数计算原理是引用含有现金流量与日期的数据表然后根据外部筛选条件返回结果，所以当外部以债券代码和债券科目类别作为筛选条件时，将自然返回个别券种与按照持有方式划分的会计科目级别以及整体投资组合的内含收益率，如图 8-4 所示。

报告日 会计科目	2023/6/30 XIRR	XIRR_HY	2023/12/31 XIRR	XIRR_HY	2024/6/30 XIRR	XIRR_HY
日 债权投资	10.6914%	5.1368%	10.6914%	5.2539%	10.6914%	5.1953%
BD01	9.8489%	4.7414%	9.8489%	4.8493%	9.8489%	4.7954%
BD02	12.0596%	5.7757%	12.0596%	5.9078%	12.0596%	5.8417%
BD03	7.3787%	3.5732%	7.3787%	3.6540%	7.3787%	3.6136%
BD04	11.0214%	5.2913%	11.0214%	5.4120%	11.0214%	5.3516%
日 其他债权投资	4.7856%	2.3321%	4.7856%	2.3845%	4.7856%	2.3583%
BD06	4.2262%	2.0623%	4.2262%	2.1086%	4.2262%	2.0854%
BD08	4.8304%	2.3536%	4.8304%	2.4066%	4.8304%	2.3801%
BD10	6.5805%	3.1928%	6.5805%	3.2649%	6.5805%	3.2288%
⊞ 交易性金融资产	5.9888%	2.9098%	5.9888%	2.9755%	5.9888%	2.9426%
总计	5.6998%	2.7714%	5.6998%	2.8338%	5.6998%	2.8026%

图 8-4　债券组合收益率

（3）多水平净现值辅助投资决策。

XNPV 除了已知实际利率用于计算摊余成本之外，还可以用来评估投资决策，在已知现金流数据的基础上，使用多水平预期收益率加初始买价，可以得到债券组合经济价值，也就是以各种计划收益率贴现合同现金流所测算的债券组合价值，如图 8-5 所示。

预期净现值中引用辅助度量值〔YTM_参数值〕是基于参数表的伴生度量值，可以手

YTM参数	预期净现值	初始买价	经济价值
5.00%	117	3,844	3,961
5.10%	100	3,844	3,944
5.20%	83	3,844	3,927
5.30%	66	3,844	3,910
5.40%	49	3,844	3,894
5.50%	33	3,844	3,877
5.60%	16	3,844	3,861
5.70%	0	3,844	3,844
5.80%	-16	3,844	3,828
5.90%	-33	3,844	3,812
6.00%	-49	3,844	3,795
6.10%	-65	3,844	3,779

图 8-5　债券收益率与经济价值

工通过切片器调节输入预期收益率。获取预期净现值之后再加上初始买价就得到给定预期收益率之后的所有品种在期初购买日的债券投资组合价值。

> 预期净现值=
> XNPV(ALL('现金流与公允价值'),'现金流与公允价值'[现金流],'现金流与公允价值'[报告日],[YTM_参数值])/[金额单位]
>
> 经济价值=
> [预期净现值]+[初始买价]

（4）当期实际利率。由于本案例中以每半年为一个报告周期且报告期内包含的天数不相同，而 XIRR 为年度内含收益率。为了计算债券半年度实际利息，还需要在每一个报告日将年度收益率折算为当期半年度收益率。具体方法是使用 XIRR 函数以现金流后续发生日期到上一个发生日期所间隔实际天数除以 365 天之后将日期间隔天数折合为年数计算复利。第一期（2023 年上半年）实际利息收入从第二个报告日（2023 年 6 月 30 日）开始报送，每期实际利率计算公式如下：

```
XIRR_HY= //当期实际利率
VAR V_Days_Interval=
    SELECTEDVALUE('现金流与公允价值'[日期间隔])
VAR V_Period=
    SELECTEDVALUE('现金流与公允价值'[期数])
RETURN
    IF(V_Period >1,POWER(1+ [XIRR],V_Days_Interval/365)-1)
```

2. 摊余成本及层次结构

在会计理论中，如果不存在减值准备，那么债券摊余成本等于面值、折溢价、应收利息之和，如图 8-6 所示。

同时由于该矩阵所处的 Power BI 报告页面筛选器为现金流与公允价值表会计科目列数值等于债权投资，所以经过筛选的矩阵排除 FVOCI 与 FVPL 类数据，只显示以摊余成本计量的债券数据。由于摊余成本计算非常复杂，而现金流日期与金额都存储在现金流与公允价值数据表之中，因此需要谨慎设置度量值内部结构、可视化对象横轴、纵轴，以及切片器所引用的对象；本小节中以现金流与公允价值表中的债券代码与会计科目为筛选条件，如果读者有定制化要求，需要谨慎测试后才可以推广使用。

| 报告日 | 2023/1/1 | | | | 2023/6/30 | | | |
代码简称	债券面值	折溢价	应收利息	摊余成本	债券面值	折溢价	应收利息	摊余成本
BD01	1,000	15		1,015	1,000	13		1,013
BD02	1,000	-63		937	1,000	-59		941
BD03	200	10		210	200	8	10	218
BD04	200	-10		190	200	-10	10	200
总计	2,400	-48		2,352	2,400	-48	20	2,372

图 8-6　部分报告日摊余成本（单位：万元）

接着我们将逐一展开计算与讨论，以及展示如何使用 Power BI 实现复杂的嵌套计算。

（1）摊余成本。基于内含收益率与现金流表，我们可以使用 XNPV 函数算出净现值，再将净现值扣除报告日当天的现金流之后转化为摊余成本。

```
XNPV(<table>,<values>,<dates>,<rate>)
```

根据 XNPV 函数的语法结构，其返回 <dates> 系列中第一个日期及以后日期的现金流系列 <values>，按照 < rate > 折现到第一个日期对应的净现值。由于净现值按日期计算，而报告日当天的现金流为已发生事件而不纳入日终的摊余成本。所以计算摊余成本有两种思路：

● 首先计算未来期间（即现金流与公允价值数据表中报告日大于等于当前报告日的所有期间）未来现金流净现值，再减去已经发生的当前报告日现金流；

● 计算以下一个报告日为基准日期的现金流净现值，并且将该金额贴现半年折算为当前报告日净现值，也就是当前报告日的摊余成本。

两种方法输出结果差异可以忽略不计，以下摊余成本度量值采用的是第一种方法。

由于 Power BI 的特殊属性，其矩阵明细节点与分组汇总和行汇总是根据各自筛选条件分别计算得出的，所以在 DAX 中需要就债券明细、会计科目与全部债券这三个层次分别考虑计算逻辑；通过报告日汇总后得到各个报告日的正确结果。

我们首先根据 Power BI 可视化对象矩阵所处的页面级筛选、切片器、行轴与列轴确定每一次计算的输入条件，即定位当前报告日、当前债券代码、当前会计科目；然后分别在每一个报告日对当前债券、当前会计科目以及所有债券计算净现值；接着同样在每一个节点计算应该扣除的当前报告期现金流金额（报告日已发生金额）；统一加工形成待输出结果 V_Selection，V_Selection 如果大于 0，则再除以金额单位后显示，否则返回空值以简化可视化对象。

```
摊余成本=
VAR V_Date=
    SELECTEDVALUE('现金流与公允价值'[报告日])//定位当前报告日
VAR V_Bond=
    SELECTEDVALUE('现金流与公允价值'[代码简称])//定位当前债券
VAR V_Account=
    SELECTEDVALUE('现金流与公允价值'[会计科目])//定位当前会
计科目
VAR V_XNPV_Bond=
    XNPV(
        FILTER(
            ALL('现金流与公允价值'),
            '现金流与公允价值'[报告日]>=V_Date
                &&('现金流与公允价值'[代码简称]=V_Bond)
        ),
        '现金流与公允价值'[现金流],
        '现金流与公允价值'[报告日],
        [XIRR]
    )//当前债券品种净现值
```

```
VAR V_XNPV_Account=
    XNPV(
        FILTER(
            ALL('现金流与公允价值'),
            '现金流与公允价值'[报告日]>=V_Date
                &&('现金流与公允价值'[会计科目]=V_Account)
        ),
        '现金流与公允价值'[现金流],
        '现金流与公允价值'[报告日],
        [XIRR]
    )//当前会计科目净现值
VAR V_XNPV_All=
    XNPV(
        FILTER(ALL('现金流与公允价值'),'现金流与公允价值'[报
告日]>=V_Date),
        '现金流与公允价值'[现金流],
        '现金流与公允价值'[报告日],
        [XIRR]
    )//所有债券净现值
VAR V_XNPV_Bond_P0=
    CALCULATE(
        SUM('现金流与公允价值'[现金流]),
        FILTER(
            ALL('现金流与公允价值'),
            '现金流与公允价值'[报告日]=V_Date
                &&('现金流与公允价值'[代码简称]=V_Bond)
        )
    )//待扣除报告日当天当前债券现金流
VAR V_XNPV_Account_P0=
    CALCULATE(
```

```
            SUM('现金流与公允价值'[现金流]),
            FILTER(
                ALL('现金流与公允价值'),
                '现金流与公允价值'[报告日]=V_Date
                    &&('现金流与公允价值'[会计科目]=V_Account)
            )
        )//待扣除报告日当天当前会计科目现金流
    VAR V_XNPV_All_P0=
        CALCULATE(
            SUM('现金流与公允价值'[现金流]),
            FILTER(ALL('现金流与公允价值'),'现金流与公允价值'[报
告日]=V_Date)
        )//待扣除报告日当天所有债券现金流
    VAR V_Selection=
        SWITCH(
            TRUE(),
            NOT ISBLANK(V_Bond),V_XNPV_Bond-V_XNPV_Bond_P0,
            //当前债券净现值减去当前债券当天现金流
            NOT ISBLANK(V_Account) && ISBLANK(V_Bond),V_XNPV_Ac-
count-V_XNPV_Account_P0,
            //当前会计科目债券净现值减去当前会计科目当天现金流
            ISBLANK(V_Account),V_XNPV_All-V_XNPV_All_P0
        )//所有债券净现值减去所有债券当前报告日现金流
    RETURN
        IF(V_Selection > 0,V_Selection)/[金额单位]
```

（2）应收利息。在数据表现金流与公允价值之中半年度付息债券在每一个报告日应收利息余额都为 0；年付利息债券在每年 6 月底有应收利息余额；固定单利到期支付利息的债券除了期初初始确认日和期末终止确认日之外，每一天都有应收利息余额。应收利息度量值比较简单，直接加总数据表中应收利息列金额，其次基于报告日、债券代码和会计科目对度量值的筛选，返

回每个报告日不同汇总维度的正确信息；最后返回显示大于 0 的金额。

```
    应收利息=
    VAR V_Int_Receivable=SUM('现金流与公允价值'[应收利息])/[金额
单位]
    RETURN
    IF(V_Int_Receivable>0,V_Int_Receivable)
```

（3）债券面值。债券面值是摊余成本组成部分，其特殊之处在于矩阵可视化对象中行轴与列轴都是来自现金流与公允价值表，而面值所在表为债券购入日基本信息表，跨表引用比较麻烦。不过，在 VRA 变量中使用 SE-LECTEDVALUE 函数先锁定矩阵当前行中的债券代码与会计科目为筛选条件，然后再以此筛选债券购入日基本信息表，即可成功跨表计算债券面值。

其次，只在报告日小于等于债券购入日基本信息表中到期日时，才将相应的债券面值纳入计算范围，使得债券终止确认日面值为空值或者为 0。

```
    债券面值=
    VAR V_Date=
        SELECTEDVALUE('现金流与公允价值'[报告日])
    VAR V_Bond=
        SELECTEDVALUE('现金流与公允价值'[代码简称])
    VAR V_Account=
        SELECTEDVALUE('现金流与公允价值'[会计科目])
    RETURN
        IF(
            ISBLANK(V_Bond),
            CALCULATE(
                SUM('债券购入日基本信息'[面值]),
                FILTER(
                    ALL('债券购入日基本信息'),
                    V_Account='债券购入日基本信息'[会计科目]
                        && V_Date<'债券购入日基本信息'[到期日]
                )
```

```
        )/[金额单位],
    CALCULATE(
        SUM('债券购入日基本信息'[面值]),
        FILTER(
            ALL('债券购入日基本信息'),
            V_Bond='债券购入日基本信息'[代码简称]
                && V_Date<'债券购入日基本信息'[到期日]
        )
    )/[金额单位]
    )
```

（4）折溢价。确定了摊余成本、应收利息与面值之后，确定折溢价就比较简单，公式核心部分是当会计科目等于债权投资或者其他债权投资时，计算"摊余成本""应收利息""债券面值"。

以下代码中定义两个 VAR 变量是为了减少重复书写，DAX 语句中双竖线"||"表示"或"，相当于 OR 函数，RETURN 结构中使用 IF 判断语句是为了最终显示计算结果时只显示不等于 0 的金额，使得矩阵中数据显示更加简洁。

```
折溢价=
VAR V_Account=SELECTEDVALUE('现金流与公允价值'[会计科目])
VAR V_Middle=IF(
V_Account="债权投资"||V_Account="其他债权投资",[摊余成本]-
[应收利息]-[债券面值])
RETURN
IF(V_Middle<>0,V_Middle,BLANK())
```

3. 摊余成本跨期变动

会计日常核算中是根据上一期摊余成本与本期现金流收入支出而得到的本期末摊余成本，计算公式如下：

$$AMC_{n+1}=AMC_n+Eff\_Int_n-Cash\_In_n$$

上一期摊余成本加上本期实际利息收入，再减去本期回收现金等于本期末摊余成本，各期之间构成变动平衡关系，如图 8-7 所示。

报告日	2023/1/1			2023/6/30			2023/12/31
代码简称	摊余成本	实际利息	回收现金	摊余成本	实际利息	回收现金	摊余成本
BD01	1,015	48	-50	1,013	49	-50	1,012
BD02	937	54	-50	941	56	-50	946
BD03	210	8	0	218	8	0	225
BD04	190	10	0	200	11	0	211
总计	2,352	121	-100	2,372	125	-100	2,397

图 8-7　摊余成本跨期变动

（1）上期摊余成本 。确定本期末摊余成本之后，我们借助 DAX 之中强大而灵活的嵌套调用结构，可以相对简单地得到上一期摊余成本。

首先逻辑上，第一期报告日的上期摊余成本为 0 或者空值，而第二期及以后的上一期摊余成本可以借助计算本期摊余成本的公式将期数减 1 之后调用上一期摊余成本计算公式而得，其计算原理首先是根据报告日与期数对应关系从当前报告日前推至上一个报告日；然后调用上一个报告日摊余成本度量值结果作为当前报告日的上一期摊余成本；最后 RETURN 结果中 IF 判断语句只有一个分支，省略的分支含义是期数为 1 时，返回空值（相当于 0）。

```
摊余成本_上期=
VAR V_Current_Period=
        SELECTEDVALUE('现金流与公允价值'[期数])
VAR V_Last_Date=
        CALCULATE(
                VALUES('现金流与公允价值'[报告日]),
                FILTER(ALL('现金流与公允价值'),'现金流与公允价值'[期
数]=V_Current_Period- 1)
                )
        RETURN
        IF(V_Current_Period >1,CALCULATE([摊余成本],'现金流与公
允价值'[报告日]=V_Last_Date))
```

（2）实际利息。实际利息等于上一期摊余成本乘以当期实际利率，历史上各期实际利息相加之和再加上债券初始买价（期初摊余成本）等于债券累计现金回收金额，如图 8-8 所示。

根据理顺的逻辑关系与数据结构构建矩阵可视化对象之后，实际利息度量值表达式非常简单。

报告日	2023/6/30			2023/12/31		
代码简称	摊余成本_上期	XIRR_HY	实际利息	摊余成本_上期	XIRR_HY	实际利息
BD01	1 015 000	4.7414%	48 125	1 013 125	4.8493%	49 130
BD02	936 526	5.7757%	54 091	940 617	5.9078%	55 569
BD03	210 000	3.5732%	7 504	217 504	3.6540%	7 948
BD04	190 000	5.2913%	10 053	200 053	5.4120%	10 827
总计	**2 351 526**	**5.1368%**	**120 793**	**2 372 319**	**5.2539%**	**124 639**

图 8-8　实际利息（部分）

```
实际利息=
[摊余成本_上期]*[XIRR_HY]
```

4. 验算

以上 Power BI 度量值计算摊余成本与实际利息的过程比较复杂，而且难以分步验证，所以我们将数据从 Power BI 中导出后，使用 Excel 重新计算与比较差异，以便增强读者对 DAX 计算原理的理解，增强信心，如图 8-9 所示。

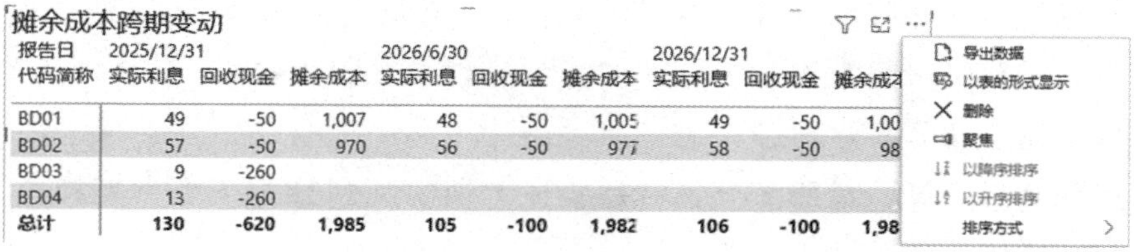

图 8-9　Power BI 导出数据

从 Power BI 中导出数据的方法是：选中可视化对象上方的三个点，然后单击鼠标左键“导出数据”选项即可。导出数据后可以在 Excel 中验证全部 10 个债券代码数据，但由于篇幅所限，以下仅以债券 BD01 数据为例，读者可以自行扩展验算范围。

（1）重新计算摊余成本跨期变动。

首先以 BD01 为例验证 Power BI 中算出的本期摊余成本、上一期摊余成本、实际利息与回收现金之间的关系，计算公式如下。

$$\mathrm{AMC}_{n+1}=AMC_n+\mathrm{Eff_Int}_n-\mathrm{Cash_}In_n$$

表 8-5　Excel 验算 BD01 摊余成本　　　　（单位：元）

代码	实际利息	回收现金	摊余成本	年月	摊余成本	差异
BD01			1 015 001	202301		—

代码	实际利息	回收现金	摊余成本	年月	摊余成本	差异
BD01	48 125	(50 000)	1 013 126	202306	1 013 126	—
BD01	49 129	(50 000)	1 012 256	202312	1 012 255	1
BD01	48 541	(50 000)	1 010 797	202406	1 010 797	—
BD01	49 017	(50 000)	1 009 813	202412	1 009 814	(1)
BD01	48 152	(50 000)	1 007 965	202506	1 007 965	—
BD01	48 879	(50 000)	1 006 844	202512	1 006 844	—
BD01	48 010	(50 000)	1 004 854	202606	1 004 854	—
BD01	48 728	(50 000)	1 003 583	202612	1 003 582	1
BD01	47 855	(50 000)	1 001 437	202706	1 001 438	(1)
BD01	48 563	(1 050 000)	—	202712	—	—

表 8-5 中，在 Excel 之中可以使用上一行摊余成本加当前行本期实际利息，扣减当前行回收现金得出本期摊余成本，然后与 Power BI 计算结果相比较，最大差异绝对值为 1，说明 Power BI 中计算逻辑正确。

（2）重新计算实际利息。

实际利息验算包括两部分，一是验证本期实际利息等于上一期摊余成本乘以本期适用的实际利率，即：

$$\text{Eff\_Int}_{n+1} = \text{AMC}_n \times \text{XIRR\_HY}$$

二是附带验证累计实际利息加上期初摊余成本等于债券合同现金流之和。

表 8-6　Excel 验算 BD01 实际利息　　　（单位：元）

代码简称	实际利息	回收现金	摊余成本	年月	XIRR_HY	实际利息	差异
BD01			1 015 001	202301			—
BD01	48 125	(50 000)	1 013 126	202306	4.741%	48 125	0
BD01	49 129	(50 000)	1 012 256	202312	4.849%	49 130	1
BD01	48 541	(50 000)	1 010 797	202406	4.795%	48 542	1
BD01	49 017	(50 000)	1 009 813	202412	4.849%	49 017	(0)
BD01	48 152	(50 000)	1 007 965	202506	4.768%	48 152	(0)
BD01	48 879	(50 000)	1 006 844	202512	4.849%	48 879	0
BD01	48 010	(50 000)	1 004 854	202606	4.768%	48 010	0
BD01	48 728	(50 000)	1 003 583	202612	4.849%	48 728	0

代码简称	实际利息	回收现金	摊余成本	年月	XIRR_HY	实际利息	差异
BD01	47 855	(50 000)	1 001 437	202706	4.768%	47 855	(0)
BD01	48 563	(1 050 000)	—	202712	4.849%	48 563	(0)
合计	484 999						

首先，验证实际利息与上一期摊余成本的关系。在表 8-6 中依据 BD01 的 Power BI 导出数据在 Excel 中重新计算，其中实际利息 EXCEL 一列的数据等于上一行摊余成本乘以当前行 XIRR_HY，差异列数据等于实际利息 EXCEL 减去实际利息 Power BI 列数据，差异一栏中最大数值为 1，说明 Power BI DAX 公式计算结果与我们的理解高度一致。

其次，累计实际利息、期初摊余成本与累计现金回收金额之间的关系如下。

$$实际利息收入＋期初摊余成本＝债券累计合同现金流$$

484 999＋1 015 001＝1 500 000＝1 000 000×（1＋10%×5）。这一点说明在实际利率法之下，预先付出的债券溢价再加上实际利息之和等于票面利息；而实际利率法按照债券资金占用计算利息收入能够更好地体现资金时间价值。

8.3.2 公允价值计量变动通过损益核算

公允价值计量变动通过损益核算相对简单，成交活跃的债券依赖报告机构外部获取公允价值，因此很少需要内部计算公允价值；虽然有少量债券需要借助模型估计公允价值，但是这超出了常规会计核算的范围，也不属于本小节内容。

1. 公允价值余额及跨期变动

在数据表现金流与公允价值中，每一只债券在每一个报告日都有公允价值金额，初始确认日公允价值等于获取成本，而到期日公允价值等于债券票面本金，持有期间公允价值随行就市而波动。从最为关键的当前报告日公允价值出发向前推一个报告期可以获取上一期公允价值，两期之间公允价值相减则得到公允价值变动金额。

将债券购入日基本信息表中会计科目字段等于交易性金融资产设置为 Power BI 报告页面级别筛选条件后，整个页面"FVPL-公允价值变动通过损益"

中的各种可视化对象都将仅仅显示交易性金融资产数据，如图 8-10 所示。

报告日 代码简称	2023/1/1 公允价值	公允价值_上期	公允价值变动	公允价值	2023/12/31 公允价值_上期	公允价值变动	公允价值
BD05	910	910	13	923	923	1	924
BD07	800	800	-6	794	794	-1	793
BD09	101	101	-1	100	100	-1	99
总计	1 811	1 811	6	1 817	1 817	-1	1 816

图 8-10　公允价值变动通过损益类债券主要财务数据（单位：万元）

（1）报告日公允价值。

由于前后报告日之间公允价值不存在依赖关系，因此可以按报告日、会计科目或债券代码筛选后加总以获取单一债券或会计科目或全部债券组合的公允价值；其次，债券到期日公允价值应该设定为 0，使得已结清债券公允价值随之清空；再次，由于摊余成本类债券不以公允价值计量，因此需要排除摊余成本债券公允价值，以保证公允价值度量值合计数口径准确；最后，还需要针对会计科目内部小计与跨会计科目汇总分别设计比较复杂的计算逻辑。

以下"公允价值"度量值表达式将在给定报告日返回 FVPL 与 FVOCI 两类债券个别与分组小计公允价值。

```
公允价值=
VAR V_Date=
        SELECTEDVALUE('现金流与公允价值'[报告日])
VAR V_Bond=
        SELECTEDVALUE('现金流与公允价值'[代码简称])
VAR V_Account=
        SELECTEDVALUE('现金流与公允价值'[会计科目])
VAR V_FV_Other=
    CALCULATE(
        SUM('现金流与公允价值'[公允价值]),
        FILTER(
            ALL('现金流与公允价值'),
            '现金流与公允价值'[会计科目]="其他债权投资"
```

```
                    && V_Date='现金流与公允价值'[报告日]
                    && V_Date<[终止确认日]
            )
        )
VAR V_FV_FVPL=
    CALCULATE(
        SUM('现金流与公允价值'[公允价值]),
        FILTER(
            ALL('现金流与公允价值'),
            '现金流与公允价值'[会计科目]="交易性金融资产"
                && V_Date='现金流与公允价值'[报告日]
                && V_Date<[终止确认日]
        )
    )
RETURN
    SWITCH(
        TRUE(),
        ISBLANK(V_Account),V_FV_Other+V_FV_FVPL,
        V_Account="债权投资"
            || V_Date>=[终止确认日],BLANK(),
        V_Account="其他债权投资"
            && ISBLANK(V_Bond),V_FV_Other,
        V_Account="交易性金融资产"
            && ISBLANK(V_Bond),V_FV_FVPL,
        CALCULATE(
            SUM('现金流与公允价值'[公允价值]),
            '现金流与公允价值'[代码简称]=V_Bond
                && V_Date='现金流与公允价值'[报告日]
        )
    )/[金额单位]
```

以上度量值表达式"公允价值"之中首先定义变量 V_Date、V_Bond、V_Account 分别对应当前报告日、债券代码简称与会计科目；然后定义两个根据会计科目求和的变量 V_FV_Other 与 V_FV_FVPL 对应其他债权投资与公允价值变动通过损益计量类别的公允价值；在 RETURN 部分确定各种场景下返回结果时，将总计（矩阵会计科目为空时）场景赋值为 V_FV_Other 与 V_FV_FVPL 之和，将"债权投资"类债券或者终止确认日所有债券公允价值赋值为空，将"其他债权投资"与"交易性金融资产"分别根据前述变量取值，最后一种情况是根据各个债券代码与报告日取公允价值。所有各种场景所生成结果都被金额单位度量值相除后批量转换成切片器中指定的数据显示单位。

（2）上一期公允价值。

初始确认日之后，以当前报告日对应的期数字段值减 1 得到上期数，再套用本期公允价值计算的度量值即得出上期公允价值，录入内容如下。

```
公允价值_上期=
VAR V_Period=
    SELECTEDVALUE('现金流与公允价值'[期数])
VAR V_Last_Date=
    CALCULATE(
        VALUES('现金流与公允价值'[报告日]),
        FILTER(ALL('现金流与公允价值'),'现金流与公允价值'[期
数]=V_Period- 1)
        )
RETURN
    IF(V_Period >1,CALCULATE([公允价值],'现金流与公允价值'
[报告日]=V_Last_Date))
```

（3）公允价值跨期变动。

初始确认日公允价值变动直接设为空值，随后除了终止确认日之外的各个后续计量日，以本期公允价值减去上一期公允价值即得到本期公允价值变动。由于最后一期债券到期后账面公允价值为 0，不可以简单使用到期日公允价值，但同时（没有违约的）债券到期日公允价值等于票面金额，所以使

用账面名义本金代替到期日公允价值得到最后一个报告期公允价值变动。

```
公允价值变动=
VAR V_Report_Date=SELECTEDVALUE('现金流与公允价值'[报告日])
VAR V_Period        =SELECTEDVALUE('现金流与公允价值'[期数])
VAR V_Nominal       = CALCULATE(SUM('债券购入日基本信息'[面
值]),'债券购入日基本信息'[会计科目]="交易性金融资产")/[金额单位]
RETURN
SWITCH(TRUE(),
V_Period=1,BLANK(),
V_Report_Date=[终止确认日],V_Nominal-[公允价值_上期],
[公允价值]-[公允价值_上期])
```

上述度量值"公允价值变动"中还引用了"终止确认日"度量值,详见后文初始确认日与终止确认日。

2. 其余相关度量值

与公允价值变动相关的度量值还有投资收益与回收现金等。

(1)投资收益。由于我们在前期假设本案例中所有公允价值变动通过损益的债券都只在收到票面利息时记录投资收益,因此在终止确认日之前,投资收益等于现金流与公允价值表之中回收现金金额的绝对值,也就是其相反数;而回收现金在到期日包含债券票面本金,所以在到期日的投资收益等于回收现金抵减债券面值。由于度量值债券面值还需要作为摊余成本的一部分在最后一期值设定为 0,所以不可以直接引用度量值债券面值,而是需要从债券购入日基本信息表出发而重新计算。以下投资收益的 DAX 语句体现了所分析的逻辑处理过程,最后 RETURN 结构中的 IF 语句是为了只显示正数投资收益,避免显示过多的 0。

```
投资收益=
VAR V_Date=
    SELECTEDVALUE('现金流与公允价值'[报告日])
VAR V_Bond_Nominal=
    SUM('债券购入日基本信息'[面值])/[金额单位]
```

```
VAR V_Middle=
    IF(V_Date<[终止确认日],[回收现金],V_Bond_Nominal+[回收
现金])
RETURN
    IF(-V_Middle>0,-V_Middle)
```

（2）回收现金。回收现金度量值底层数据来自现金流与公允价值表，以下 DAX 语句在会计科目小计层针对三个会计科目分别制定汇总逻辑，同时在会计科目内部保留债券代码与报告日为筛选条件；在汇总层次加总前述三个会计科目现金流金额以得到满足各个维度需求的数据。

```
回收现金=
VAR V_Period=
    SELECTEDVALUE('现金流与公允价值'[期数])
VAR V_Account=
    SELECTEDVALUE('现金流与公允价值'[会计科目])
VAR V_Cash_1=
    CALCULATE(SUM('现金流与公允价值'[现金流]),'现金流与公允
价值'[会计科目]="债权投资")
VAR V_Cash_2=
    CALCULATE(SUM('现金流与公允价值'[现金流]),'现金流与公允
价值'[会计科目]="其他债权投资")
VAR V_Cash_3=
    CALCULATE(SUM('现金流与公允价值'[现金流]),'现金流与公允
价值'[会计科目]="交易性金融资产")
RETURN
    SWITCH(
        TRUE(),
        V_Period=1,BLANK(),
        ISBLANK(V_Account),SUM('现金流与公允价值'[现金流]),
        V_Account="债权投资",V_Cash_1,
        V_Account="其他债权投资",V_Cash_2,
```

```
        V_Account="交易性金融资产",V_Cash_3,
        V_Cash_1+V_Cash_2+V_Cash_3
)/(-[金额单位])
```

（3）初始确认日与终止确认日。除了金额指标之外，初始确认日与终止确认日也非常重要。基于本章中的模拟数据，所有债券的初始确认日都在同一天，所以打破日期筛选之后取购入日即可。

```
初始确认日=
MINX(ALL('债券购入日基本信息'),[购入日])
```

终止确认日逻辑含义为在全部现金流与公允价值表中根据会计科目与债券代码筛选后求出当前债券的最大报告日。

```
终止确认日=
CALCULATE(
    MAX('现金流与公允价值'[报告日]),
    ALL('现金流与公允价值'),
    VALUES('现金流与公允价值'[会计科目]),
    VALUES('现金流与公允价值'[代码简称])
)
```

3. 会计分录

为了方便用户更好地理解与使用业务数据，我们使用 DAX 函数将数值转化为会计分录。基于列计算的 DAX 函数书写会计分录是一个有趣的全新挑战，不仅需要对不同资产类别的核算方式、相关会计科目和变动发生金额有非常清晰的认识，而且对 DAX 处理文本型数据的技能提出新要求。

（1）综合会计分录。

图 8-11 展示了使用 DAX 加工会计数据形成度量值转换而成的文本型会计分录，基于债券购入日基本信息表中会计科目字段为交易性金融资产的页面筛选条件。

度量值"分录－FVPL－综合"在各阶段报告日不同的文本型基础度量值组合而成。在初始确认日，调用初始确认会计分录；在初始确认日与终止确认日之间，调用投资收益与公允价值变动会计分录，并且以换行符 UNI-CHAR（10）拼接二者；在终止确认日，调用公允价值变动与终止确认会计分录，并且以换行符 UNICHAR（10）拼接二者。

公允价值计量变动通过损益债券-会计分录

代码简称	2024/12/31	2025/6/30	2025/12/31	2026/6/30	2026/12/31	2027/6/30	2027/12/31
BD05	借:银行存款 50 贷:投资收益 50 借:交易性金融资产 2 贷:公允价值变动 2	借:公允价值变动 9 贷:交易性金融资产 9	借:银行存款 50 贷:投资收益 50 借:交易性金融资产 44 贷:公允价值变动 44	借:交易性金融资产 3 贷:公允价值变动 3	借:银行存款 50 贷:投资收益 50 借:交易性金融资产 12 贷:公允价值变动 12	借:交易性金融资产 1 贷:公允价值变动 1	借:交易性金融资产 5 贷:公允价值变动 5 借:银行存款 1,050 贷:交易性金融资产 1,000 贷:投资收益 50
BD07	借:银行存款 40 贷:投资收益 40 借:交易性金融资产 9 贷:公允价值变动 9	借:公允价值变动 3 贷:交易性金融资产 3	借:银行存款 40 贷:投资收益 40 借:公允价值变动 1 贷:交易性金融资产 1	借:公允价值变动 9 贷:交易性金融资产 9	借:银行存款 40 贷:投资收益 40 借:交易性金融资产 7 贷:公允价值变动 7	借:公允价值变动 6 贷:交易性金融资产 1	借:交易性金融资产 6 贷:公允价值变动 6 借:银行存款 840 贷:交易性金融资产 800 贷:投资收益 40
BD09	借:公允价值变动 1 贷:交易性金融资产 1	借:交易性金融资产 1 贷:公允价值变动 1	借:公允价值变动 1 贷:交易性金融资产 1	借:公允价值变动 1 贷:交易性金融资产 1	借:交易性金融资产 1 贷:公允价值变动 1	借:公允价值变动 2 贷:交易性金融资产 2	借:交易性金融资产 1 贷:公允价值变动 1 借:银行存款 115 贷:交易性金融资产 100 贷:投资收益 15
总计	借:银行存款 90 贷:投资收益 90 借:交易性金融资产 10 贷:公允价值变动 10	借:交易性金融资产 7 贷:公允价值变动 7	借:银行存款 90 贷:投资收益 90 借:交易性金融资产 42 贷:公允价值变动 42	借:公允价值变动 7 贷:交易性金融资产 7	借:银行存款 90 贷:投资收益 90 借:交易性金融资产 20 贷:公允价值变动 20	借:公允价值变动 2 贷:交易性金融资产 2	借:交易性金融资产 12 贷:公允价值变动 12 借:银行存款 2,005 贷:交易性金融资产 1,900 贷:投资收益 105

图 8-11　公允价值变动通过损益类债券部分会计分录（单位:万元）

```
分录-FVPL-综合=
VAR V_Date=
        SELECTEDVALUE('现金流与公允价值'[报告日])
RETURN
        SWITCH(
        TRUE(),
        V_Date=[初始确认日],[分录-初始确认],
        V_Date<>[终止确认日],
                [分录-投资收益]& UNICHAR(10)&[分录-公允价值变动],
        V_Date=[终止确认日],
                [分录-公允价值变动]& UNICHAR(10)&[分录-FVPL-终
止确认]
        )
```

（2）会计分录组成部分。从以上分析可见，文本型度量值拼接方法类似在 EXCEL 中的处理，接下来我们将探讨如何使用度量值从数值型数据生成文本型会计分录。

4. 初始确认会计分录

初始确认的关键是首先根据矩阵外部行轴与列轴确定债券编号、会计科目及报告日，以初始确认日债券账面价值作为核心金额，将金额数值转化为文本，分别再加上借贷方记账符号、会计科目名称（借方为交易性金融资产，贷方为银行存款），以换行符连接借贷方单边会计分录。

```
分录-初始确认=
VAR V_Account=
    SELECTEDVALUE('现金流与公允价值'[会计科目])//设定资产类
别会计科目变量,后续据此确定入账日账面价值,
VAR V_Date=
    SELECTEDVALUE('现金流与公允价值'[报告日])
VAR V_Bond=
    SELECTEDVALUE('现金流与公允价值'[代码简称])
VAR V_Number=
    IF(
        ISBLANK(V_Bond),
        CALCULATE([账面价值],'现金流与公允价值'[会计科目]=
V_Account),
        [账面价值]
    )
VAR V_Text=
    "借:" & V_Account & " "
        & FORMAT(V_Number,"#,0")//账面价值对应债券初始成本
        & UNICHAR(10)//换行符号,使得两个会计科目分别显示在
两行
        & "贷:银行存款 "
        & FORMAT(V_Number,"#,0")//初始确认日需要付出银行存
款,对应债券入账成本
RETURN
    IF(V_Date=[初始确认日],V_Text,BLANK())
```

以上度量值［分录－初始确认］之中，首先通过变量 V_Account 、V_Date、V_Bond 分别确定会计科目、报告日和债券代码；然后在变量 V_Number 中指定核心金额，当债券代码为空时，返回按会计科目汇总的账面价值

小计金额，否则按债券代码返回账面价值；接着在变量 V_Text 中分借贷方拼接记账符号与会计科目以及文本格式的数字，再使用换行符连接借贷方会计分录。最后在 RETURN 部分指定在初始确认日返回变量 V_Text，其余报告日返回空值，IF 的第二参数（，BLANK（））省略后效果相同。

5. 投资收益会计分录

这一组分录比较简单，我们直接观察 RETURN 部分语句。当投资收益不为 0 时，拼接借方会计科目与格式化数字、换行符，以及贷方会计科目与格式化数字；当投资收益为 0 时，默认返回空值。

```
分录 - 投资收益 =
VAR V_Number_Text=
    FORMAT([投资收益],"#,0")
VAR V_Debit="借：银行存款 "
VAR V_Credit="贷：投资收益 "
RETURN
    IF(
        [投资收益]<>0,
        V_Debit & V_Number_Text
            & UNICHAR(10)& V_Credit & V_Number_Text
    )
```

6. 公允价值变动会计分录

下列这组分录比投资收益分录稍微复杂一些，由于公允价值变动可能是浮盈，也可能是浮亏；而浮盈时借方科目为交易性金融资产，贷方科目为公允价值变动；浮亏时借方科目为公允价值变动，贷方科目为交易性金融资产；所以借贷方会计科目需要根据公允价值变动度量值的正负方向而灵活变动。除此之外，公允价值变动分录结构与投资收益类似。

```
分录 - 公允价值变动 =
VAR V_Account=
    SELECTEDVALUE('现金流与公允价值'[会计科目])
VAR V_Number_Text=
    FORMAT(ABS([公允价值变动]),"# ,0")
```

```
VAR V_Debit=
    "借: "
        & IF([公允价值变动]>0,V_Account & " ","公允价值变动 ")
VAR V_Credit=
    "贷: "
        & IF([公允价值变动]>0,"公允价值变动 ",V_Account & " ")
RETURN
    IF(
        [公允价值变动]<>0,
        V_Debit & V_Number_Text
            & UNICHAR(10)& V_Credit & V_Number_Text
    )
```

7. 终止确认会计分录

终止确认日，收回相当于债券本金与票面应收利息的银行存款记借方发生额；两个贷方科目与发生额：一是贷记债券回收金额扣除投资收益部分（相当于债券公允价值）；二是贷记投资收益。

```
分录-FVPL-终止确认=
VAR V_Date=
    SELECTEDVALUE('现金流与公允价值'[报告日])
VAR V_Account=
    SELECTEDVALUE('现金流与公允价值'[会计科目])
VAR V_Cash_Final=
    CALCULATE(SUM('现金流与公允价值'[现金流]),'现金流与公允
价值'[会计科目]=V_Account)/[金额单位]
VAR V_Cash_Text=
    FORMAT(V_Cash_Final,"#,0")
VAR V_Invt_Income_Text=
    FORMAT([投资收益],"#,0")
VAR V_Nomial_Text=
    FORMAT(V_Cash_Final - [投资收益],"#,0")
```

```
VAR V_Debit="借：银行存款 " & V_Cash_Text
VAR V_Credit_1="贷：" & V_Account & V_Nomial_Text
VAR V_Credit_2="贷：投资收益" & V_Invt_Income_Text
RETURN
    IF(
        V_Date=[终止确认日],
        V_Debit & UNICHAR(10) & V_Credit_1
            & UNICHAR(10) & V_Credit_2
    )
```

8.3.3 以公允价值计量且变动通过其他综合收益核算

《企业会计准则》规定，以公允价值计量且变动通过其他综合收益类债券（简称 FVOCI）按照实际利率法计算摊余成本与实际利息，报告日以公允价值为账面价值，账面价值与摊余成本之间的差异计入其他综合收益，FVOCI 部分也不讨论以 DAX 函数书写会计分录。

1. 其他综合收益

其他综合收益度量值非常简单，只需要限定会计科目后，以公允价值减去摊余成本即可，录入信息如下，生成图 8-12。

公允价值层次结构

报告日	2023/1/1						2023/6/30					
代码简称	债券面值	折溢价	应收利息	摊余成本	其他综合收益	公允价值	债券面值	折溢价	应收利息	摊余成本	其他综合收益	公允价值
BD06	700	-7		693	0	693	700	-7	14	707	-4	704
BD08	900	9		909	0	909	900	8		908	-15	892
BD10	200	-4		196	0	196	200	-4		196	3	199
总计	1,800	-2		1,798	0	1,798	1,800	-3	14	1,811	-16	1,795

图 8-12　FVOCI 债券公允价值层次结构

```
其他综合收益=
IF(SELECTEDVALUE('现金流与公允价值'[会计科目])="其他债权投
资",[公允价值]-[摊余成本])
```

FVOCI 类债券摊余成本、实际利息收入等与 AMC 类债券相同。

2. 账面价值

财务报告中对三种计量方式的债券最终都将形成账面价值。虽然可以分别使用公允价值与摊余成本两个度量值分别作为三类金融资产的账面价值，但是数值分别处于两列，不方便用户理解与调用。在介绍三种债券核算方式之后，有必要将摊余成本与公允价值统一到一个字段中以统一显示与调用，设计账面价值这样一个综合度量值，使得其适用范围不局限于 FVOCI 类金融资产。效果如图 8-13 所示，Power BI 实例参见报告页面"账面价值"。

债券期末价值									
报告日	2023/1/1			2023/6/30			2023/12/31		
会计科目	公允价值	摊余成本	账面价值	公允价值	摊余成本	账面价值	公允价值	摊余成本	账面价值
□ 债权投资		235	235		237	237		240	240
BD01		102	102		101	101		101	101
BD02		94	94		94	94		95	95
BD03		21	21		22	22		23	23
BD04		19	19		20	20		21	21
□ 其他债权投资	1,798	1,798	1,798	1,795	1,811	1,795	1,779	1,798	1,779
BD06	693	693	693	704	707	704	690	694	690
BD08	909	909	909	892	908	892	891	907	891
BD10	196	196	196	199	196	199	199	197	199
□ 交易性金融资产	1,811	1,811	1,811	1,817	1,864	1,817	1,816	1,829	1,816
BD05	910	910	910	923	942	923	923	925	923
BD07	800	800	800	794	819	794	793	800	793
BD09	101	101	101	100	102	100	99	104	99
总计	3,609	3,844	3,844	3,612	3,912	3,849	3,595	3,867	3,835

图 8-13　债券账面价值（单位：万元）

以下账面价值度量值需考虑报告日、债券代码、会计科目三个维度筛选条件，在初始确认日按照引用与公允价值（期初买价）作为账面价值，然后在后续计量日分别采用 AMC 类债券的摊余成本，以及对 FVPL 与 FVOCI 类债券分别采用公允价值作为账面价值。

在综合度量值账面价值之中计算摊余成本时，只能够使用债权投资的内含收益率，否则底部汇总行将使用全部三类债券的组合实际收益率，导致三类资产账面价值汇总后数据不等于分组小计之和。

```
账面价值=
VAR V_Date=
    SELECTEDVALUE('现金流与公允价值'[报告日])
VAR V_Bond=
    SELECTEDVALUE('现金流与公允价值'[代码简称])
VAR V_Account=
    SELECTEDVALUE('现金流与公允价值'[会计科目])
VAR V_AMC=
    ROUND(
```

```
            XNPV(
                FILTER(
                    ALL('现金流与公允价值'),
                    '现金流与公允价值'[报告日]>V_Date
                        &&('现金流与公允价值'[会计科目]="债权
投资")
                ),
                '现金流与公允价值'[现金流],
                '现金流与公允价值'[报告日],
                [XIRR_债权投资]
            )/(1+[XIRR_债权投资_HY]),
            0
        )/[金额单位]
    VAR V_FVOCI=
        CALCULATE([公允价值],'现金流与公允价值'[会计科目]="其他
债权投资")
    VAR V_FVPL=
        CALCULATE([公允价值],'现金流与公允价值'[会计科目]="交易
性金融资产")
    RETURN
        SWITCH(
            TRUE(),
            V_Date=[初始确认日],[摊余成本],
            V_Account="债权投资",[摊余成本],
            V_Account="其他债权投资",[公允价值],
            V_Account="交易性金融资产",[公允价值],
            ISBLANK(V_Account),
                V_AMC+V_FVOCI+V_FVPL,
            BLANK()
        )
```

（1）债券出售。

为了避免陷入过于复杂的业务场景，出售场景的数据与债券日常核算保持独立，本部分单独设置一张出售数据表承载出售相关的业务数据，也不因为出售而修改日常核算会计分录。

出售日期设定为 2025 年 12 月 31 日，分成数据与分录两部分分别展开。

（2）会计数据，如图 8-14 所示。

以债券会计科目和债券代码为两级行标签，以出售价款、出售成本和买卖价差为度量值，可以直观展现债券出售数据。由于债券出售数据全部在一张表中，而且仅发生在一个日期，因此度量值非常简单。

会计科目	出售价款	出售成本	买卖价差
⊟ 交易性金融资产	1,920	1,879	41
BD05	1,006	979	28
BD07	405	399	7
BD09	509	502	7
⊟ 其他债权投资	12,481	12,596	-115
BD06	3,487	3,476	12
BD08	8,994	9,121	-127
总计	14,401	14,475	-74

图 8-14　债券出售报告（单位：元）

> 出售价款＝
> SUM('债券出售'[总售价])/[金额单位]

> 出售成本＝
> SUM('债券出售'[账面价值])/[金额单位]

> 买卖价差＝
> SUM('债券出售'[买卖价差])/[金额单位]

（3）会计核算分录。

在确定会计核算数据度量值之后，使用文本函数拼接，即生成债券出售的会计分录。图 8-15 中"＋"符号如在 Power BI 中展开后将得到各债券产品会计分录文字与数据。

会计科目	出售会计分录
⊞ 交易性金融资产	借：银行存款 1 920 385 贷：买卖价差 41 245 贷：交易性金融资产 1 879 140
⊞ 其他债权投资	借：银行存款 12 480 735 借：买卖价差 115 365 贷：其他债权投资 12 596 100

图 8-15　债券出售会计分录（单位：元）

> 出售会计分录＝
> VAR V_Account_Type＝

```
        SELECTEDVALUE('债券出售'[会计科目])
    VAR V_Money__Formatted=
        FORMAT([出售价款],"借:银行存款#,#")//设置出售所获价款的
格式与相关科目字符
    VAR V_Cost_Formatted=
        FORMAT([出售成本],"贷:" & V_Account_Type & "#,#")//设置出
售成本的格式与相关科目字符
    VAR CRDR=
        IF([买卖价差]>0,"贷:","借:")//设置投资收益借贷符号
    VAR Y=
        FORMAT(ABS([买卖价差]),"买卖价差 " & "#,#")//设置投资收益
买卖价差的格式与相关科目字符
    RETURN
        IF(
            ISBLANK(V_Account_Type),
            BLANK(),
            //会计科目为空也就是总计栏目,不汇总;因为不同会计科目
的数据相加没有意义
            IF(
                [出售成本]>0,
                V_Money__Formatted & UNICHAR(10) & CRDR & Y
                    & UNICHAR(10) & V_Cost_Formatted
            )
        )
    //
```

当出售成本大于 0 时。拼接以上字符串,避免对没有出售业务的债券形成空白内容。

第九章　贷款本金利息核算

　　贷款，是银行最主要的资产。贷款与存款和债券有相似之处，都是按期计息金融工具。总体而言，贷款会计核算比存款复杂很多，主要由于贷款本金和利息存在分期回收，贷款利率在持续期间内可能会被调整，同时贷款需要报告资产质量，按信用风险计量减值准备；贷款核算又比债券简单一些，除了极少数情况下可能收取的前端费等特例之外，不需要贷款本金考虑折价和溢价。到期还本贷款会计核算相对简单，与存款相似度较高。

9.1 到期还本贷款概述

我们将分步骤介绍本金在期初一次性发放以及期末一次性偿还的贷款产品本金与利息核算方式，包括利息分期收取，到期与本金合并收取，先收取利息（贴现）等不同形式。

9.1.1 普通贷款

期初一次性发放本金，到期还本的普通贷款一般按照季度收息，其本金与利息核算相对于分期还本的要简单；到期按固定利率还本付息的普通贷款本息核算类似定期存款；分期付息到期还本的普通贷款核算可以部分参照金额不变的活期存款，利率变动时处理方式也可以参照前文活期存款部分。

1. 贷款发放

贷款发放时，借记银行贷款资产科目，再根据贷款资金去向，贷记对应项目。而按照贷款资金划转方式分两种情况处理：

第一种方式，直接将款项划入客户存款账户由客户自主支配使用，这种情况下一方面增加本行贷款资金占用，另一方面增加客户存款。会计分录如下。

借：普通贷款

　　贷：客户存款

第二种方式，按照客户指令通过银行业网络从本行在联行、同业或者央行的清算渠道对外划拨贷款发放金额时，一方面增加普通贷款，同时减少本行在其他银行业机构的资产。

借：普通贷款

　　贷：联行往来、存放同业，或存放央行等

2. 贷款回收

贷款回收与发放的会计科目相同，而分录方向相反。如果是从客户存款账户扣款，那么同时减少客户存款与普通贷款。

借：客户存款

　　贷：普通贷款

如果是通过联行、同业和存放央行等本行在银行网络之中的清算渠道收款，那么增加以上联行、同业、央行账户资金，减少贷款。

借：联行往来、存放同业，或存放央行等

　　贷：普通贷款

3. 利息预提

为了精确核算损益，银行贷款系统会在工作日每天计提利息，按照贷款合同年利率折算为日利率和贷款本金相乘得出日利息，一边增加应收利息，另一边增加利息收入。

借：应收利息

　　贷：利息收入

4. 利息收取

在贷款合同约定的收息日，银行按照累计应收利息向客户收款，从客户存款账户扣款，在成功收款的正常情况下，结清应收利息，减少客户存款。

借：客户存款

　　贷：应收利息

如果无法成功收款，那么逾期利息金额不做以上会计分录。逾期一定时间后，甚至此前计提的应收利息和利息收入会被冲回。

9.1.2　贸易融资

贸易融资也是一种常见的贷款产品形式，通常期限较短，因此在到期日收取利息的形式更为常见。与普通贷款相比，以外币发放和回收的贸易融资更多见。虽然贸易融资贷款与普通贷款会计处理大致相同，但是在业务背景与流程方面还有一些区别：

1. 基于贸易业务与单证

顾名思义，贸易融资通常以国际贸易为背景，而提货单、发运单、装箱单等贸易单据经常就成为贸易融资授信合同中的重要基础凭证，在很多时候，以承兑信用证所附票据或者提货单作为贸易真实性证明资料，以及放款抵质押物。提货单日期与信用证通知付款日期等成为重要业务环节判断标志。

2. 涉及较多参与方

贸易融资比贷款涉及更多参与方，通常包括四方：首先是实体经济中进口方与出口方，或者买卖双方，然后买卖双方各自背靠当地银行提供授信、收单和交单等金融服务，还会涉及进出口方各自所在地两家银行；参与贸易融资交易的银行之间直接互相联系与授信，银行参与贸易融资业务的基础是对自身当地客户资信与业务的充分了解。

普通贷款通常仅涉及银行、借款人，以及可能有的担保人，没有贸易融资业务复杂。

9.1.3 贴现

贴现是以商业票据为质押物的放款，比普通贷款期限短，利率低且固定不变。贴现业务现金流回收只发生在业务终止日。而贷款利息回收可能在合同期内多次发生。

贴现业务在初始发生日就先扣除按照票面本金与贴现率计算的贴现利息，将票面本金扣除贴现息之后的净额作为放款金额，到期后收取票面金额。即贴现业务形式上为先收息，而前述普通贷款业务是后收息。

1. 无息票据与有息票据

无息票据到期只按票面金额付款，票据本身不存在利息。而有息票据到期时，企业除了需要偿还票面金额外，还需要支付按面值、票面利率和票据期限计算的利息。

无息票据和有息票据贴现利息金额都依据票据到期日价值，贴现利率和贴现期间数三个要素计算得出，只是票据到期日价值的确定方法存在差异，计算公式如下。

$$贴现利息＝票据到期日价值×贴现日利率×贴现期间日期数$$

$$无息票据到期日价值＝票据面值$$

$$有息票据到期日价值＝票据面值×（1＋票面年利率×计息天数÷每年天数）$$

2. 日利率法与实际利率法比较分析

贴现属于各项贷款，严格意义上应按金融工具会计准则要求以实际利率法核算摊余成本，即使用期初贴现放款金额作为初始确认金额，以到期价值减去贴现放款金额作为未来累计账面利息收入，在贴现期内按照实际利率计算应收利息和利息收入。由于到期后才收取利息，所以每一期利息叠加计入本金，复利效应导致每一时间段利息收入逐步升高。

实务中简化的日利率法是使用到期价值乘以每日名义利率计算每一天的

预提利息。在这种方法下，每日利息收入和应收利息发生额固定，在整个票据贴现期间内每一天利息收入相等。但是与实际利率法计算的利息收入在各期之间存在差异。

由于贴现期间通常较短，日利率法与实际利率法间差异金额对各期损益影响不大，计算简单，容易理解，因此在实务中仍然大量使用日利率法。

9.2 分期还本贷款

分期还本贷款有两种常见方式，即等额本金与等额本息；银行办理个人房屋按揭贷款时，会提供这两种方案供选择。虽然分期还本贷款合同现金流特征与普通贷款不同，本金与利息数据更加复杂，但是反映贷款发放、回收、利息计提及收取的借贷会计科目与普通贷款性质相同。因此一旦确定贷款合同现金流之后，参考到期还本贷款本金与利息的会计核算分录即可确定会计处理，以下将在案例中深入探讨如何确定这两种还本付息方式之下的贷款合同现金流数据。

9.2.1 数据表与基础度量值

如图 9-1 所示，在 Power BI 示例文件中，一共有 8 个数据表，除了没有数据的度量值表 0_Measure 之外，其余表还可以分成两组，通过菜单直接创建的参数表以及通过 DAX 表达式创建的备选值表。依托于备选值表与参数表，衍生出各种度量值用于业务场景数据计算。

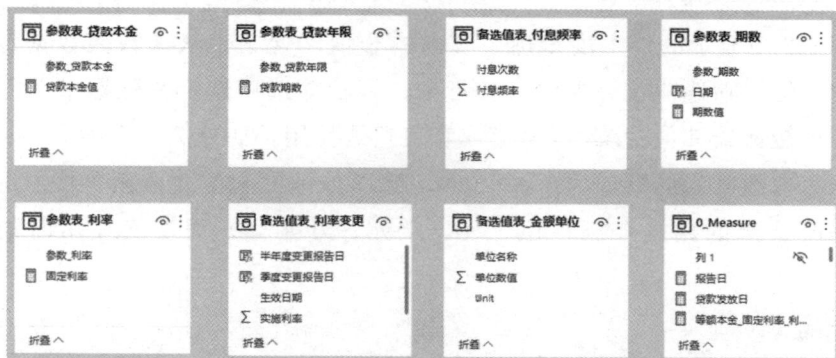

图 9-1　分期还本数据表

本案例中不需要业务明细数据表，也不需要在表间建立一对多数据关系；所有数据都依据参数表与备选值表生成；表间主要通过切片器、矩阵横轴纵轴以及 DAX 表达式传递逻辑关系。

1. 参数表与相关度量值

生成参数表比较简单，通过菜单工具栏与弹出窗体而创建，初始形态是以一列数值为基础的数据表，以及伴生的切片器与度量值，一共三个元素；创建参数表时，Power BI 会自动生成关于参数列以及参数度量值的 DAX 表达式；参数度量值表达式可以修改，但是参数度量值不可被移动到其他表中；参数表已生成的数据列旁可新增计算列。

2. 贷款本金表与贷款本金度量值

贷款本金参数表作用是形成贷款初始本金系列值，以便观察多本金水平之下的贷款分期还本付息现金流；参数表主体是参数列（参数_贷款本金），还伴生一个自动生成的度量值贷款本金值，以及在 Power BI 画布中自动生成的切片器。

图 9-2 所示视图中可见，本参数表相伴有生成数据表与生成度量值两组 DAX 表达式，其中数据列名为"参数_贷款本金"，是一个数据范围从 100 万元到 1 000 万元，以 100 万元为步长的等差数列。

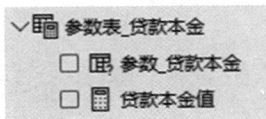

图 9-2 贷款本金参数表图例

```
参数表_贷款本金=
GENERATESERIES(1000000,10000000,1000000)
```

图 9-2 中显示的伴生度量值"贷款本金值"含义是从参数表数据范围中根据切片器、筛选器及可视化对象行轴、列轴筛选后选定具体数值为贷款本金值，再传递给其他 DAX 度量值或者表达式使用，如外部没有筛选，那么返回由第二参数确定的默认值 1 000 000；除以分母度量值［金额单位］的含义是根据所选定的数据金额单位（元、千元、万元等）而切换显示时的数据单位。

```
贷款本金值=
SELECTEDVALUE('参数表_贷款本金'[参数_贷款本金],1000000)/[金
额单位]
```

3. 贷款年限表与贷款期数度量值

这一组参数表及度量值用于形成连续可选择的贷款年限，并且根据贷款年限与年付息次数生成贷款期数值。

贷款年限参数表是从第 0 年到第 30 年，以 1 为步长递增的数列。

```
参数表_贷款年限=
GENERATESERIES(0,30,1)
```

贷款期数等于贷款年限乘以年付息次数。例如，5 年期按月付息贷款期数等于贷款年限 5 乘以 12，即 60。年付息次数根据下文中人工创建的付息频率表与年付息次数度量值由手工输入设定；默认值为 12，对应按月还本付息的场景；也可以选择设定为 4、2、1 等，分别对应季付、半年付、年付。

```
贷款期数=
SELECTEDVALUE('参数表_贷款年限'[参数_贷款年限])*[年付息次数]
```

4. 期数、日期表与报告日度量值

虽然前文中定义了贷款期限度量值，但是度量值无法作为可视化对象的横轴或者纵轴。如果希望观察各期贷款现金流数据，必须将期数参数表中数据列作为 Power BI 可视化对象观察维度，并基于参数数据列设置应还本金、利息度量值以计算各期现金流数值。除此之外，数据模型中还需要新建名为日期的计算列，以便在期数、贷款发放日和利率变更日之间建立更加直观的关系。

图 9-3 中期数列作为 Power BI 矩阵或者表的行轴，所包含数据是从 1 到 360 的正整数序列，所以本节附件案例中可以最多支持贷款期限 30 年，按月付息贷款数据展示。如果希望展示更多贷款期数，那么可以将 360 调整为更大的可以被 12 整除的正整数。

```
参数表_期数=
GENERATESERIES(1,360,1)
```

由于期数表仅仅相当于一个数据范围，所以还需要确定期数之后才可以用于计算各期数据；Power BI 在创建参数表时，总是会创建一个依据于参数数据列的使用 SELECTEDVALUE 函数确定具体数值的度量值，代表参数数据列中被选定的当前内容。期数值度量值根据外部筛选从上述期数列表中返

回一个特定数值，然后作为其他 DAX 表达式引用条件以计算特定期间贷款本金利息数值。例如求解特定报告期贷款的本金与利息发生额。

图 9-3　期数参数表与日期计算列及期数度量值

```
期数值＝
SELECTEDVALUE('参数表_期数'[参数_期数])
```

为了在期数、贷款期间和贷款利率报告日建立更加直观与紧密的联系，我们还可以新增名为"日期"的计算列，其 DAX 表达式含义是从贷款发放日当月月末开始，以 1 个月为增量获取各月末日期。

DAX 表达式具体含义是：由于期数从 1 开始，减 1 后等于 0；也就是计算列日期的第二参数从 0 开始，说明该计算列第一个日期值等于贷款发放日所处当月月末。本案例中贷款发放日为 2023 年 7 月 1 日，因此日期计算列第一个值为 2023 年 7 月 31 日。

```
日期＝EOMONTH([贷款发放日],'参数表_期数'[参数_期数]-1)//计算列
```

新建日期计算列之后，通过以下报告日度量值可以直观地获取期数所对应月底日期：

```
报告日＝
VAR V_Step＝12/[年付息次数]
RETURN IF([期数值]<=[贷款期数],IF([年付息次数]=12,EOMONTH([贷款发放日],[期数值]-1),EOMONTH([贷款发放日],-MOD(MONTH([贷款发放日]),V_Step)+[期数值*V_Step)))
```

● "V_Step＝12/［年付息次数］"是由度量值［年付息次数］确定的以月

数表示的每年度还本付息周期，也就是几个月还本付息一次。

- 判断条件"［期数值］＜＝［贷款期数］"是为了仅仅在贷款期数范围之内才显示报告日，超出贷款期数范围之后则返回空值而不显示，这样会使得矩阵可视化对象更加简洁。

- 当"［年付息次数］＝12"时，即按月付息情况下，报告日系列等于从贷款发放日开始的各个月底。

- 当"［年付息次数］＜＞12"时，即并非按月付息时，根据贷款发放所在月数与还本付息周期的数量关系而调整。

5. 利率表与多水平固定利率度量值

利率参数表作用是生成可以在序列范围内选择的利率值系列，用于观察不同利率水平之下，相同贷款本金的现金流。初始创建时，生成一个参数表与一个基于 SELECTEDVALUE 函数的简单度量值；参数表中数据列代表利率范围，度量值返回具体数值。

本案例中利率表参数数据列是从 4％到 6％，步长为 0.25％，默认值为 5.25％的等差数列。在 Power BI 报表视图中点击一级菜单建模，选择子项新建参数，选择数据类型为定点小数，然后输入最小值 0.04、最大值 0.06 以及增量（步长）0.002 5 与默认值 0.052 5 即可创建利率参数表，如图 9-4 所示。

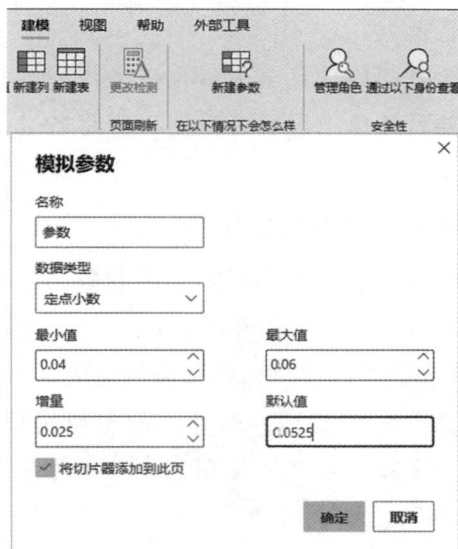

图 9-4　新建百分比参数表

```
参数表_利率=
GENERATESERIES (CURRENCY (0.04), CURRENCY (0.06), CURRENCY
(0.0025))
```

以下名为固定利率的度量值在 Power BI 自动生成的 SELECTEDVALUE
函数基础上添加一层逻辑判断，当［期数值］<=［贷款期数］时，返回贷
款利率，否则显示为空值。这样做是为了保持 Power BI 报告可视化对象简
洁；当［期数值］>［贷款期数］时，也就是最后一期贷款本金已经结清之
后，即不再显示贷款利率。这种为了改善显示效果而添加的逻辑判断在本书
案例中还有许多。

```
固定利率=
IF([期数值]<=[贷款期数],SELECTEDVALUE('参数表_利率'[参数_利
率],0.0525))
```

6. 备选值表与相关度量值

参数表的局限性在于只能够生成单列数值型参数，无法生成文本型数据；
也无法一次性生成多列数据；某些复杂的场景参数序列无法简单以整数或者
分数表示。例如年度付息频率可能有 1、2、4、12 四种方式，难以找到简单
而统一的等差公式。所以我们有时候需要通过自定义 DAX 表达式而创建用于
构建可选项列表的备选值表。

备选值表一般至少有两列，且至少包含一个作为标签的文本列和一个作
为值的数据列，还需要另外单独设置度量值以便将备选值表中具体数据用于
Power BI 报告。

7. 付息频率表与年付息次数度量值

贷款付息频率可以决定不同的合同现金流期数与金额，所以有必要新建
一张参数表以计算与观察不同付息频率下贷款本金与利息收付。

以下 DAX 表达式将创建包含付息频率与付息次数的两列数据表，以字符
表示的付息频率列作为切片器选项，另外一列是相应频率的年度付息次数；
名义年利率除以年付息次数后转换为每期利率，年付息次数再乘以贷款年限
将生成贷款还款期数。

```
备选值表_付息频率=
SELECTCOLUMNS(
    {("半年",2),("季",4),("月",12)},
    "付息频率",[Value2],
    "付息次数",[Value1]
)
```

为了在以上备选值表中根据所选定付息频率提取出具体付息次数，还应增设年付息次数度量值将文本付息频率与付息次数相互配合使用，一旦选定文本型付息频率，那么同时也将确定付息次数数值；选择半年相当于每年付息 2 次；选择季相当于每年付息 4 次；选择月相当于每年付息 12 次；不做任何选择时，SELECTEDVALUE 函数第二参数将默认付息频率设置为 12，也就是当报告页面没有切片器或者未设置切片器筛选时，默认年付息次数为12，这时年利率据此将转换为月利率。

```
年付息次数=
SELECTEDVALUE('备选值表_付息频率'[付息频率],12)
```

以上年付息次数度量值被年度名义利率相除之后将转换为每一个付息期间所适用利率，如果与贷款年限相乘后将得到贷款付款期数。

8. 利率变更表

利率变更表有利率生效日期与实施利率两列，分别容纳不同期间适用的贷款利率，用于模拟贷款利率变化情景。以下是创建利率变更表的 DAX 表达式。

```
备选值表_利率变更=
SELECTCOLUMNS(
    {
        (DATE(2022,3,21),0.0525),
        (DATE(2023,8,25),0.055),
    },
    "生效日期",[Value1],
    "实施利率",[Value2]
)
```

生成利率变更表之后，由于不同还本付息周期开始日期与周期长度不一样，所以还需要以计算列形式生成每一个利率生效日所对应的月度、季度、半年度计息周期在利率变更后的第一个报告日。以季度付息周期为例，使用 MOD 函数判断当前月数除以 3 的余数，当月数可以被 3 整除时，直接在当前月数之上再加 3；否则扣减当前月数除以 3 的余数之后再加两倍周期长度（6）。

```
季度变更报告日=
VAR V_Mod=
    MOD(MONTH([生效日期]),3)
RETURN
    IF(
        V_Mod= 0,
        EOMONTH('备选值表_利率变更'[生效日期],3),
        EOMONTH('备选值表_利率变更'[生效日期],-V_Mod+6)
    )
```

半年度依次类推，将代表付息周期的 3 放大到两倍，即 3 换成 6，6 换成 12。按月付息最简单，变更报告日为下个月底。

9. 浮动利率度量值

与付息频率备选值表类似，我们需要设置浮动利率度量值，以便根据报告日或者期间数以及付息频率选定所适用的浮动利率。

由于本小节案例的前提假设是当利率变化时，从利率变化的下一个计息周期期初开始适用新利率计算利息，所以需要在度量值表达式中体现这样的逻辑关系。

```
浮动利率=
VAR V_Effective_Date=
    SWITCH(
        TRUE(),
        [年付息次数]=12,MAX('备选值表_利率变更'[月度变更报告日]),
        [年付息次数]=4,MAX('备选值表_利率变更'[季度变更报告日]),
```

```
                    [年付息次数]=2,MAX('备选值表_利率变更'[半年度变更报
        告日])
            )
        VAR V_Rate_Before=
            CALCULATE(
                VALUES('备选值表_利率变更'[实施利率]),
                '备选值表_利率变更'[生效日期]=MINX('备选值表_利率变
        更','备选值表_利率变更'[生效日期])
            )
        VAR V_Rate_After=
            CALCULATE(
                VALUES('备选值表_利率变更'[实施利率]),
                '备选值表_利率变更'[生效日期]=MAXX('备选值表_利率变
        更','备选值表_利率变更'[生效日期])
            )
        RETURN
            SWITCH(
                TRUE(),
                [期数值]>[贷款期数],BLANK(),
                [报告日]>=V_Effective_Date,V_Rate_After,
                V_Rate_Before
            )
```

在以上浮动利率度量值的 DAX 表达式之中，首先根据年度付息次数确定下一个还本付息周期起始生效日 V_Effective_Date；其次在只有两行数据的利率变更表中选择最小日期所在行的利率作为变更前利率，最大日期所在行对应利率为变更后利率；最后当报告日大于等于利率变更周期起始生效日时，采用变更后利率，否则采用变更前利率。报告日度量值表达式及其含义参见前文期数与日期表以及报告日度量值。

10. 金额单位表与金额单位度量值

以下表达式生成含金额单位名称，元、千、万及相应数值的表，以切换

数据显示单位。

```
备选值表_金额单位=
SELECTCOLUMNS(
    ){("One","元",1),("K","千",1000),("10K","万",10000)},
    "Unit",[Value1],
    "单位名称",[Value2],
    "单位数值",[Value3]
)
```

有了金额单位表之后，再设置金额单位度量值根据切片器输入值确定数值单位，并且在 SELECTEDVALUE 函数中设定第二参数默认不做选择时，数据单位为万元。

```
金额单位=
SELECTEDVALUE('备选值表_金额单位'[单位数值],10000)
```

11. 贷款发放日

基础度量值将用于两种分期还本贷款产品的多种场景，包括报告日、贷款发放日、浮动利率、金额单位、年付息次数等。除贷款发放日外，其余基础度量值需要依赖备选值表或者参数表而设置的 DAX 表达式已在前文介绍。

设置贷款发放日度量值的意图是通过可变输入值观察不同场景的贷款本金利息现金流。由于无法简单地根据日期型数据创建参数表，因此案例中直接以度量值确定贷款发放日，后续修改 DAX 表达式 DATE 函数中的参数可以改变贷款发放日。贷款发放日无法像操作参数表度量值一样使用切片器或者滑竿调节。

为了充分观察多种利率变更场景之下浮动利率测算效果，设置贷款发放日时还应该与利率变动期间相配合。利率变更表中两个日期分别是 2022 年 3 月 21 日与 2023 年 8 月 25 日。如果将贷款发放日设置早于 2022 年 3 月 21 日，那么将缺失贷款发放日相对应日期的浮动利率而报错；如果贷款发放日迟于 2023 年 8 月 25 日，那么贷款利率变更表中的第一阶段变更日期将不产生作用，而减少一个检验 DAX 表达式计算浮动利率分期还款贷款本金利息正确性的机会。

由于会计报告日通常在月末，利息计算分别考虑从自然月、季度与半年度周期开始时最为简单。所以笔者将贷款发放日设置于利率变更表最早的两个日期档次 2022 年 3 月 21 日与 2023 年 8 月 25 日之间，同时也是下半年的第一天，具体为 2023 年 7 月 1 日。

```
贷款发放日=
DATE(2023,7,1)
```

9.2.2 等额本金

等额本金还款方式之下，每一期还本金额相同，利息支付金额不同。由于未偿还本金随着每一期还款而逐渐减少，每一期还款金额之中的利息也同步降低，同时每期还款金额中本金不变，因此每一期还款本金与利息小计也随之降低。本小节内容根据利率是否浮动分成固定浮动利率与浮动利率两种场景。

无论利率是否调整，等额本金每一期本金还款金额与累计本金还款金额都不变。但是当利率调整时，根据期初余额乘以最新适用利率所得的每期利息将会发生改变，所以固定利率与浮动利率两种场景区别在于利息现金流金额。

1. 固定利率等额本金

多水平固定利率等额本金还本付息计划表的核心是将原始本金除以还款期数得出每期还本金额，剩余本金等于原始本金减去已还本金，每期利息等于期初本金乘以适用利率。

2. 可视化对象布局

图 9-5 截图反映每百万元贷款在年度名义利率分别为 5.00％ 与 5.25％ 时，按季度付息的 5 年期等额本金贷款，在 20 期内每一期本金与利息还款金额。

等额本金贷款固定利率还本付息表

参数_期数	每期利息	每期还本	累计还本	期初余额	每期利息_2	利息比较	每期利息	每期还本	累计还本	期初余额	每期利息_2	利息比较
	5.00%						5.25%					
1	12,500	50,000	50,000	1,000,000	12,500	0.00	13,125	50,000	50,000	1,000,000	13,125	0.00
2	11,875	50,000	100,000	950,000	11,875	0.00	12,469	50,000	100,000	950,000	12,469	0.00
3	11,250	50,000	150,000	900,000	11,250	0.00	11,813	50,000	150,000	900,000	11,813	0.00
4	10,625	50,000	200,000	850,000	10,625	0.00	11,156	50,000	200,000	850,000	11,156	0.00
5	10,000	50,000	250,000	800,000	10,000	0.00	10,500	50,000	250,000	800,000	10,500	0.00
6	9,375	50,000	300,000	750,000	9,375	0.00	9,844	50,000	300,000	750,000	9,844	0.00
7	8,750	50,000	350,000	700,000	8,750	0.00	9,188	50,000	350,000	700,000	9,188	0.00
8	8,125	50,000	400,000	650,000	8,125	0.00	8,531	50,000	400,000	650,000	8,531	0.00
9	7,500	50,000	450,000	600,000	7,500	0.00	7,875	50,000	450,000	600,000	7,875	0.00
10	6,875	50,000	500,000	550,000	6,875	0.00	7,219	50,000	500,000	550,000	7,219	0.00
11	6,250	50,000	550,000	500,000	6,250	0.00	6,563	50,000	550,000	500,000	6,563	0.00
12	5,625	50,000	600,000	450,000	5,625	0.00	5,906	50,000	600,000	450,000	5,906	0.00
13	5,000	50,000	650,000	400,000	5,000	0.00	5,250	50,000	650,000	400,000	5,250	0.00
14	4,375	50,000	700,000	350,000	4,375	0.00	4,594	50,000	700,000	350,000	4,594	0.00
15	3,750	50,000	750,000	300,000	3,750	0.00	3,938	50,000	750,000	300,000	3,938	0.00
16	3,125	50,000	800,000	250,000	3,125	0.00	3,281	50,000	800,000	250,000	3,281	0.00
17	2,500	50,000	850,000	200,000	2,500	0.00	2,625	50,000	850,000	200,000	2,625	0.00
18	1,875	50,000	900,000	150,000	1,875	0.00	1,969	50,000	900,000	150,000	1,969	0.00
19	1,250	50,000	950,000	100,000	1,250	0.00	1,313	50,000	950,000	100,000	1,313	0.00
20	625	50,000	1,000,000	50,000	625	0.00	656	50,000	1,000,000	50,000	656	0.00

单位名称 付息次数
○ 元 ○ 月
○ 千 ● 季
○ 万 ○ 半年
1,000,000
参数_贷款年限 5
参数_利率 4.97%　5.32%

图 9-5　每百万元等额本金贷款固定利率还本付息表（5 年，按季付息，单位:元）

截图左侧 Power BI 报告视图各参数之中，数据单位、付息次数、贷款初始本金，以及年限均通过切片器直接选定单一值；利率参数稍为复杂一些，需要修改切片器默认属性，选中左下方"参数_利率"切片器，单击右上方三角箭头，将切片器类型选择为"介于"，然后分别选择利率上限与下限；由于利率参数值在初始设定时为 4% 到 6% 之间，以 0.25% 为步长的等差数列，因此将下限设置为 4.9%，上限设置为 5.32% 时，在 Power BI 报告中将自动选取该数值区间内与参数等差数列中序列值重合的 5% 与 5.25% 作为输入利率参数值，然后分别根据这两个利率生成利息计算结果。如果拉长利率区间至包含更多的 0.25% 倍数利率，以上可视化对象将展现更多利率水平计算结果。调整切片器输入金额与范围后，可以观察更多业务数据组合的输出结果。

为了显示度量值时不至于其名称过长，图 9-5 对应各个栏位数值虽然来自度量值，但是名称经过删减，分别对应度量值："等额本金_每期利息_固定利率、等额本金_每期还本、等额本金_累计还本、等额本金_期初余额、等额本金_每期利息_固定利率_2"，以及"等额本金_固定利率_利息"比较。修改矩阵可视化对象列名称的方法是在可视化对象中双击"值"区域度量值名称，然后重新输入名称或者删除多余字符。

3. 每期还本与累计还本

每期还本度量值的核心部分是贷款本金除以贷款还款所需期数，其中贷款还款期数等于贷款年限乘以年度还本付息次数。例如，5 年期按季度还本付息的贷款期数等于 20（即 5×4）。期数值是拖拽参数表中参数列数值而形成，本案例中期数参数被创建时是从 1 到 360 的正整数序列。由于贷款本金与贷款期数不受期数序列值的直接影响，如果不加限制的话，在可视化对象之中会从 1 到 360 每期都显示还款金额，与实际状况不符。所以还增加一层判断，只有当期数值小于等于贷款期数时，才显示每期还款金额。

```
等额本金_每期还本=
IF([期数值]<=[贷款期数],[贷款本金值]/[贷款期数])
```

在所需还款期内，累计还本金额等于每一期还本金额乘以期数，同样在外层增加判断，仅仅在期数值小于等于贷款期数时，才显示累计还本金额。

```
等额本金_累计还本=
IF([期数值]<=[贷款期数],[等额本金_每期还本]*[期数值])
```

还款期内每一期期初余额将被用于计算本期贷款利息，等于原始本金减去本期末累计还款再加上当期还本金额。

> 等额本金_期初余额=
> IF([期数值]<=[贷款期数],[贷款本金值]-[等额本金_累计还本]+[等额本金_每期还本])

在设定还本金额与期初余额之后，可以分别讨论利率固定不变与浮动两种情景。

计算等额本金贷款每一期利息有两种方法，可以直接使用 ISPMT 专业财务函数，也可以使用期初余额乘以本期适用利率，而本期适用利率等于名义利率除以年度付息次数。

4. ISPMT 函数

ISPMT 用于按照等额本金计算贷款（或投资）在指定期限内支付（或收取）的利息。为便于记忆，可将其想象为 Interests Payment 的缩写，其语法形式为

> ISPMT(<rate>,<per>,<nper>,<pv>)

表 9-1　ISPMT 等额本金贷款每期利息计算公式及参数

术语	定义	参数取值
rate	投资利率	［固定利率］/［年付息次数］
per	介于 0 至 nper-1 之间（总期数减 1）的各期编号	［期数值］-1
nper	付款期总数	［贷款期数］
pv	投资现值或贷款初始本金	［贷款本金值］，即初始本金

根据表 9-1 的分析，ISPMT 函数外部再包裹一层判断，使得仅仅期数编号不大于贷款期数时才显示每期利息金额；同时 ISPMT 函数生成结果与其第四参数 pv 正负方向相反，而以下 DAX 表达式中与 pv 对应的第四参数"贷款本金值"按正数输入，所以在 ISPMT 函数输出结果外部还需要加负号，完整的 DAX 度量值表达式如下：

> 等额本金_每期利息_固定利率=
> IF([期数值]<=[贷款期数],-ISPMT([固定利率]/[年付息次数],[期数值]-1,[贷款期数],[贷款本金值]))

5. 期初余额法

除了直接使用专业函数 ISPMT 之外，还可以根据贷款利息计算的经济含义，以前文中期初余额乘以本期适用的实际利率得到本期利息费用。

```
等额本金_每期利息_固定利率_2=
[等额本金_期初余额]*[固定利率]/[年付息次数]
```

6. 利息比较

为了检查两种方法计算的每期利息费用是否相等，可以专门设置比较度量值，将两个使用固定利率计算利息的度量值相减以查看差异金额是否显著。

```
等额本金_固定利率_利息比较=
[等额本金_每期利息_固定利率]-[等额本金_每期利息_固定利率_2]
```

7. 浮动利率等额本金

根据利息计算原理，浮动利率不影响每一期还本金额，以及期初期末贷款累计还款与未偿还余额。因此，我们可以继续套用固定利率等额本金计算思路，将原固定利率参数替换为当期适用的变更后浮动利率。

显示浮动利率还款计划的图 9-6 切片器参数比图 9-5 固定利率报告中少一个利率切片器，其余参数相同；这是因为浮动利率场景中为了降低复杂程度而将固定利率设为默认值 5.25%，所以省略不需要使用的切片器。与固定利率可视化对象中类似，以上截图中字段名称也是经过简化的度量值名称，读者可以自行在附件中查找。

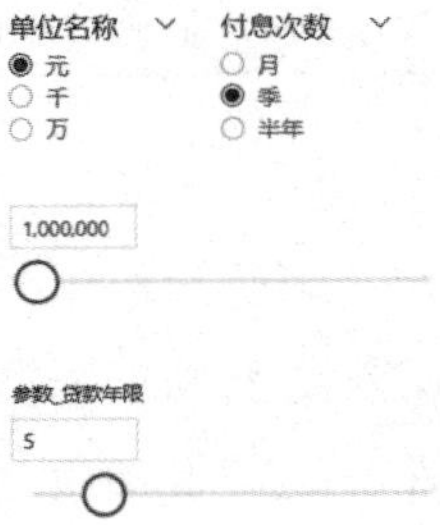

等额本金贷款固定与浮动利率还本付息对照表

参数_期数	报告日	固定利率	浮动利率	期初余额	每期还本	固定利息	浮动利息	利率比较
1	2023-09-30	5.25%	5.25%	1,000,000	50,000	13,125	13,125	0.00%
2	2023-12-31	5.25%	5.50%	950,000	50,000	12,469	13,063	4.76%
3	2024-03-31	5.25%	5.50%	900,000	50,000	11,813	12,375	4.76%
4	2024-06-30	5.25%	5.50%	850,000	50,000	11,156	11,688	4.76%
5	2024-09-30	5.25%	5.50%	800,000	50,000	10,500	11,000	4.76%
6	2024-12-31	5.25%	5.50%	750,000	50,000	9,844	10,313	4.76%
7	2025-03-31	5.25%	5.50%	700,000	50,000	9,188	9,625	4.76%
8	2025-06-30	5.25%	5.50%	650,000	50,000	8,531	8,938	4.76%
9	2025-09-30	5.25%	5.50%	600,000	50,000	7,875	8,250	4.76%
10	2025-12-31	5.25%	5.50%	550,000	50,000	7,219	7,563	4.76%
11	2026-03-31	5.25%	5.50%	500,000	50,000	6,563	6,875	4.76%
12	2026-06-30	5.25%	5.50%	450,000	50,000	5,906	6,188	4.76%
13	2026-09-30	5.25%	5.50%	400,000	50,000	5,250	5,500	4.76%
14	2026-12-31	5.25%	5.50%	350,000	50,000	4,594	4,813	4.76%
15	2027-03-31	5.25%	5.50%	300,000	50,000	3,938	4,125	4.76%
16	2027-06-30	5.25%	5.50%	250,000	50,000	3,281	3,438	4.76%
17	2027-09-30	5.25%	5.50%	200,000	50,000	2,625	2,750	4.76%
18	2027-12-31	5.25%	5.50%	150,000	50,000	1,969	2,063	4.76%
19	2028-03-31	5.25%	5.50%	100,000	50,000	1,313	1,375	4.76%
20	2028-06-30	5.25%	5.50%	50,000	50,000	656	688	4.76%

图 9-6　每百万元等额本金贷款固定与浮动利率还本付息对照表（5 年，按季付息；单位：元）

以下浮动利率每期利息计算表达式中所嵌套引用的浮动利率度量值表达式。

等额本金_每期利息_浮动利率=
IF([期数值]<=[贷款期数],-ISPMT([浮动利率]/[年付息次数],[期数值]-1,[贷款期数],[贷款本金值]))

我们还可以将浮动利率所产生的利息金额与固定利率利息相比较，以判断在本金相同的情况下，浮动利息计算是否合理。

等额本金_每期利息_利率比较=
IF([期数值]<=[贷款期数],[等额本金_每期利息_浮动利率]/[等额本金_每期利息_固定利率]-1)

以上度量值在可视化对象中显示名称为"利率比较"栏，其中当固定利率与浮动利率都是 5.25% 时，利率比较返回 0，说明没有差异；浮动利率为 5.5% 时，返回 4.76%；相当于（5.5%－5.25%）÷5.25%＝4.76%。

9.2.3　等额本息

等额本息还款方式之下，当利率不变时，每一期本金与利息相加后的还本收息还款小计数相同。但是其中所包含的本金与利息各自金额占比不同，前期还款金额之中本金较少，利息较多，其后每一期还款金额中本金占比逐渐增加，利息逐渐降低。在若干期还款之后，最后一期本金与利息全部结清。由于每一期还款金额固定，有利于债务人安排资金计划，个人按揭贷款大多选择这一种还款方式。与等额本金还款方式不同的是，等额本息还款方式之下，一旦利率发生变动，每一期将按照修改后的固定金额还款。

由于等额本息计算更复杂，所以应使用 DAX 内置财务函数计算各期还本付息金额。

1. 固定利率等额本息

我们首先从 Power BI 可视化对象所展示数据入手，分析固定利率合同现金流计算原理。

2. 可视化对象布局

图 9-7 反映按季度付息的 5 年期每百万元等额本息贷款在年度名义利率分别为 5.00% 与 5.25% 时，在 20 期内每一期本金与利息还款金额。

图 9-7　每百万元等额本息贷款多水平固定利率还本付息表

（5 年，按季付息；利率 5％，5.25％；单位:元）

截图左侧 Power BI 报告视图所需各参数切片器设置与等额本金贷款相同。调整切片器输入金额与范围后，可观察更多业务数据组合输出结果。

3. 每期应还款与还本付息

计算每期还款金额、当前本金、当期利息以及累计利息需要分别使用 PMT、PPMT、IPMT 与 CUMIPMT 函数，其语法结构与参数比较接近，现分别列示如下：

```
PMT(<rate>,<nper>,<pv>[,<fv>[,<type>]])
PPMT(<rate>,<per>,<nper>,<pv>[,<fv>[,<type>]])
IPMT(<rate>,<per> ,< nper>,<pv>[,<fv>[,<type>]])
CUMIPMT(<rate>,<nper>,<pv>,<start_period>,<end_period>,
<type>)
```

为了方便记忆，可以将 PMT、PPMT、IPMT 与 CUMIPMT 分别想象为 Payment（本金利息合计还款）、Principal Payment（本金还款）、Interest Payment（利息还款）、Cumulative Interest Payment（累计利息还款）的缩写。

以上各财务函数语法形式中"<rate>、<nper>、<pv>"参数与此前介绍的 ISPMT 中同名参数含义相同，参见表 9-1 ISPMT 等额本金贷款每期利息计算公式及参数。

新增参数中，<fv>为空表示最后一期还款后剩余本金为 0；<type>为空表示现金流发生在期末，非期初收付款。参数<fv>、<type>处于方括号之中时为非必选项，可以忽略。

CUMIPMT 函数中最后三个不可忽略的参数分别是计算累计利息的起始期间＜start_period＞，本例中设定起始期数为 1，意即从期初开始计算累计还本金额；截止期间＜end_period＞。本例中设定为当前期数值，等于度量值"贷款期数"值；最后一个参数"＜type＞"不可省略。

基于对贷款业务的分析以及在等额本金贷款中积累的经验，我们进一步得出计算每期本息合计、每期本金、每期利息与累计利息的度量值。

PMT 函数返回根据固定的付款期数和固定利率计算贷款的每一期付款额。

```
等额本息_每期本息_固定利率=
    IF([期数值]<=[贷款期数],-PMT([固定利率]/[年付息次数],[贷款期
数],[贷款本金值],0,0))
```

与前文中度量值类似，PMT 函数外部包裹 IF 判断是为了仅仅在贷款还款期内计算与显示还款金额。例如，在案例场景中 5 年期贷款按季度还本付息时，仅仅在第 1 期到第 20 期（贷款年限 * 年付息次数）范围内根据所处的矩阵行期数值计算各期应还款；否则，如果直接引用期数值作为第二参数，从最后贷款期数第 21 期之后一直到期数最大值 360 仍将显示还本付息金额，与实际情况不符，所以需要限制数值区间小于等于贷款期数。

PPMT 函数返回基于定期固定付款金额和固定利率计算得出的给定投资周期的本金还款，本案例中用于计算等额本息贷款每一期还本金额。

```
等额本息_每期本金_固定利率=
    IF(
        [期数值]<=[贷款期数],
        -PPMT([固定利率]/[年付息次数],[期数值],[贷款期数],[贷款
本金值])
    )
```

IPMT 函数返回基于定期固定付款和固定利率计算得出的给定投资周期内每期支付的利息。

```
等额本息_每期利息_固定利率=
    IF(
        [期数值]<=[贷款期数],
```

```
        -IPMT([固定利率]/[年付息次数],[期数值],[贷款期数],[贷款
本金值])
    )
```

由于每一期还款金额等于支付利息与还本金额之和，因此可以在度量值之中验证 PMT，PPMT，IPMT 函数返回结果的平衡关系，如果该度量值每一期返回结果均为 0，那么说明计算无误。

```
等额本息检查_固定利率=
[等额本息_每期本息_固定利率]-[等额本息_每期本金_固定利率]-
[等额本息_每期利息_固定利率]
```

另外，还可以使用 CUMIPMT（Cumulative Interest Payment）函数计算从期初开始到报告日累计偿还利息之和。

```
等额本息_累计利息_固定利率=
IF(
    [期数值]<=[贷款期数],
    -CUMIPMT([固定利率]/[年付息次数],[贷款期数],[贷款本金
值],1,[期数值],0)
    )
```

4. 累计还本

CUMPRINC 函数返回在特定区间内为贷款支付的累计本金，其语法形式如下：

```
CUMPRINC(<rate>,<nper>,<pv>,<start_period>,<end_period>,
<type>)
```

参数含义与此前介绍的函数参数相同。

```
等额本息_累计还本_固定利率=
IF(
    [期数值]<=[贷款期数],
    -CUMPRINC([固定利率]/[年付息次数],[贷款期数],[贷款本金
值],1,[期数值],0)
    )
```

5. 使用期初余额计算贷款利息

在贷款还款期内，于每一期根据初始发放贷款本金减去截至本期末累计还本再加上当期还本金额即得期初余额，本度量值可以用于计算报告日所属期间当期贷款利息。

> 等额本息_期初余额＝
>
> IF([期数值]<=[贷款期数],[贷款本金值]-[等额本息_累计还本_固定利率]+[等额本息_每期本金_固定利率])

由于贷款利息的实质是对期初占用资金按照本期适用利率予以风险补偿，因此我们得出使用期初余额计算贷款利息的第二种方法。

> 等额本息_每期利息_固定利率_2＝
>
> [等额本息_期初余额]*[固定利率]/[年付息次数]

为了验证新方法的准确性，可以将期初余额法与函数 IPMT 算出的每期利息相减，如果在每一期都返回 0；说明二者等价。

> 等额本息_每期利息_固定利率_比较＝
>
> [等额本息_每期利息_固定利率_2]-[等额本息_每期利息_固定利率]

6. 浮动利率等额本息

浮动利率等额本息贷款合同执行过程中可能会遇到利率调整；利率变更之前计算方法与前述固定利率场景相同，但是在合同履行过程中改变利率而剩余还款期数不变的场景就比较复杂。利率变更后每期还款金额将与变更前不同，可以继续细分为两种思路处理：一是每期还款金额中本金部分不变，利息由期初未偿还本金与本期适用利率确定，但是这样会导致每一期还款金额本金与利息小计不等，与等额本息的产品名称不符，也不利于客户规划还款资金；二是将利率变更时尚未偿还的本金与剩余还款期数视同一笔新贷款数据，重新规划每期还款金额，使得每期还款金额相等。本文案例中将介绍第二种方法，也就是从利率变更日开始，将尚未清偿的贷款本金按照剩余期数视同一个新合同重新计算。

图 9-8 中，分别列示了利率变更前后的利率，每期还本、每期付息和每期还本付息小计金额。其原理是在执行新利率之前，按照贷款原始本金 100 万元，变更前的固定利率 5.25％计算利率变更前两期的还本与付息金额；

从适用新利率的第 3 期开始到最后第 20 期，将第 2 期末尚未清偿的本金按照新利率 5.5％在剩余 17 期内重新计算每一期应还本付息金额，且利率变更后 17 期内每期还款金额不变。

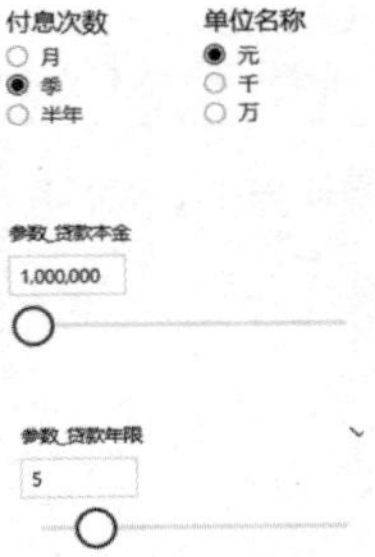

等额本息贷款浮动利率还本付息计划表

参数|期数	报告日	浮动利率	每期本金_固定利率	New_PPMT	每期本金_浮动利率	New_IPMT	每期利息_固定利率	每期利息_浮动利率	每期本息_浮动利率
1	2023-09-30	5.25%	44,050				13,125	13,125	57,175
2	2023-12-31	5.50%	44,628				12,547	12,547	57,175
3	2024-03-31	5.50%	45,214	44,967	44,967	12,531	11,961	12,531	57,498
4	2024-06-30	5.50%	45,807	45,586	45,586	11,912	11,368	11,912	57,498
5	2024-09-30	5.50%	46,408	46,212	46,212	11,286	10,766	11,286	57,498
6	2024-12-31	5.50%	47,017	46,848	46,848	10,650	10,157	10,650	57,498
7	2025-03-31	5.50%	47,635	47,492	47,492	10,006	9,540	10,006	57,498
8	2025-06-30	5.50%	48,260	48,145	48,145	9,353	8,915	9,353	57,498
9	2025-09-30	5.50%	48,893	48,807	48,807	8,691	8,282	8,691	57,498
10	2025-12-31	5.50%	49,535	49,478	49,478	8,020	7,640	8,020	57,498
11	2026-03-31	5.50%	50,185	50,158	50,158	7,340	6,990	7,340	57,498
12	2026-06-30	5.50%	50,844	50,848	50,848	6,650	6,331	6,650	57,498
13	2026-09-30	5.50%	51,511	51,547	51,547	5,951	5,664	5,951	57,498
14	2026-12-31	5.50%	52,187	52,256	52,256	5,242	4,988	5,242	57,498
15	2027-03-31	5.50%	52,872	52,975	52,975	4,523	4,303	4,523	57,498
16	2027-06-30	5.50%	53,566	53,703	53,703	3,795	3,609	3,795	57,498
17	2027-09-30	5.50%	54,269	54,441	54,441	3,057	2,906	3,057	57,498
18	2027-12-31	5.50%	54,981	55,190	55,190	2,308	2,193	2,308	57,498
19	2028-03-31	5.50%	55,703	55,949	55,949	1,549	1,472	1,549	57,498
20	2028-06-30	5.50%	56,434	56,718	56,718	780	741	780	57,498

付息次数
○ 月
● 季
○ 半年

单位名称
● 元
○ 千
○ 万

参数_贷款本金
1,000,000

参数_贷款年限
5

图 9-8　每百万元等额本息贷款固定与浮动利率付息对照表（5 年，按季付息；单位：元）

7. 利率变更前期数与已还本金

首先我们使用公式计算以月数表示的从贷款发放日到利率变更表中最大生效日期之间的日期间隔；基于案例中模拟数据，返回变更前期数为 2。

```
Before_Change_期数=
DATEDIFF([贷款发放日],EOMONTH(MAX('备选值表_利率变更'[生效日期]),0),MONTH)+1
```

已知变更前还款期数等参数之后，可以求出变更前累计还本金额。

```
Before_Change_已还本金=
IF(
      [期数值]<=[贷款期数],
      -CUMPRINC([固定利率]/[年付息次数],[贷款期数],[贷款本金值],1,[Before_Change_期数],0)
      )
```

8. 利率变更后期数与已还本金

变更后期数随之可得，等于总期数减去变更前期数。

```
After_Change_期数=
[贷款期数]-[Before_Change_期数]
```

变更后待偿还本金等于原始放款金额减去变更前已经偿还本金。

```
After_Change_剩余本金=
[贷款本金值]-[Before_Change_已还本金]
```

在获得变更后待偿还本金、期数与利率之后，视同一笔新贷款，套用原先的 PPMT，IPMT 与 PMT 函数就可以得到利率变更后每一期还本付息金额。

9. 利率变更后每期还款金额

采用新利率之后，每期还本金额、每期付息金额，以及还本付息小计金额表达式分别如下。

```
New_PPMT=
IF(
    [期数值]<=[贷款期数]
        &&[期数值]>[Before_Change_期数],
    -PPMT(
        [浮动利率]/[年付息次数],
        [期数值]-[Before_Change_期数],
        [After_Change_期数],
        [After_Change_剩余本金]
    )
)

New_IPMT=
IF(
    [期数值]<=[贷款期数]
        &&[期数值]>[Before_Change_期数],
    -IPMT(
        [浮动利率]/[年付息次数],
        [期数值]-[Before_Change_期数],
        [After_Change_期数],
        [After_Change_剩余本金]
    )
)
```

```
    New_PMT=
IF(
    [期数值]<=[贷款期数]
      &&[期数值]>[Before_Change_期数],
    -PMT([浮动利率]/[年付息次数],[After_Change_期数],[After_
Change_剩余本金],0,0)
)
```

10. 综合展示利率变更前后还本付息金额

分别算出利率变更前后的还本付息金额，再以利率变更期数为转折标志；计算变更前还本付息金额需要调用基于原始本金、利率与期数的旧度量值；计算变更后还本付息金额需要调用基于未偿还本金、新利率与剩余期数的新度量值。在 Power BI DAX 体系之中，可以嵌套调用已有度量值，不需要从底层开始完全重新定义。

在整个贷款合同期内，每期还本金额、每期付息金额和还本付息小计金额表达式分别如下。

```
    等额本息_每期本金_浮动利率=
IF([期数值]<=[Before_Change_期数],[等额本息_每期本金_固定利率],
[New_PPMT])
```

```
    等额本息_每期利息_浮动利率=
IF([期数值]<=[Before_Change_期数],[等额本息_每期利息_固定利率],
[New_IPMT])
```

```
    等额本息_每期本金_浮动利率=
IF([期数值]<=[Before_Change_期数],[等额本息_每期本金_固定利率],
[New_PPMT])
```

从图 9-8 可见，以利率变更期数为界限，在第 3 期实施新利率之前，5 年期按季度还本付息的每百万元贷款，前两期中每一期还本付息金额为 57 175 元；从 3 期到第 20 期的期间内，每一期还本付息金额为 57 498 元。

基于以上度量值的方案可以在利率变更前后两段时间内分别得出相等的还本付息金额，且可视化对象中显示的"每期本金_浮动利率"一列中整数金额累计相加为 999 998 元（44 050＋44 628＋44 967＋…＋55 949＋56 718＝999 998），利率变更前后累计还本金额相加高度接近 100 万元，考虑到小数部分被省略而没有参与验算，我们认为这一种方法计算结果可以信赖。

第十章　贷款预期减值损失计算与披露

在银行业会计核算实务中，《企业会计准则》要求计提并且定期披露贷款减值损失，涉及金额巨大，且计算过程与变动类型复杂，跨越了信用风险管理、会计核算、盈余管理等多个领域，是近年来比较突出的重点与难点问题。以下我们将在三个小节之中分别介绍会计准则要求，使用Power BI计算并且展现多个会计期间贷款减值准备。

10.1　金融工具新会计准则与预期减值损失

本节将聚焦最为常见的业务场景，使用 Power BI 模拟初始发放时正常类贷款在后续阶段计量信用风险的关键过程，探讨如何落实预期信用损失风险计量方法和计算步骤，激发更多读者的思考与尝试。

10.1.1　会计准则原则性要求

为了融入全球经济体系，我国财政部与国际会计准则理事会（IASB）签订了会计准则与国际财务报告趋同路线图，《国际财务报告准则第 9 号》（以下简称 IFRS 9）在我国被会计准则主管机关分拆为三个国内会计准则，即《企业会计准则第 22 号——金融工具确认和计量》（CAS22）、《企业会计准则第 23 号——金融资产转移》（CAS23）和《企业会计准则第 24 号——套期会计》（CAS24），以下简称"金融工具会计准则"（2017 版）。本章按照 IFRS 9 原则要求组织论述、计算与披露会计数据。

2017 年度更新后发布的《企业会计准则第 22 号——金融工具确认和计量》（CAS22）要求如下：

> 第四十七条　预期信用损失，是指以发生违约的风险为权重的金融工具信用损失的加权平均值。
>
> 信用损失，是指企业按照原实际利率折现的，根据合同应收的所有合同现金流量与预期收取的所有现金流量之间的差额，即全部现金短缺的现值。其中，对于企业购买或源生的已发生信用减值的金融资产，应按照该金融资产经信用调整的实际利率折现。由于预期信用损失考虑付款的金额和时间分布，因此即使企业预计可以全额收款但收款时间晚于合同规定的到期期限，也会产生信用损失。
>
> 第四十八条　……企业应当在每个资产负债表日评估相关金融工具的信用风险自初始确认后是否已显著增加，分别计量其损失准备，确认预期信用损失及其变动：
>
> （一）如果该金融工具的信用风险自初始确认后已显著增加，企业应

当按照相当于该金融工具整个存续期内预期信用损失的金额计量其损失准备。

（二）如果该金融工具的信用风险自初始确认后并未显著增加，企业应当按照相当于该金融工具未来 12 个月内预期信用损失的金额计量其损失准备，无论企业评估信用损失的基础是单项金融工具还是金融工具组合，由此形成的损失准备的增加或转回金额，应当作为减值损失或利得计入当期损益。

未来 12 个月内预期信用损失，是指因资产负债表日后 12 个月内（若金融工具的预计存续期少于 12 个月，则为预计存续期）可能发生的金融工具违约事件而导致的预期信用损失，是整个存续期预期信用损失的一部分。

企业在进行相关评估时，应当考虑所有合理且有依据的信息，包括前瞻性信息。为确保自金融工具初始确认后信用风险显著增加即确认整个存续期预期信用损失，企业在一些情况下应当以组合为基础考虑评估信用风险是否显著增加。整个存续期预期信用损失，是指因金融工具整个预计存续期内所有可能发生的违约事件而导致的预期信用损失。

实际利率法，是指计算金融资产或金融负债的摊余成本以及将利息收入或利息费用分摊计入各会计期间的方法。

实际利率，是指将金融资产或金融负债在预计存续期的估计未来现金流量，折现为该金融资产账面余额或该金融负债摊余成本所使用的利率。在确定实际利率时，应当在考虑金融资产或金融负债所有合同条款（如提前还款、展期、看涨期权或其他类似期权等）的基础上估计预期现金流量，但不应当考虑预期信用损失。

综上所述，《会计准则第 22 号——金融工具确认与计量》减值部分所覆盖的资产按照初始确认时是否已减值分两部分：

"购买或源生时未发生信用减值"金融工具，由于银行日常业务中几乎不存在新增贷款于发放日即减值的案例，所以绝大多数银行贷款核算预期减值损失属于这一种情景，分三个阶段评估和处理金融资产减值，具体见表 10-1。

表 10-1 贷款减值三阶段（初始未减值）

对象	阶段 1	阶段 2	阶段 3
风险特征	低风险、信用风险未显著增加	信用风险显著增加但未减值	已减值
风险计量	未来 1 年内违约风险	剩余期间违约风险	剩余期间违约风险
利息计算	账面价值×实际利率	账面价值×实际利率	（账面价值－减值准备）×实际利率

"购买或源生时已发生信用减值"的金融资产，就是期初已减值资产，仅需要将整个后续期预期信用损失的变动确认为损失准备，并按其摊余成本和经信用调整的实际利率计算利息收入。由于这一部分金融资产较为少见，因此以下我们仅仅讨论购买或源生时未发生信用减值的金融工具减值核算，即初始未减值金融资产。

阶段 1（Stage1，简写为 S1），信用风险低或者自初始确认后信用风险未显著增加，应当按照未来 12 个月的预期信用损失计量损失准备，并按其账面余额（不扣除减值准备）和实际利率计算利息收入。根据以上描述，即使银行对中等风险程度客户发放贷款，只要信用风险没有进一步恶化，或者说"信用风险未显著增加"，也属于"购买或源生时未发生信用减值"金融资产。

阶段 2（Stage2，简写为 S2），信用风险自初始确认后已显著增加但尚未达到发生信用减值的严重程度，应当按照该工具整个存续期的预期信用损失计量损失准备，并按其账面余额和实际利率计算利息收入。

阶段 3（Stage3，简写为 S3），发生信用减值，应当按照该金融工具整个存续期的预期信用损失计量损失准备，并按其账面余额扣除减值准备之后的净额和实际利率计算利息收入。

虽然 IFRS 9 正文和配套实施指南中给出了一些示例，但是都比较简单，更没有提供标准计算方法强制执行。

10.1.2 信用风险阶段划分

借助于已在银行业运行多年的贷款五级分类制度，结合信用风险阶段划分与信贷资产质量这两组概念，可以简化计算预期信用风险损失。

1. 贷款五级分类

作为中国银行业机构最主要的直接监管机构，中国银行保险业监督管理委员会所发布的《贷款风险分类指引》，为划分贷款质量提供了原则性意见。由于五级分类是银保监会监督信贷资产质量的重要原则，所以银行业金融机构应该尽可能地保证其监管口径信贷资产质量划分标准与会计口径信用风险阶段划分二者之间保持明晰与可理解的对应关系。

五级分类指引为贷款质量评级建立了原则性指导意见，银行业机构在长期执行过程中积累了大量经验，因此参照五级分类原则判断贷款所处信用风险三阶段易于操作。以下摘取五级分类指引中部分关键内容。

第五条　商业银行应按照本指引，至少将贷款划分为正常、关注、次级、可疑和损失五类，后三类合称为不良贷款。

正常：借款人能够履行合同，没有足够理由怀疑贷款本息不能按时足额偿还。

关注：尽管借款人目前有能力偿还贷款本息，但存在一些可能对偿还产生不利影响的因素。

次级：借款人的还款能力出现明显问题，完全依靠其正常营业收入无法足额偿还贷款本息，即使执行担保，也可能会造成一定损失。

可疑：借款人无法足额偿还贷款本息，即使执行担保，也肯定要造成较大损失。

损失：在采取所有可能的措施或一切必要的法律程序之后，本息仍然无法收回，或只能收回极少部分。

　……………

第十条　下列贷款应至少归为关注类：

（一）本金和利息虽尚未逾期，但借款人有利用兼并、重组、分立等形式恶意逃废银行债务的嫌疑。

（二）借新还旧，或者需通过其他融资方式偿还。

（三）改变贷款用途。

（四）本金或者利息逾期。

（五）同一借款人对本行或其他银行的部分债务已经不良。

（六）违反国家有关法律和法规发放的贷款。

（1）第一阶段：低风险、信用风险未显著增加对应正常类。

基于监管规范以及信用风险管理制度，银行业机构不会对已知中等风险与高风险客户发放贷款，也就是不会在初始确认日形成"已减值"贷款，而"信用风险显著增加"是相对变化的概念，只能在后续期间与期初比较后才可以判断是否信用风险显著增加。所以初始确认日贷款只能够属于第一阶段[①]。

根据金融工具会计准则原文语义判断，除了"已减值"贷款之外，如果信用风险在期初期末一直维持低水平，或者维持中等水平不变，这几种场景都可以视同"没有显著增加"。

换句话说，贷款发放期初以及报告日评级为正常类的贷款，都属于信用风险第一阶段，只需要计算未来一年内违约事件造成的信用风险损失。

（2）第二阶段：信用风险显著增加对应关注类。

在确定正常类贷款属于信用风险第一阶段"低风险、信用风险没有显著增加"之后，接下来探讨什么是"信用风险显著增加"。

考虑到贷款初始发放日为正常类，而质量恶化是一个渐进过程，极少直接从第一阶段转换到第三阶段，所以我们先忽略期初新发放贷款直接恶化为减值贷款的情况。那么在期后各个报告日，如何识别贷款恶化到第二阶段？因为第二阶段是根据信用风险"是否显著增加"而划分的，这是一个相对变化的概念，在动态变化的场景中，必须结合上一阶段信用风险评估结论。

虽然无法简单地直接使用五级分类或者期末信用评级判断"是否显著增加"，不过为简化起见，由于在五级分类中正常类贷款质量恶化之后，随即成为关注类贷款，本章案例中指定关注类贷款对应信用风险三阶段中的第二阶段。

我们可以在上市银行年报中找到以关注类贷款作为信用风险显著上升的实例。例如，上海银行在其年度审计报告会计政策中，列举的信用风险显著增加标准包括：资产的风险分类为"关注"，自资产初始确认以来在 16 个内部评级中恶化幅度大于等于三个等级，或资产在过去半年内纳入红色、橙色预警清单。

---

① 购入某些风险等级较高的投资级以下债券时，期初可能属于中等信用风险或者更差。但是债券减值不属于本章讨论范围。另外，处理金融不良资产的专业机构有可能会购入已减值资产。

（3）第三阶段：已减值对应不良类。

第三阶段"已减值"贷款最为容易判断，银行业现有一系列定性或者定量标准判断减值贷款，可以将其直接设定其等同于监管规范之中的"不良贷款"。例如上海银行将逾期 90 天、内部评级为 D 或"违约"，以及五级分类为次级、可疑、损失的贷款判断为"已发生信用减值金融资产"[1]。为简化起见，我们进一步假设在报告日被判断为"已减值"的贷款即违约，即违约概率等于 100%。

以上分析与简化按照信用风险从低到高而展开，当信用风险降低时，即从"已减值"改善为"信用风险显著增加"，或者从"信用风险显著增加"改善为"信用风险并未显著增加"，那么按照改变后的信用风险阶段核算信用风险减值准备和贷款利息，同时回冲上一个阶段计提的预期信用损失。

10.2 预期信用损失数据准备与计算案例

本小节将依据前文中所论述的路径，展开模拟数据演示如何计算预期信用风险，对应银行业信用风险管理系统数据处理、计算与输出结果。

10.2.1 预期信用损失估算公式

由于银行业需要计提预期减值损失的金融资产金额巨大，情景繁多，还需要考虑违约率、违约损失概率，以及资金时间价值等因素，难以使用全新的方法逐笔借据计算预期信用损失。大多数银行沿用信用风险管理领域已有的预期信用损失（Expected Credit Loss，以下简称 ECL）计算模型，采用评估期内每一期 i 的 PD（违约概率）、LGD（违约损失率）和 EAD（违约风险暴露）连乘之积再除以 EIR 为利率从未来各期折算到报告日的各期贴现系数，然后累加。如果以会计年度为信用风险评估周期。假设违约事件发生在每年末，当前报告日预期信用损失可以表达如下，详细论述将随后展开。

$$ECL = \frac{\sum_{i=0}^{n}(PD_i \times LGD_i \times EAD_i)}{(1 + EIR)^i}$$

---

[1] 摘自《上海银行股份有限公司 2021 年度报告》第十三条风险管理中 1.3.1 阶段划分的内容。

1. PD—违约概率

违约概率（Probability Of Default，以下简称 PD）是信用风险核心计量因素。虽然会计准则没有直接要求使用某种特定模型，也没有涉及如何具体设定违约率，但是对估计违约率仍然有一些原则性要求，其中之一是估计违约率应当考虑所有合理且有依据的信息，包括前瞻性信息，不得仅使用历史信息；二是需要采用无偏估计，就是即使在未减值或者信用风险极低的情况下也必须考虑违约损失的可能性，不得因为违约可能性极低而采用 0 违约率。会计准则中的技术性要求在收集与计算违约概率时都应被满足。

虽然实际工作中情景千差万别，但是本案例中，我们分别根据信用风险三阶段考虑违约率如下：

（1）第一阶段：信用风险未显著增加。

当信用风险没有显著增加时，只需要考虑未来一年内的违约率。假设正常类贷款一年内违约率都是 0.8%，即 PD＝0.8%。

（2）第二阶段：信用风险显著增加。

当处于第二阶段（关注类贷款）信用风险显著增加时，需要考虑所有未来期间违约率；我们假设可以获取的是从发放日开始统计的累计违约概率，在每一个报告日根据当前累计违约概率加工算出未来每年即期违约率。由于每一期违约率 PD 都不相同而需要逐期计算，观察期内一系列违约率将在 Power BI 之中以数组形式被调用乘以另外两个数组（各期信用风险暴露 EAD 以及贴现系数）中对应的各报告日数据。

（3）第三阶段：已减值情景。

由于已减值情况下确定出现了违约事件，100%违约，即 PD＝100%。

2. LGD—违约损失率

违约损失率（Loss Given Default，以下简称 LGD）是一旦发生违约所导致的信贷资产损失占信用风险敞口比重，即发生违约事件时，扣除银行作为被担保债权受益人按照合同可能获得的抵质押物和担保赔偿之后的资产净损失比率。对于重大金额的贷款可以逐笔估计违约损失率，金额不重要的贷款可以合并分组估计。

假设基于历史经验、前瞻性信息和其他可获得信息之后综合评估的违约损失率与五级分类对应关系见表 10-2。读者可以根据自己遇到的实际案例修改。

表 10-2　五级分类与（LGD）对应关系

五级分类	违约损失率（LGD）
正常	12.5%
关注	20.0%
次级	30.0%
可疑	50.0%
损失	90.0%

由于正常类贷款与不良贷款的违约情景比较简单，将其 PD 和 LGD 直接相乘后得到账面金额损失率 LS。

$$\mathrm{LS}_{正常、不良贷款} = \mathrm{PD} \times \mathrm{LGD}$$

本案例中违约损失率 LGD 仅与贷款评级相关，对于特定质量等级的贷款在特定报告日为常数维持不变，利用这一特性可以简化计算。

3. 违约风险暴露

在 ECL 计算公式涉及的各个参数中，确定各个时点违约风险暴露（Exposure At Default，以下简称 EAD）相对容易；但将各个时点违约风险暴露结合违约率再考虑贴现后的损失则比较困难。

根据会计准则中实际利率的定义，"金融资产或金融负债在预计存续期的估计未来现金流量，折现为该金融资产账面余额或该金融负债摊余成本所使用的利率"说明报告日贷款账面价值等于贷款未来合同现金流按照实际利率折算的净现值。

对于利息拖欠较为严重的贷款，通常已经处于违约状态，银行有可能将利息单独处理，或者核销或者挂账，因此本章案例中也忽略可能存在的利息拖欠。

所以忽略已有的产生于以前期间应收未收贷款利息之后，根据复利现值理论，每一个报告日银行尚未回收的贷款本金都等于随后各期合同现金流净现值。

$$\mathrm{EAD}_0 = BV_0 = \sum_{i=1}^{n} \mathrm{NPV}(\mathrm{Casflow}_i, \mathrm{EIR})$$

以下示例说明按年付息，到期还本，利率 10% 的 1 000 元贷款本金，不论剩余期限如何，其报告日账面价值都等于期后合同现金流按实际利率折算的净现值。

- 现在的 1 000 元等于 1 年之后的 1 100 元，即 $1\,000 = \dfrac{1\,100}{1+10\%} = 1\,100 \times 0.909\,1$。

- 现在的 1 000 元等于 1 年之后的 100 元和 2 年之后的 1 100 元，即
$$1\,000 = \frac{100}{1+10\%} + \frac{1\,100}{(1+10\%)^2} = 100 \times 0.909\,1 + 1\,100 \times 0.826\,4 \approx 1\,000$$

- 现在的 1 000 元等于 1 年之后的 100 元和 2 年之后的 100 元和 3 年之后的 1 100 元，即 $1\,000 = \dfrac{100}{1+10\%} + \dfrac{100}{(1+10\%)^2} + \dfrac{1\,100}{(1+10\%)^3} = 100 \times 0.909\,1 + 100 \times 0.826\,4 + 1\,100 \times 0.751\,3 \approx 1\,000$

上述示例可以推广到更加复杂现金流的贷款还款计划中，前一期贷款账面价值总是等于贷款未来合同现金流净现值，读者可以自行验证。

4. 实际利率与折现系数

为了突出信用风险损失计算的主要过程，我们应该尽可能地将计算模型予以简化。在预期信用损失计算过程要素之中，实际利率（Effective Interest Rate，以下简称 EIR）是相对最为容易确定的。

我们假设多年贷款合同下，本金期初一次性发放（中间可能存在年底分期还款），发放后每相隔一年收取一次利息，利息金额等于贷款期初本金乘以合同年利率。这种情况下，贷款实际利率等于合同利率。

根据现金流净现值理论以及本案例中假设，只有考虑多期数据的信用风险第二阶段才需要使用 EIR 结合期数折现未来各期现金流；而确定了违约概率与违约损失率的第一阶段与第三阶段预期损失不需要折现。

10.2.2 案例数据准备

从会计准则要求出发，精简贷款产品范围和业务场景，根据业务实践和数据现状，忽略次要因素，设定预期信用损失计算的核心参数与关键步骤，就可以模拟预期信用风险损失计算的主要步骤。

以下将基于包括 10 笔贷款的组合，给定各种前提假设后，使用 Power BI 在数据表计算列中形成发放日后三年期间各个报告时点的预期减值损失。

1. 前提假设

所有贷款在 2023 年 1 月 1 日发放，原始合同期限为 5 年或 10 年，发放日计提期初预期信用损失，然后每年底估计预期信用损失。

贷款初始发放时为正常类，以后各年间有部分贷款质量在五级分类的相邻两个分类之间变迁，同时在信用风险三阶段之间逐级迁徙，即从正常到关注，再从关注到不良，或者反向变化而改善评级，但是不存在一年内跨级迁徙，即不会在一年内就直接从正常降级到不良的情况，也没有在一年内从不良突然升级到正常的情况。

正常类贷款视同"信用风险没有显著上升"或者"低风险"，对应信用风险划分第一阶段，从每一个报告日向未来展望，只需要考虑今后一年内即期违约率。首先，假设 $PD_t = 0.8\%$ 保持不变；其次、设定违约损失率 $LGD = 12.5\%$；然后将报告日账面价值作为 EAD 估计一年内违约损失。综合而言，由于正常类贷款只需要估计当前报告日风险暴露在今后一年内的预期信用损失，同时当前贷款本金一年后的本息和现值等于报告日账面价值，所以一是不需要考虑利息和折现效应，二是将 PD、LGD 和 EAD 三个数值相乘即可得到 ECL。

关注类贷款视同"信用风险显著上升"，属于信用风险划分第二阶段。首先，根据各年度累计违约率 PD_t，计算当前报告日与未来各期末（年底）即期违约率 ΔPD_t，形成由当前报告日直至贷款合同到期日为止的违约率数组；其次，假设违约损失率保持 $LGD = 20\%$ 不变；再次，将报告日与未来各期末（年底）贷款账面价值作为各期信用风险暴露 EAD。由于未来所有期间的违约概率并不相等，而且未来各期末（年底）贷款账面余额也可能不相等，所以需要将违约概率数组中各个元素与风险暴露数组中各个元素对位相乘得到各期末（年底）的账面金额预期违约损失额再乘以对应期间的贴现系数折算为报告日现值，这导致信用风险第二阶段预期损失计量最为复杂。

不良贷款包括次级、可疑、损失三个等级，一旦贷款被评级为不良，即视同"在资产负债表日存在客观减值证据"而形成违约，对应信用风险阶段第三阶段"已减值"。这时违约率为 $PD_t = 100\%$；为简化起见，假设次级、可疑、损失三个等级违约时点的损失率 LGD 分别为尚未回收的贷款本金的 30%、50%、90%。以报告日未收回的贷款账面金额为风险暴露（EAD），不需要折现。

如果贷款评级在以后期间上调或者下调，按照最新贷款评级和期限确定违约率。

2. 基础数据

表 10-3 有 10 笔贷款，发放日都是 2023 年 1 月 1 日，发放日评级全部为正常。发放后评级一栏中提供了发放日，以及其后三个自然年末一共四个时点贷款评级，忽略随后各个期间贷款评级。

表 10-3 借据表—ECL 数据基础

借据号	放款日	发放金额	产品类别	年限	利率	发放后评级
C01MG000014	2023/1/1	72 000 000	等额本息	10	10%	正常、关注、次级、关注
C02MG000023	2023/1/1	108 000 000	等额本息	10	10%	正常、关注、关注、关注
C03LT000080	2023/1/1	60 000 000	等额还本	10	10%	正常、正常、关注、可疑
C04LT000099	2023/1/1	90 000 000	等额还本	10	10%	正常、关注、关注、正常
C05NL000024	2023/1/1	12 000 000	普通贷款	5	9%	正常、正常、正常、正常
C06NL000051	2023/1/1	10 000 000	普通贷款	5	9%	正常、关注、次级、关注
C07NL000060	2023/1/1	5 000 000	普通贷款	5	9%	正常、正常、关注、关注
C08NL000077	2023/1/1	8 000 000	普通贷款	10	9%	正常、关注、关注、关注
C09NL000084	2023/1/1	6 000 000	普通贷款	10	9%	正常、正常、正常、关注
C10NL000092	2023/1/1	7 500 000	普通贷款	10	9%	正常、关注、次级、可疑

以下将进一步讨论违约率与损失率、实际利率、还本方式，以及发放后的贷款评级等各种细节。

3. 贷款产品类别、合同现金流和违约风险暴露

表 10-3 有三种贷款产品，分别是等额本息、等额还本和普通贷款，合同规定到期时，本金与利息全部结清。等额本息和等额还本贷款还款方式为每年底还本一次，这也意味着分期还本贷款的各期末（年底）贷款余额，也就是违约风险暴露计算较为复杂，其中等额还本每期还本金额相同，但是每期偿还利息与还款金额不同。等额本息贷款每一期还款金额相同，但是其中包含的本金与利息金额不同。案例中使用 DAX 函数在计算列中计算两种分期还本贷款在各个报告日的剩余本金。到期还本的普通贷款各个报告日余额，也就是违约风险暴露在到期之前都不变。

从表 10-3 借据级基础数据出发，我们使用 Power Query 或者 Excel 手工将贷款借据在每一个报告日展开之后，进一步以 DAX 表达式算出每一笔借据在其合同期内的每年底账面余额，结合已有的评级和违约概率就得出预期信用损失。

4. 实际利率 EIR 与贴现系数

由于按年初本金计息，而且每年只在最后 1 日付息一次，所以实际利率 EIR 等于合同利率，各个借据实际利率分别为 10% 和 9%。

当贷款处于信用风险第二阶段时，需要用到基于实际利率和期数的贴现系数计算多期合同现金流净现值，各年底到报告日的贴现系数将以数组形式被调用。

5. 评级与违约率

如前所述，当初始发放时，贷款评级都属于正常类，其后部分贷款五级分类随着时间推移而上升与下降，导致信用风险三阶段变更。

我们指定正常类贷款、关注类贷款、不良贷款（次级、可疑、损失类）分别对应信用风险划分三阶段。

正常类贷款，处于信用风险划分第一阶段，只评估未来一年内违约风险，固定为 0.8%，不随贷款剩余合同期限而变化。

关注类贷款，处于信用风险划分第二阶段，不论其历史上贷款评级如何演变，均从表 10-4 的多期累计违约概率出发进一步计算后得出各个报告日即期违约概率，也就是期初没有违约而当期期末违约的概率。我们随后将使用 DAX 函数计算关注类贷款在各个报告日的即期违约率数组，进一步与后文将涉及的信用风险暴露

表 10-4　关注类贷款累计违约率

年限	未减值贷款累计违约率
1	0.80%
2	2.48%
3	3.83%
4	5.25%
5	6.57%
6	7.73%
7	9.64%
8	12.87%
9	16.39%
10	21.87%

（EAD）数组以及贴现系数数组共同参与计算预期信用损失（ECL）的复杂运算。

不良贷款处于信用风险划分第三阶段，这时贷款已经确定违约，例如贷

款本金或者利息逾期 90 天，或者债务人出现重大财务困难。所以不良贷款违约率等于 100%，不随贷款剩余合同期限而变化。

6. 违约损失率

表 10-2 已经列示了各个等级贷款与违约损失率的关系；正常、关注、次级、可疑、与损失分别为 12.5%、20.0%、30.0%、50.0%、90.0%。

7. 信用风险暴露

三个信用风险阶段贷款 EAD 分别为：

第一阶段，即正常类贷款，评估一年内违约风险，取当前报告日未偿还贷款本金。

第二阶段，关注类贷款，需要评估剩余期限内违约风险，由于分期还款类借据在未来各个报告日违约风险暴露不相等；所以需要取当前报告日以及随后各年底按合同规定的未偿还贷款本金余额，形成 EAD 数组，取其中各个元素与违约率 PD 数组中各个元素对位相乘之后得到各个时点未折现预期损失；接着按实际利率和所经历期限数将各个时点未折现预期损失折算为报告日现值叠加后才最终形成预期信用损失估算金额。

第三阶段，不良贷款，风险暴露为当前报告日未偿还贷款本金，忽略可能有的应收未收利息。

10.2.3　违约率计算

本节案例中初始阶段所获得是累计违约率，而计算每年预期信用损失时，需要使用即期违约率，也就是不考虑期初是否违约情况下的当期违约率，所以需要将累计违约率加工为即期违约率。

表 10-5 中，同时展现了各年度累计违约率与即期违约率；后者是在 Power BI 数据表中追加计算列求出；为了方便理解与验算，我们分步添加了三个计算列，分别是"A_期初存活率"，"B_无条件违约率"，以及"C_即期违约率"。

表 10-5　参数表_关注类贷款累计违约率与即期违约率

年限	累计违约率	A_期初存活率	B_无条件违约率	C_即期违约率
1	0.800 0%	100.000 0%	0.800 0%	0.800 0%
2	2.480 0%	99.200 0%	1.680 0%	1.693 5%

年限	累计违约率	A_期初存活率	B_无条件违约率	C_即期违约率
3	3.830 0%	97.520 0%	1.350 0%	1.384 3%
4	5.250 0%	96.170 0%	1.420 0%	1.476 6%
5	6.570 0%	94.750 0%	1.320 0%	1.393 1%
6	7.730 0%	93.430 0%	1.160 0%	1.241 6%
7	9.640 0%	92.270 0%	1.910 0%	2.070 0%
8	12.870 0%	90.360 0%	3.230 0%	3.574 6%
9	16.390 0%	87.130 0%	3.520 0%	4.039 9%
10	21.870 0%	83.610 0%	5.480 0%	6.554 2%

1. 期初存活率

第一期期初（贷款发放日）存活率等于100%，随后每一期取值都等于100%减去上一期累计违约率。

```
    A_期初存活率=
VAR V_Period=('参数表_关注类贷款累计违约率'[年限])
VAR V_PD_Last=
  CALCULATE(
    VALUES('参数表_关注类贷款累计违约率'[累计违约率]),
    FILTER(ALL('参数表_关注类贷款累计违约率'),'参数表_关注类贷款
累计违约率'[年限]=V_Period-1)
  )
RETURN
  IF(V_Period=1,1,1-V_PD_Last)
```

以上计算期初存活率度量值的表达式中，代表上一期累计违约率的中间变量 V_PD_Last 是关键，在 CALCULATE 结构中，第一参数 VALUES（'参数表_关注类贷款累计违约率'［累计违约率]）在第二参数所筛选的表只有一行数据时，将所在行所在列交叉值作为单一数值输出，即获取"参数表_关注类贷款累计违约率"［累计违约率］值，相当于将表筛选提取出符合条件的单一行列交叉点值；第二参数 FILTER ALL（参数表_关注类贷款累计违约

236

率），'参数表_关注类贷款累计违约率'［年限］＝V_Period－1）返回比当前年数减去 1 的一行数据所组成的表（上年数据表）；两部分搭配使用之后，获得报告日前一年底的累计违约率。

由于期数等于 1 时，V_PD_Last＝0，所以上述计算列表达式中 RETURN 子句等价于：

```
    RETURN
1-V_PD_Last
```

只是简化之后的表达式不如完整形式更加容易理解。

2. 无条件违约率

两期之间的累计违约率相减即无条件违约率。第一期无条件违约率等于第一期累计违约率，随后每一期取值都等于本期累计违约率减去上一期累计违约率。函数表达式如下：

```
    B_无条件违约率=
VAR V_Period=('参数表_关注类贷款累计违约率'[年限])
VAR V_PD_ACC=('参数表_关注类贷款累计违约率'[累计违约率])
VAR V_PD_Last=
  CALCULATE(
    VALUES('参数表_关注类贷款累计违约率'[累计违约率]),
    FILTER(ALL('参数表_关注类贷款累计违约率'),'参数表_关注类贷款
累计违约率'[年限]=V_Period-1)
  )
RETURN
  V_PD_ACC-V_PD_Last
```

计算 B_无条件违约率的度量值内部结构与"A_期初存活率"相似，也需要借助中间变量"V_PD_Last"，然后当前年份累计违约率减去上一期累计违约率，即等于不附加条件的违约率。以上度量值中 RETURN 及其后语句等价于以下表达式：

```
    RETURN
IF(V_Period=1,V_PD_ACC,V_PD_ACC-V_PD_Last)。
```

3. 即期违约率

即期违约率相当于上一年没有违约时，在给定期初存活率的前提下，形成本期无条件违约率所需要保持的即期违约率，是一种条件概率，函数表达式如下。

```
C_即期违约率=
'参数表_关注类贷款累计违约率'[B_无条件违约率]/'参数表_关注类贷款
累计违约率'[A_期初存活率]
```

读者可以尝试在 Excel 中验算表 10-5 中的各种违约率。

10.2.4 预期损失计算

在最近几年银行业会计实务中，预期信用损失是焦点难题，同时也是影响银行利润和监管指标的重要因素。由于信用风险与财务核算分别属于不同专业领域，同时会计准则中缺少贴近银行业实务的示例，再加上信用风险计算在理论上非常抽象且涉及非常复杂的数据处理，导致其大大超出传统财务会计工作人员的知识和技能。许多银行往往高度依赖外部专业机构设计复杂的封闭式运行模型，由银行内部人员输入业务数据和参数后运行信用风险模型产生结果。在这种情况下，财务人员缺少数据处理方面的训练，很难精通 SQL、MATLAB、Python 等各种专业软件以实际运行与调试信用风险模型，所以会计工作者缺少亲身体验，不理解模型运行机制，难以调查具体变量的影响，无法解释模型何以产生超预期结果。

Power BI 数据处理功能灵活强大，可以随外部筛选条件和内部逻辑构造灵活调整输出结果；再辅之以多种数据可视化形式，特别有助于调试与理解信用风险模型。以下将展示如何使用 DAX 函数在数据表中生成预期信用损失。

1. 数据准备

表 10-6 源自按报告日期展开的表 10-4 原借据级数据，展开之后的数据包括每一笔贷款从发放日第 0 期开始，每年为一期，到合同结束日为止各个时点数据；如果合同期限为 5 年，那么从 0 到 5 一共是 6 期；如果合同期限为 10 年，那么从 0 到 10 一共是 11 期。

表 10-6　贷款基础数据展开-部分数据

借据号	放款日	发放金额	产品类别	年限	利率	期数	报告日	评级
C03LT000080	2023 年 1 月 1 日	60 000 000	等额还本	10	0.1	0	2023/01/01	正常
C03LT000080	2023 年 1 月 1 日	60 000 000	等额还本	10	0.1	1	2023/12/31	正常
C03LT000080	2023 年 1 月 1 日	60 000 000	等额还本	10	0.1	2	2024/12/31	关注
C03LT000080	2023 年 1 月 1 日	60 000 000	等额还本	10	0.1	3	2025/12/31	可疑
C03LT000080	2023 年 1 月 1 日	60 000 000	等额还本	10	0.1	4	2026/12/31	—
C03LT000080	2023 年 1 月 1 日	60 000 000	等额还本	10	0.1	5	2027/12/31	—
C03LT000080	2023 年 1 月 1 日	60 000 000	等额还本	10	0.1	6	2028/12/31	—
C03LT000080	2023 年 1 月 1 日	60 000 000	等额还本	10	0.1	7	2029/12/31	—
C03LT000080	2023 年 1 月 1 日	60 000 000	等额还本	10	0.1	8	2030/12/31	—
C03LT000080	2023 年 1 月 1 日	60 000 000	等额还本	10	0.1	9	2031/12/31	—
C03LT000080	2023 年 1 月 1 日	60 000 000	等额还本	10	0.1	10	2032/12/31	—
C04LT000099	2023 年 1 月 1 日	90 000 000	等额还本	10	0.1	0	2023/01/01	正常
C04LT000099	2023 年 1 月 1 日	90 000 000	等额还本	10	0.1	1	2023/12/31	关注
C04LT000099	2023 年 1 月 1 日	90 000 000	等额还本	10	0.1	2	2024/12/31	关注
C04LT000099	2023 年 1 月 1 日	90 000 000	等额还本	10	0.1	3	2025/12/31	正常

2. 追加计算列

在表 10-6 的基础上，我们还将添加计算列生成与呈现各个报告日贷款余额，与五级分类相对应的信用风险三阶段，根据贷款合同利率与期数生成的贴现率、信用风险第二阶段各年度即期违约率，前后两年间信用风险阶段转换类型，以及预期信用损失等，效果如图 10-1 所示。所有新增计算列都将用于帮助生成预期信用损失金额以及披露变动表。

图 10-1　添加计算列之后的数据表

计算列的好处是算出的数据将直观展现在数据表行列中，输出结果稳定，比度量值处理方式简单，容易调试输出结果。虽然理论上度量值也可以达到计算列的处理效果，但是以度量值处理复杂运算步骤时，所获取的结果难以分步调试，随筛选而变的输出也不够稳定。

3. 贷款余额

在标注借据期数与原始本金之后，可以根据各种贷款产品的还款方式确定每一期贷款余额。当贷款借据号相同时，最后一期，也就是期数最大的一期贷款余额为 0；最后一期之前，按贷款产品种类确定未偿还贷款本金，普通贷款每一期余额都相等；等额还本贷款每一期余额按照每期固定还款金额逐期递减；等额本息贷款每期未偿还本金最复杂，需要原始本金减去财务专业函数 CUMPRINC 算出的累计还本金额。

```
    Balance=
VAR V_Reference='数据表_贷款余额与预期损失'[借据号]
VAR V_Last_Period=
  MAXX(
    FILTER(ALL('数据表_贷款余额与预期损失'),V_Reference='数据表_贷款余额与预期损失'[借据号]),
    '数据表_贷款余额与预期损失'[期数]
  )
RETURN
  SWITCH(
    TRUE(),
    '数据表_贷款余额与预期损失'[期数]=V_Last_Period,0,
    [产品类别]="普通贷款",[发放金额],
    [产品类别]="等额还本",
      [发放金额]*(1-[期数]/[年限]),
      IF([期数]=0,[发放金额],[发放金额]+CUMPRINC([利率],[年限],[发放金额],1,[期数],0))
  )
```

4. 信用风险阶段

与信用风险阶段相关的三个计算列分别是当期信用风险阶段、前期信用

风险阶段以及本期信用风险阶段变动；前两列取值在标准字符串 S1，S2，S3
中选择，含义分别对应信用风险阶段一、阶段二、阶段三；第三列取值范围
是以下划线相连的信用风险阶段名称，代表信用风险阶段迁徙，如 S2_S3，
意思是上期处于信用风险第二阶段而当期处于信用风险第三阶段。

5. 信用风险阶段-当期

本期信用风险三阶段分类结果进一步决定所需要采用的违约率覆盖区间，
直接影响计算本期末预期信用损失余额的复杂程度。

本计算列逻辑类似 Excel 工作表函数 Vlookup，根据当前表"数据表_贷
款余额与预期损失"中的五级分类字段值去匹配"参数表_五级分类与 LGD"
[五级分类]，取后表中匹配值所在行的［信用风险阶段］列内容；也就是正
常类属于第一阶段，返回 S1；关注类为第二阶段，返回 S2；次级、可疑与损
失为第三阶段，返回 S3。

```
    Credit_Stage=
VAR V_Grading='数据表_贷款余额与预期损失'[评级]
RETURN
  CALCULATE(
    VALUES('参数表_五级分类与 LGD'[信用风险阶段]),
    '参数表_五级分类与 LGD'[五级分类]=V_Grading
  )
```

虽然在以上两张表之间建立多对一关系之后，使用简单的 RELATED 函
数也可以得到同样效果；但是建立关联后会使得数据模型复杂化而导致其他
计算列出错；为了避免"数据表_贷款余额与预期损失"与"参数表_五级分
类与 LGD"二者间建立表间关联后干扰其他计算结果，我们使用 CAL-
CUALTE 嵌套 VALUES 函数加上内部筛选跨表调用数据。

6. 信用风险阶段-上期

会计准则要求披露信用损失准备在上期与本期之间三个信用风险阶段之
间的转移金额。所以我们还需求解当前借据在上一期的信用风险三阶段归属。
具体方法是首先在当前"数据表_贷款余额与预期损失"之中锁定当前数据行
中借据号以及使用当前期数减 1 以得到上期期数，然后在"数据表_贷款余额
与预期损失"之中筛选出当前借据上一期五级分类，最后根据当前借据上一

期五级分类值在参数表中查找信用风险阶段。

样本数据包含从贷款发放日（第 1 年初）开始的四个时点贷款评级数据，因此从第 1 年底开始，上一期期数分别是 0，1，2，也就是 V_Period_Last＞＝0 而且 V_Period_Last＜3。

```
    Credit_Stage_Last=
VAR V_Loan_Ref='数据表_贷款余额与预期损失'[借据号]
VAR V_Period_Last='数据表_贷款余额与预期损失'[期数]-1
VAR V_Grading_Last=
 IF(
    V_Period_Last>=0
      &&V_Period_Last<3,
    CALCULATE(
      VALUES('数据表_贷款余额与预期损失'[评级]),
      FILTER(
        ALL('数据表_贷款余额与预期损失'),
        '数据表_贷款余额与预期损失'[期数]=V_Period_Last
          &&V_Loan_Ref='数据表_贷款余额与预期损失'[借据号]
      )
    )
 )
RETURN
 CALCULATE(
    VALUES('参数表_五级分类与LGD'[信用风险阶段]),
    '参数表_五级分类与LGD'[五级分类]=V_Grading_Last
 )
```

7. 信用风险阶段—变动类型

为了更好地为贷款减值准备变动表预备数据标签，还需要再增加一列信用风险所处阶段在两期之间的变动类型。例如上一期为 S1，本期为 S2，那么在计算列将生成变动类型 S1_S2。

```
    Credit_Stage_Move=
IF(
    '数据表_贷款余额与预期损失'[期数]> 0
      &&'数据表_贷款余额与预期损失'[期数]< = 3,
    '数据表_贷款余额与预期损失'[Credit_Stage_Last]&"_"&'数据表_贷
款余额与预期损失'[Credit_Stage]
)
```

8. 信用风险显著上升（关注类贷款）违约率

确定贷款所处信用风险阶段之后，就可以按所处阶段确定违约率。按照前文所讨论的，正常类贷款与不良贷款违约率分别固定为 0.8% 与 100%；而属于第二阶段的关注类贷款需要按照期数查找'参数表_关注类贷款累计违约率'[年限] 后返回即期违约率值。

```
    PD_SpecialMention=
VAR V_Period= '数据表_贷款余额与预期损失'[期数]+1
RETURN
  CALCULATE(
    VALUES('参数表_关注类贷款累计违约率'[C_即期违约率]),
    FILTER(ALL('参数表_关注类贷款累计违约率'),'参数表_关注类贷款
累计违约率'[年限]=V_Period)
    )
```

以上计算列步骤中将违约率与期数匹配后，在所有数据行都返回对应年份的关注类贷款违约率。

但需要注意该计算列结果：一是对于所有贷款（包括正常类与不良贷款）均返回了即期违约率；二是即期违约率还需要乘以信用风险暴露（报告日未偿还贷款余额）再贴现之后才是预期信用损失估算金额。所以必须进一步引入预期信用损失 ECL 与贴现率两列。

9. 预期信用损失

一般而言，预期信用损失 ECL 被表示为违约率（PD）乘以违约损失率（LGD）再乘以信用风险暴露（EAD）之后贴现，对于正常类贷款和损失类贷款都只需要按照当前报告日损失率和报告日违约损失率再乘以报告日贷款

余额即可估算预期信用损失；但是如前文所分析的，等价于信用风险第二阶段的关注类贷款需要考虑未来剩余期间的多个时点违约率，以及处理分期还本贷款在未来多期不同的账面余额，这两个因素导致关注类（信用风险显著增加）贷款预期信用损失计算结构非常抽象复杂。

10. 贴现率

未来违约事件导致的损失贴现到报告日之后成为当前预期信用损失；所以我们在数据表中还需要将贴现率作为预期信用损失计算的一个前置条件。根据合同利率与期数，可以得到在贷款初始发放日（第 0 期）向后展望若干期的绝对期数贴现系数表达式。

```
Discount_Factor=
POWER(1+[利率],-[期数])
```

从以上公式可以发现，当期数大于等于 1 时，贴现系数数组 Discount_Factor 中元素小于 1。例如利率＝10%，期数＝1，则第一个元素约等于0.909 1。但是报告日贴现系数应该从 1 开始，也就是报告日贷款余额等于即期风险暴露。

所以在第 1 期以及往后期间计算关注类贷款预期信用损失（ECL）时，需要调增上述绝对期数贴现系数数组中每一个元素，在调用贴现系数数组时调整 POWER 函数第二参数从 0 开始，使得报告期贴现系数为 1，贴现系数数组中其他数值也将被放大同样的倍数。

11. ECL 本期余额

以下 DAX 计算列表达式输出每一笔借据在初始发放日与前 3 年年末各个报告日应该计提的预期损失金额。我们首先从业务需求出发理清计算逻辑，然后写出符合 DAX 语法要求的句子，最后核对结果，调试与修正差错。

使用 Power BI 计算 ECL 预期信用损失时，有一些特殊复杂处理，包括：

（1）跨行计算，信用风险显著增加的关注类贷款需要根据当前报告日及随后各期违约率，结合未来各个时点未偿还贷款余额和贴现率计算损失净现值。

（2）跨表引用，例如根据当前行中五级分类在"参数表_五级分类"与 LGD 中查找违约损失率。

在执行列计算的 DAX 表达式之中不可以像在 Excel 中那样指定特定行列

交叉值，需要特别语法形式处理行上下文，本文中通过在计算列中定义变量 VAR 达到这一效果。初学者在 Power BI 入门阶段需要一定的训练与观摩才可以适应。

```
      ECL=
VAR V_Loan_Ref='数据表_贷款余额与预期损失'[借据号]
VAR V_Period='数据表_贷款余额与预期损失'[期数]
VAR V_Rate='数据表_贷款余额与预期损失'[利率]
    //＊＊A锁定本表当前行特定列值
    VAR V_LGD_SM=
  CALCULATE(VALUES('参数表_五级分类与LGD'[违约损失率LGD]),'参数
表_五级分类与LGD'[五级分类]="关注")
VAR V_LossRate=
  CALCULATE(
    VALUES('参数表_五级分类与LGD'[损失率LossRate]),
    FILTER(ALL('参数表_五级分类与LGD'),'参数表_五级分类与LGD'
[五级分类]='数据表_贷款余额与预期损失'[评级])
  ) //＊＊B根据本表当前行指标查找参数表_五级分类与LGD中的参数

VAR V_This_Loan_Future=
  FILTER(
    ALL('数据表_贷款余额与预期损失'),
    '数据表_贷款余额与预期损失'[借据号]=V_Loan_Ref
      &&'数据表_贷款余额与预期损失'[期数]>=V_Period
  ) //＊＊＊C筛选"当前与未来期间数据

RETURN
  IF(
    '数据表_贷款余额与预期损失'[Credit_Stage]="S1"||'数据表_贷
款余额与预期损失'[Credit_Stage]="S3",
    '数据表_贷款余额与预期损失'[Balance]*V_LossRate,
```

```
CALCULATE(
    SUMX(V_This_Loan_Future,[Balance]*[Discount_Factor]*[PD
_SpecialMention])
      * POWER(1+V_Rate,V_Period)*V_LGD_SM
   ) //***D根据是否处于第二风险阶段分为两种情况;第一阶段或者第
三阶段简单乘以损失率;如果信用风险处于第二阶段,那么在前文筛选出的
"当前借据未来期间数据"表中,使用 SUMX 计算,将几列数据中同一行元素连
乘后相加,再整体消除绝对折现系数影响之后乘以违约损失率 LGD
   )
```

- 锁定本表当前行特定列值。

我们在计算列表达式的第一部分定义了三个 VAR 变量,分别是 V_Loan_Ref,V_Period,V_Rate,用于确定当前行数据的借据号、期间数以及利率;其语法形式比较简单,左边是变量名称,右边是表名与列名。与此形成对比的是,在度量值中定义类似变量需要套用 SELECTEDVALUE 函数。

以 V_Loan_Ref,V_Period 为例,此处定义两个变量的意义是固定当前表 ('数据表_贷款余额与预期损失')、当前行 (本借据当期)、相应列 (分别贷款借据号与期数) 的值;今后将用来与被调用数据表 (同样是'数据表_贷款余额与预期损失',也称之为当前表被筛选之前的状态表) 相应位置数据列 (借据号与期数) 比较之后筛选出符合条件的部分数据行。后文将用到的 "借据当前与未来期间数据" 表或者变量 V_This_Loan_Future,就是基于 V_Loan_Ref、V_Period 而生成,由当前借据在报告日与今后期间各行数据组成的中间表。

在推出 VAR 变量之前,DAX 中需要通过 EARLIER 函数进行类似处理,而英文 EARLIER 的直观含义就是 "更早之前 (当前表被筛选之前)"。

这是由于 Power BI 引用和处理数据时,以数据表和数据列为基本单位,没有数据行编号作为筛选与调用数据表的依据;不像在 Excel 中可以逐个单元格或者手工选定特定区域以处理与引用数据。

- 根据本表当前行指标查找 "参数表_五级分类" 与 LGD 中的参数

这一部分定义了两个变量 V_LGD_SM 与 V_Loss Rate,都是从本表的评级出发,通过跨表引用而生成,使用了 CALCULATE 内部嵌套 VALUES 函

数与 FILTER 函数的结构。其中，FILTER 函数将筛选出满足条件的一行数据表，而 VALUES 函数提取经 FILTER 筛选后的一行表中［损失率 Loss-Rate］列值，将其作为数值使用。这是由于 Power BI 中没有行列编号，无法采用类似 Excel 引用单元格的方法而获取数值。

- 筛选"借据当前与未来期间数据"表

在每一行内部，都根据当前行相关字段内容筛选符合条件的中间数据表 V_This_Loan_Future，也就当前借据本期与未来期间数据，DAX 语句中筛选条件为：'数据表_贷款余额与预期损失'［借据号］＝ V_Loan_Ref ＆＆'数据表_贷款余额与预期损失'［期数］＞＝ V_Period

其中，VAR 变量代表用于作为筛选标准的当前行中借据号与期数值，双写的连接符"＆＆"表示同时满足连接符左右的两个条件。这一步骤生成的 V_This_Loan_Future 将被用于在前三年内每一行计算预期信用损失（ECL）。

- 综合计算

此部分在 RETURN 之后，是一个 IF 判断结构，前半部分比较简单，后半部分非常复杂。

第一分支处理信用风险第一阶段与第三阶段贷款，只需要根据一个时点违约率（PD）乘以单一数值违约损失率（LGD）即可。相当于处理属于信用风险第一阶段的正常类贷款，以及处理信用风险第三阶段的不良贷款；这两组都只需要考虑一个时点的损失率，即前文中已经锁定的 VAR 变量 V_Loss Rate。

第二分支是信用风险第二阶段或者关注类贷款，需要根据当前与今后期间的系列违约率（PD）数组，系列风险暴露或者贷款余额（EAD）数组，单值违约损失率（LGD），以及各个期间的系列贴现率数组计算预期信用损失现值。计算核心部分函数表达式如下：

```
CALCULATE(
        SUMX(V_This_Loan_Future,[Balance]*[Discount_
Factor]*[PD_SpecialMention])
            *POWER(1+ V_Rate,V_Period)*V_LGD_SM
```

进一步解释以下细分步骤含义：

SUMX 函数结构的功能是在筛选出的当前借据即期与未来数据表 V_This_Loan_Future 中，将被调用的数据列中同一行各个元素横向相乘后再相加，也就是将每一年的贷款余额乘以即期违约率再乘以绝对期数贴现率。

POWER（1＋V_Rate，V_Period）结构，将绝对期数贴现率修正为第一个元素为 1 的相对期数贴现率数组，因为计算列［Discount_Factor］中贴现系数是根据利率与期数序号生成，没有考虑到每一个报告日贴现系数需要动态调整为从 1 开始。例如对借据 C03LT000080 而言，其利率为 10%，在第 2 期为关注类，在计算列［Discount_Factor］中对应期数 2 时的绝对期数贴现系数为 0.826 4，其后各期分别为 0.751 3，0.683 0 等，但实际上以第 2 期时点为报告日时，贴现系数应该为 1，也就是应该将 0.826 4 放大 1.21 倍［1.21＝（1＋0.1）×（1＋0.1）］，其后每一期贴现系数也都需要相应放大 1.21 倍。

最后乘以关注类贷款 LGD 系数，这是来自"参数表_五级分类与 LGD"中的单一数值，做成参数引用，以方便查找数据来源，并且支持灵活修改。

- 抽样验算。

我们在表 10-7 信用风险显著上升贷款（ECL）验算－借据号 C03LT000080 中验证一个比较复杂的关注类贷款 ECL 计算过程，以下数据摘自借据号 C03LT000080 的贷款，合同利率 10%，合同期限 10 年，在报告日 2024/12/31，也就是第 2 期评级为关注类，所以计算时需要考虑报告日后剩余期限内所有违约事件的综合影响；又由于每一期都需要等额分期还款，所以各期风险暴露不相同，属于比较复杂的情景。

表 10-7　信用风险显著上升贷款 ECL 验算－借据号 C03LT000080

期数	Balance	DF	PD	DF_New	LGD	ECL＝Balance * PD * DF_New * LGD
2	48 000 000	0.826 4	1.384 3%	1.000 0	20%	132 895.82
3	42 000 000	0.751 3	1.476 6%	0.909 1	20%	112 754.88
4	36 000 000	0.683 0	1.393 1%	0.826 4	20%	82 897.58
5	30 000 000	0.620 9	1.241 6%	0.751 3	20%	55 968.65
6	24 000 000	0.564 5	2.070 0%	0.683 0	20%	67 864.61
7	18 000 000	0.513 2	3.574 6%	0.620 9	20%	79 903.42
8	12 000 000	0.466 5	4.039 9%	0.564 5	20%	54 730.58
9	6 000 000	0.424 1	6.554 2%	0.513 2	20%	40 360.34
10	0	0.385 5		0.466 5	20%	0
合计						627 375.87

在计算表中，从第 2 期开始，每一期 ECL 净现值都等于"Balance * PD

* DF_New * LGD"，最后各期数相加，最终得到 627 375.87 元，也就是该借据在报告日 2024/12/31 应该保有的预期信用损失金额。

- ECL 本期计提。

根据会计准则中的披露要求，贷款需要按期披露 ECL 每期增加或者减少金额，而 ECL 应保有金额在两期之间的变化就是计提或者回冲金额。另外，由于案例中只要求计算前三年数据，所以增加限制条件为"［期数］ <= 3"。

```
    ECL_Accrual=
IF(
    '数据表_贷款余额与预期损失'[期数]<=3,
    '数据表_贷款余额与预期损失'[ECL]-'数据表_贷款余额与预期损失'
[ECL_Last]
)
```

- ECL 上期应留存余额。

ECL 上期应留存金额的抓取条件是加总与当前贷款记录借据号相同，而且期数等于当前期数减 1 贷款数据的 ECL 余额。

```
    ECL_Last=
VAR V_Loan_Ref='数据表_贷款余额与预期损失'[借据号]
VAR V_Period='数据表_贷款余额与预期损失'[期数]
RETURN
  IF(
    V_Period<=3
      &&V_Period>=1,
    CALCULATE(
      SUM('数据表_贷款余额与预期损失'[ECL]),
      FILTER(
        ALL('数据表_贷款余额与预期损失'),
        '数据表_贷款余额与预期损失'[借据号]=V_Loan_Ref
          &&'数据表_贷款余额与预期损失'[期数]=V_Period-1
      )
    )
  )
```

● ECL 本期转移。

会计准则披露要求贷款预期信用损失余额按贷款本金所处信用风险三阶段而披露期初余额、期末余额和本期变动。当贷款所处三阶段发生变化时，同一笔借据贷款列示在期初信用风险阶段中的 ECL 余额将在期末列示于不同的信用风险阶段，此时期初信用损失余额将被列报为 ECL 本期转移[①]。如果信用风险阶段没有发生变化，则不报送转移金额；又或者在贷款初始发放日以及超出 ECL 评估期限的第 4 期，都不需要考虑减值准备转移金额。

```
    ECL_Transfer=
IF(
  '数据表_贷款余额与预期损失'[期数]=0
   ||'数据表_贷款余额与预期损失'[期数]>=4
   ||'数据表_贷款余额与预期损失'[Credit_Stage]=[Credit_Stage_
Last],
  BLANK(),
  '数据表_贷款余额与预期损失'[ECL_Last]
)
```

● 年份。

年份用于作为后续 ECL 披露时的数据标签。

```
    Year=
    Year('数据表_贷款余额与预期损失'[报告日])
```

● 贷款利息收入。

按照会计准则规定，贷款利息收入比较简单，当信用风险阶段不属于第三阶段"已减值"时，按照贷款未偿还本金与合同利率计提；否则"已减值贷款"需要从贷款未偿还本金中扣除应该计提的减值准备后再乘以利率计提利息，这样可以防止高估利息收入。

根据案例中数据特点，我们将计算逻辑设置为，当贷款质量为正常（信用风险第一阶段）或者关注（信用风险第二阶段）时，年度利息收入等于本金乘以利率；否则当贷款为不良贷款，即处于信用风险第三阶段时，需要从

[①] 为简化起见，当贷款信用风险阶段变化时，我们将期初所有 ECL 余额都视同在本期转移，不会将由于贷款本金下降而导致 ECL 回拨金额披露为计提数减少（回拨）。

本金中扣除 ECL 以减少基数。

为了使得 DAX 表达式看来简洁，我们还设置变量 V_Base 作为贷款利息计算基数，并且根据五级分类处于前两类还是后三类分别决定 V_Base 是否需要扣除预期信用损失余额。

```
    Interest_Income=
VAR V_Base=
  IF(
    '数据表_贷款余额与预期损失'[评级]="正常"
    ||'数据表_贷款余额与预期损失'[评级]="关注",
    '数据表_贷款余额与预期损失'[Balance],
    ('数据表_贷款余额与预期损失'[Balance]-'数据表_贷款余额与预期损失'[ECL])
  )
RETURN
  V_Base*'数据表_贷款余额与预期损失'[利率]
```

10.3 减值准备会计披露

根据《企业会计准则（2017）》中的要求，会计主体应该分信用风险三阶段定量披露信用风险减值损失的期初余额、本期变动和期末余额；变动金额中包括本期金额净增加与净减少，以及同一贷款交易年初与年末预期信用损失准备在不同信用风险阶段之间的相互转移。

10.3.1 需求难点分析

图 10-2 中，在每一个会计年度都需要分横向与纵向两个维度披露预期信用损失余额以及变动情况：

● 横向变动，需要报送期初余额、本期转移与增加和减少，重新计量、本年转销、收回原核销贷款引起的变动、其他变动以及期末余额。

● 纵向分列，将横向金额各自按信用风险三阶段细分，同时列报合计金额。

以摊余成本计量的发放贷款和垫款的预期信用减值准备变动

本集团

	2021 年度			
	第一阶段	第二阶段	第三阶段	合计
年初余额	17 206 903	9 448 135	12 822 188	39 477 226
本年转移				
- 第一阶段与第二阶段转移净额	(348 090)	348 090	-	-
- 第一阶段与第三阶段转移净额	(12 562)	-	12 562	-
- 第二阶段与第三阶段转移净额	-	(1 823 203)	1 823 203	-
本年净增加/(减少)	1 003 996	(1 970 549)	(333 641)	(1 300 194)
重新计量	(1 576 513)	6 185 564	6 899 185	11 508 236
本年转销	-	-	(7 754 552)	(7 754 552)
收回原核销贷款和垫款	-	-	1 415 973	1 415 973
其他变动	(57 547)	(43 099)	(52 637)	(153 283)
年末余额	16 216 187	12 144 938	14 832 281	43 193 406

图 10-2　预期信用损失披露表（上海银行 2021 年报）

图 10-2 中所要求的复杂数据变动表非常难以实现自动化，实务中大量依靠手工解决；通过 DAX 语言处理以上需要突破许多瓶颈，首先，要建立表间数据关联关系非常困难，金融计算数据之间缺少明确的多对一逻辑主线，还存在多种逻辑关系与计算方式并行，数据表之间关联关系过多可能导致计算被干扰而出错；其次，DAX 采用的列计算方式对整个数据列运行执行一组统一代码，那么需要设置复杂的多重逻辑判断分支使得不同场景返回不同结果。

除了计算技术方面的困难之外，还有根据实际场景建模的问题需要解决。在财务会计报告中，经常会出现会计准则要求的最终报表报送披露维度与业务数据之中的字段内容或取值不一致，可能是表层数据标签不一致，这时增加一组标准标签匹配等价内容即可；也可能是由于实际业务场景与底层数据无法完全匹配需要抽象简化或者优化。

本章节案例中主数据表就缺少与报表披露格式要求完全一致的数据标签，例如图 10-2 上海银行披露格式中列标题为"第一阶段""第二阶段""第三阶段"，甚至列标题还可能会在不同需求场合而切换成更加复杂的中文或英文，但是主数据表中并没有各行子项值与披露格式要求完全一致的列，底层业务数据无法根据披露要求而灵活变换；这就导致无法直接通过拖拽列标题的方法建立预期信用损失余额分析维度与准确显示数据。

另一方面，横向区分的预期信用损失转移与发生金额属性更加复杂，在按照披露格式的本质要求配置数据后，我们需要设置自定义报表行标题或列标题；再于 DAX 度量值中以自定义报表行标题与列标题为输入条件而生成结果，输出到 Power BI 报告可视化对象之中。

为了克服困难解决问题，我们首先应该简化需求、舍弃不常见场景；再充分利用现有数据，分步优化构思，补足缺失的数据维度；最后通过多步调试后生成自动化解决方案。

（1）第一步，简化需求。

图 10-2 横向变动中的重新计量、本年转销、收回原核销贷款和垫款、其他变动（可能由于汇率变动而导致）等场景在我们的案例数据中并不存在；同时在中小银行操作实务中不太常见，所以在评估与设计基本演示案例需求时可不予考虑。如果在实际工作中遇到类似场景，读者可以根据业务场景与数据设计解决方案，或者干脆手工解决这些低频率问题。

（2）第二步，尽量利用现有数据结构。

我们应该尽可能利用现有数据结构中的维度列以帮助数据加工与达成显示目标。例如，变动表纵向所要求切分列报的三个子类："第一阶段""第二阶段""第三阶段"，虽然在"数据表_贷款余额"与预期损失中并不直接存在，但是前期追加的计算列"Credit_Stage"中各子项内容 S1，S2，S3 实质上可以和"第一阶段""第二阶段""第三阶段"形成一一对应的等价关系，二者仅仅文字标签不同，所以我们可以构建一个新的三行列标题维度表，在主数据表 Credit_Stage 与披露变动表列标题之间建立对应关系，从而可以在 DAX 表达式中建立可视化对象之后，凭借列标题标签"第一阶段""第二阶段""第三阶段"调用计算列 Credit_Stage 各个子项内容 S1，S2，S3，以便顺利切割"数据表_贷款余额"与预期损失中数据以及派生的度量值。这个标题维度表还可以再扩展，引入其他实质性要求相同的中文报表标题，或者英文报表列标题等满足各种演示需要。

（3）第三步，补足缺失数据维度。

由于实际需求千变万化，因此在尽最大可能利用现有数据之后仍然可能会缺少数据处理维度，例如图 10-2 中横向切分维度，"转移到第一阶段""转移到第二阶段""转移到第三阶段"，以及"计提与回拨"等变动类型，确实无法在现有数据表中找到实质相同的对应标签。如此一来，就只能够按需要重新构造无法满足的数据处理维度，新建一张"维度表_减值准备变动_行"标题，将所需要的横向切分维度赋值为新建表的一列，将来拖拽成预期信用损失变动表矩阵中行标题，并且作为复杂度量值的外部输入条件，根据不同的行标签返回所需要的计算结果。

10.3.2　预期信用损失数据模型结构与设计思路

在 10.3.1 节中，我们以"数据表_贷款余额"与预期损失中每一笔贷款借据在每一个时点的原始数据记录为基础，追加本期与前期预期信用损失及变动类型等计算列字段之后，构造出一套完整的预期信用损失数据。

本小节承前启后，将整体介绍 Power BI 数据模型结构，包括其中每一张数据表、参数表与维度表，以及其设计思路。重点展现如何在已有数据基础上，怎样评估业务需求，忽略不存在的场景，补充缺失信息，在数据模型之中建立数据关联、筛选与调用机制，以便支持 DAX 函数下一小节中所设计与展示的复杂度量值。

1. Power BI 报告设计构思

为了在 Power BI 中正确处理与展示数据，我们应该从底层数据出发创建基础度量值，然后根据会计准则所需要呈现的披露格式设计复杂度量值调用基础度量值，通过自定义筛选和灵活设计的逻辑判断分支，实现会计准则所要求的展示效果。

为了改善用户体验，我们还设置了一些辅助度量值，包括金额显示单位、金额单位、报表标题等；其中金额显示单位可以由用户通过切片器而选择，同时自动生成的报表标题度量值将随金额显示单位和报告期而更新。

为了方便用户查找度量值，以及理解度量值之间的关系，我们还建立专用度量值收纳表以方便用户查找所需要的度量值。在度量值表中创建文件夹以按主题层次结构显示度量值，如此一来，用户按照指标相关性可以快速找到所需要的度量值，同时也更加易于理解指标间业务逻辑。

由于本案例中数据不需要计算年度累计数，也无法通过简单的去年同期比较而得到今年同口径数据，因此时间智能函数作用有限，不需要建立日期表。

2. 数据模型结构简介

以下我们首先概览 Power BI 模型中涉及的数据表、维度表、参数表以及度量值表，然后再重点介绍信用损失披露所将要用到的度量值。

单击 Power BI 界面左侧边框连续三个小图标之中最下方的代表数据模型的图标即可打开模型视图界面，下面按照从左到右，再从上到下的顺序依次简介，如图 10-3 所示。

图 10-3　预期信用损失变动表数据模型

（1）表 0_Measure 度量值表。本表图标在数据模型视图中位于左上方，仅用以统一收纳度量值，查找按逻辑关系将度量值在文件夹中分层显示；不含基础数据、参数及维度。

（2）创建方法。本表创建方法是单击一级菜单"主页"，单击二级命令"输入数据"，就会生成一张只有一列（名为"列 1"）的新表。在新建表下方输入名称"0_Measure"，前缀"0_"将使得这一张表永远显示在按名称排序的 Power BI 界面右侧字段面板最上方。度量值表名称也可以是其他任何名称。

度量值表创立之后，为了简化操作界面并与其他数据表和维度表相区别，可以进一步隐藏初创时的"列 1"，方法是选中该列之后，用鼠标右键单击，在弹出菜单之中选择"隐藏"，隐藏数据列之后，度量值表的图标也变成计算器形状，这与其他数据表图标明显不同。

（3）移动度量值与新建文件夹。以下介绍两组分别在不同操作界面中将度量值从其他表移动到度量值表的方法。

● 报表与数据视图。在"报表"和"数据"视图之中，以鼠标左键单击度量值，这时 Power BI 界面上方一级菜单区域会激活并且显示一级菜单"度量工具"，同时面板最左边会出现"名称"和"主表"两个对话框，继续单击主表对话框右侧三角形箭头，将该度量值的归属从其他表修改为"0_Measure"，即案例中度量值表名称。

● 模型视图。在模型视图中还可以在度量值表下级建立一层或多层文件夹分门别类存储度量值，如果希望在"0_Measure"下新建"辅助度量值"与"标题"两层文件夹，那么在"显示文件夹"对话框之中输入以下内容，以反斜杠区分两层文件夹。

辅助度量值\标题

建立分层显示文件夹之后，按鼠标左键选定拟移动度量值拖拽到目标表或者目标文件夹所在位置，等出现一个虚线框之后松开鼠标释放，则度量值会被移动到新文件夹之中。如图 10-4 所示。

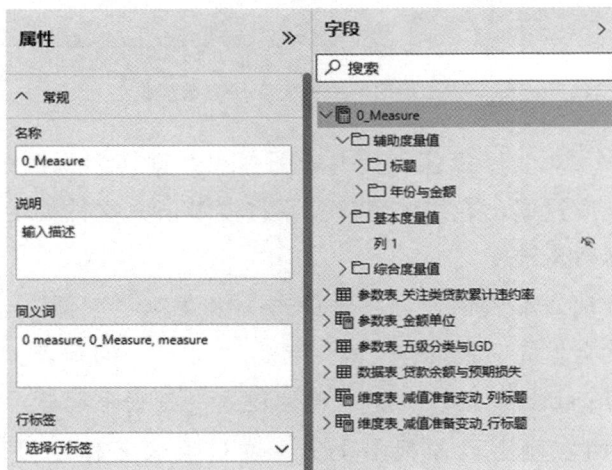

图 10-4　度量值表结构

（4）辅助度量值。当前一级文件夹下属两个二级文件夹，标题、年份与金额，标题文件夹中的度量值由报告期间、报告主题与金额单位拼接而成，包括可用于任意一年的 Movement_Title_Any_Year，以及用于指定年份的

Movement_Title_Y1、Movement_Title_Y2、Movement_Title_Y3。标题度量值需要引用报告期最早年份度量值 First_Report_Year，金额单位数值 Unit_Amount 与金额单位名称 Unit_Name；根据报告期所属年份，如果是第 1 年，就直接引用；如果是第 2 年，则年份为 First_Report_Year＋1，如果是第 3 年，则年份为 First_Report_Year＋2。

（5）基本度量值，包括四个来自计算列并且将被综合度量值引用，以形成预期信用损失变动表的度量值；分别是预期信用损失期初余额 ECL_Year_Begining、预期信用损失期末余额 ECL_Year_Ending、预期信用损失本期计提 ECL_Accrual 与预期信用损失本期转移 ECL_Transfer。

（6）综合度量值，包括四个建立在基本度量值之上，置于选定行轴和列标的矩阵中就可以显示预期信用损失变动表的度量值，分别是展示第 1 年、第 2 年与第 3 年变动的度量值 ECL_Move_Year1、ECL_Move_Year2、ECL_Move_Year3，以及根据外部切片器输入条件而显示前 3 年中任意一年变动状况的度量值 ECL_Move_Any_Year。

（7）参数表_金额单位。

本表图标位于数据模型视图 10-3 左下方，用以切换数据显示单位。本案例直接使用 DAX 语句创建，也可以在 Excel 中建立后再导入。

（8）参数表_五级分类与 LGD。在数据模型视图 10-3 中，位于中间列最上方，用以承载五级分类的违约损失率 LGD，以及正常类与不良贷款的违约率 PD 与损失率 Loss Rate，来自 Excel 数据源导入。

（9）参数表_关注类贷款累计违约率。本表在数据模型视图 10-3 中，位于中间列中部，从导入的累计违约率出发，后续追加计算列给出关注类贷款或者信用风险显著上升贷款的即期违约率。

（10）维度表_减值准备变动_行标题。本表在数据模型视图 10-3 中，位于中间列下方，前一小节中讨论 ECL 计算时并未涉及，通过以下 DAX 语句而创建，也可以在 Excel 数据源中创建后导入，输入以下函数代码。

```
维度表_减值准备变动_行标题=
SELECTCOLUMNS(
    {
        (1,"期初余额"),
```

```
        (2,"转移到第一阶段"),

        (3,"转移到第二阶段"),

        (4,"转移到第三阶段"),

        (5,"计提与回拨"),

        (6,"期末余额")

    },

    "排序",[Value1],

    "指标",[Value2]

)
```

以上代码将生成名为"维度表_创建_减值准备变动类型_行标题"的一张新维度表，包含排序与指标两列，其中指标列包括以下六项："期初余额""转移到第一阶段""转移到第二阶段""转移到第三阶段""计提与回拨""期末余额"。

以上字符型指标作为矩阵行标签之后，Power BI 排列顺序与会计准则要求的排列顺序不同，所以还需要通过按列排序功能将以上字符型指标按另一列中数字升序排列。生成报表行标签之后，再按类似方法生成变动表列标题。

(11) 维度表_减值准备变动_列标题。

本表在数据模型视图 10-3 中，位于右列上方，通过以下 DAX 语句而创建，见表 10-8，也可以在 Excel 数据源中创建后导入。

```
    维度表_减值准备变动_列标题=
SELECTCOLUMNS(
    {
        ("S1","第一阶段","信用风险未显著增加"),

        ("S2","第二阶段","信用风险显著增加但未减值"),

        ("S3","第三阶段","已减值")
    },

    "Credit_Stage",[Value1],

    "阶段",[Value2],

    "复杂列标题",[Value3]
)
```

表 10-8　减值准备变动表列标题

排序	阶段	Credit_Stage	复杂列标题
1	第一阶段	S1	信用风险未显著增加
2	第二阶段	S2	信用风险显著增加但未减值
3	第三阶段	S3	已减值

本表最主要的作用是将"数据表_贷款余额"与预期损失之中的数据标签转换为会计准则所要求显示的列标题。例如，信用风险阶段在主表［Credit_Stage］列之中字段值为"S1""S2""S3"，而上海银行年报之中相应部分为"第一阶段""第二阶段""第三阶段"，或者是会计准则允许的其他形式甚至用英文表达。通过在本维度表［Credit_Stage］列与数据主表［Credit_Stage］列之间建立对应关系之后，一边可以引用数据主表［Credit_Stage］列中标准标签字符用于 DAX 度量值计算，另外可以根据报送要求添加需要显示的任意列标题。例如"信用风险未显著增加""信用风险显著增加但未减值""已减值"或者英文列标题等。排序列之中的正整数 1，2，3 用来为其余几列按列排序，以便与最终报表所要求的列标签顺序一致，如图 10-5 所示。

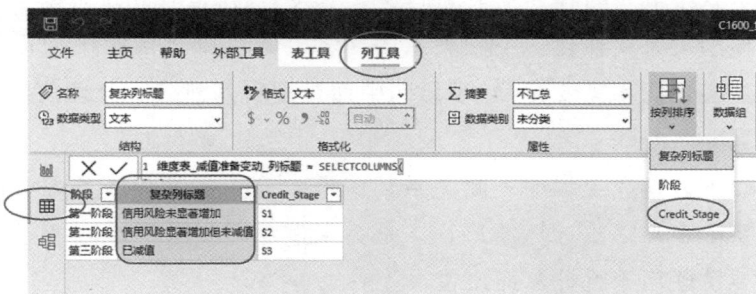

图 10-5　按列排序

（12）按列排序。

以维度表_减值准备变动_列标题为例，实现按列排序功能的步骤是：

• 首先，在 Power BI Desktop 软件操作界面最左侧边框三个之中选中间代表数据视图的表格图标。

• Power BI Desktop 软件操作界面顶部一级菜单之中最右侧为"列工具"，下方二级菜单之中出现"按列排序"选项。

• 选中需要排序的列，例如"阶段"或"复杂列标题"，然后再选择作为标准的"排序"列（Credit_Stage）。

● 最后，报表标题中会将复杂的汉字按照指定排序列 S1、S2、S3 的大小顺序排列。

设计行标题与列标题之后，只是完成了外层报送结构一步，如何构造度量值以贴合报表每一期报送要求，是本部分核心内容与难点。

（13）数据表_贷款余额与预期损失。

数据表图标位于数据模型图右列下方，承载了数据模型中最大量数据信息。本表中基础数据如借据号、放款日、评级等来自数据源 Excel 表导入，另一部分来自追加计算列，如 Balance 贷款余额、Credit_Stage 信用风险阶段、ECL 预期信用损失余额等。

创建以上度量值表、维度表、参数表、数据表以及增加计算列等各项工作都已经在上一节完成，接下来需要构思数据模型表间关系、创建度量值以及最终完成披露变动表。

3. 数据模型表间关系

图 10-3 数据模型 7 张表中，仅仅在"维度表_减值准备变动_列标题"和"数据表_贷款余额"与预期损失之间建立了大多数 Power BI 模型中常见的多对一数据模型关系，在建立关联关系的二者之间可以直接使用列标题维度表控制数据主表，而不需要在 DAX 语句中通过逻辑判断分支处理信用风险三阶段切分数据。

之所以没有建立更多的表间关系，一是因为一些复杂场景无法使用多对一数据关系限定与得出计算结果；二是为了避免在复杂的金融业务数据之间建立非必要关联后干扰计算而出错。

其他几张没有与数据主表建立参数表或者维度表多对一关系的表，主要是通过 CALCUALTE，SELECTEDVALUE 与 SWITCH 函数，调用数据与输出结果，我们可以将 SELECTEDVALUE 与 SWITCH 函数组合想象成根据外部筛选或者限制条件影响 DAX 函数输出结果的控制器。

10.3.3 预期信用损失变动表解析

在本小节中，我们将展示如何创建的数据表和数据模型，设置度量值以实现图 10-6、图 10-7，以及图 10-8 三年间预期信用损失变动表。

指标	第一阶段	第二阶段	第三阶段	总计
期初余额	37.85			37.85
转移到第一阶段				
转移到第二阶段	-29.55	29.55		
转移到第三阶段				
计提与回拨	-0.60	408.39		407.79
期末余额	7.70	437.94		445.64

图 10-6　2023 年预期信用损失变动表（单位：万元）

指标	第一阶段	第二阶段	第三阶段	总计
期初余额	7.70	437.94		445.64
转移到第一阶段				
转移到第二阶段	-5.90	5.90		
转移到第三阶段		-140.26	140.26	
计提与回拨		19.43	2,260.13	2,279.56
期末余额	1.80	323.01	2,400.39	2,725.20

图 10-7　2024 年预期信用损失变动表（单位：万元）

指标	第一阶段	第二阶段	第三阶段	总计
期初余额	1.80	323.01	2,400.39	2,725.20
转移到第一阶段	94.11	-94.11		
转移到第二阶段	-0.60	2,175.99	-2,175.39	
转移到第三阶段		-62.74	62.74	
计提与回拨	-87.81	-2,086.50	2,187.26	12.95
期末余额	7.50	255.65	2,475.00	2,738.15

图 10-8　2025 年预期信用损失变动表（单位：万元）

1. 矩阵可视化对象结构

在 Power BI 中用于展示度量值数据，类似 Excel 中图表与数据透视表的数据可视化载体被称之为可视化对象，本案例中使用矩阵可视化对象呈现数据，因为其可以展示行列两个维度与会计准则所要求的形式一致。我们创建的报告整体上还包括报告标题、矩阵行标签与矩阵列标签等外围元素，以及作为核心部分的综合度量值。前文"维度表_减值准备变动_行标题"与"维度表_减值准备变动_列标题"之中已经介绍了创建行标签与列标签的过程。

接下来，我们先简单了解如何使用度量值定义报告标题，然后再介绍分层次设计度量值作为可视化对象的核心以展现信用风险准备变动金额。

（1）矩阵标题与辅助度量值。

本节案例中使用辅助度量值定义矩阵标题，这样可以实现根据所呈现内容动态改变标题，方便用户正确理解 Power BI 报告内容，改善报表用户体验。

（2）标题度量值。

以下第一年、第二年、第三年，以及适用于任意年份的变动表标题度量值由可变的报告期所属年度、固定内容文本字符串"年预期信用损失变动表　单位：人民币"，以及可变的数据单位拼接而成；两部分可变内容都是被调用的嵌套度量值，报告期首年［First_Report_Year］以及金额单位［Unit_Name］。

```
Movement_Title_Y1=
[First_Report_Year]&"年预期信用损失变动表　单位:人民币"&[U-
nit_Name]
```

```
Movement_Title_Y2=
([First_Report_Year]+1)&"年预期信用损失变动表　单位:人民币"
&[Unit_Name]
```

```
Movement_Title_Y3=
([First_Report_Year]+2)&"年预期信用损失变动表　单位:人民币"
&[Unit_Name]
```

根据类似原理，还可以设计出对应任何一年的报告标题，输入以下函数表达式：

```
Movement_Title_Any_Year=
SELECTEDVALUE('数据表_贷款余额与预期损失'[Year])&"年预期信用损
失变动表　"&"人民币"&[Unit_Name]]
```

（3）报告期首年。

以上复合型度量值中第一个嵌套引用的度量值［First_Report_Year］代表数据表中数据所属的最早一年，可以随底层数据而灵活变动，避免手工输入的固定值标题与数据不一致的尴尬。

```
First_Report_Year=
MINX(ALL('数据表_贷款余额与预期损失'),'数据表_贷款余额与预期
损失'[Year])
```

本度量值中 DAX 语句可以帮助理解 MINX 与 MIN 的异同，Power BI 报告处于外部年份切片器筛选之下受到筛选后，MIN 函数只能够返回受到筛选

的切片器指定年份（报告日当年）而无法返回全局最小年份，如果使用 MIN 函数将失去意义；所以使用有两个参数的 MINX 函数凭借 ALL 破除外部筛选后返回基于全部业务日期的全局最小年份以满足正确要求。

（4）金额单位名称。

以上复合型度量值中第二个嵌套引用的度量值［Unit_Name］代表数据显示单位，由于各种财务报告会随着自身数据单位精度要求，以及用户习惯不同而经常缩放数据显示单位，所以在 Power BI 中，以 DAX 函数自动标记与显示数据单位十分必要。

```
Unit_Name=
IF([Unit_Amount]=1,"元",SELECTEDVALUE('参数表_金额单位'[U-
nit_Name]) &"元")
```

以上代码的含义是当'参数表_金额单位'之中金额单位为 1 时，返回汉字"元"；否则返回与单位数值在同一行的［Unit_Name］列与汉字"元"组成的字符串，例如数据单位为 1 000 时，返回"千元"；数据单位为 10 000 时，返回"万元"，等依次类推。

（5）设置度量值标题。

定义报表标题度量值之后，通过在可视化面板之中编辑标题属性，将指定的标题度量值分配到具体可视化对象，方法如图 10-9 所示。

● 选定拟设置标题的可视化对象，然后在可视化面板中单击最上一排三个按钮中第二个——"设置视觉对象格式"。

图 10-9　以度量值设置报告标题

● 单击面板中紧邻搜索框下方的"常规"字样。

● 单击"标题"按钮，展开被折叠的标题子选项操作空间，并且将右侧椭圆形按钮点选切换为显示对钩与圆点图形。

● 单击标题文本对话框之中空白处 fx 图标，弹出窗体，"标题文本－标题"，格式样式这时变成"字段值"，在下方对话框"依据为字段"之中搜索度量值所在表和文件夹，找到拟选择的标题度量值，例如［Movement_Title_

Y1〕之后即确认。

2. 业务与数据度量值

以度量值实现业务需求应该分两个方面考虑：数据来源与需求逻辑。业务度量值的数据来源于"数据表_贷款余额与预期损失"，我们在该主表中设置了多个计算列用以表示单个借据在特定时点的预期信用损失相关信息；金额类计算列有本期余额、上期余额、本期计提数与本期转移数；定性信息计算列包括本期与上期分别所处信用风险阶段以及本期信用风险阶段变化。

本案例中的需求是以年为单位，每年按照统一的内在运算方法将现有数据加工成符合会计准则规定的二维预期信用损失披露表，其中：在列方向按信用风险三阶段分类；在行维度将预期信用损失分为期初余额、本期信用风险各阶段之间转移（转移到第一阶段、转移到第二阶段、转移到第三阶段）、本期计提与期末余额一共分成四个子类占六行。具体形式如图10-6、图10-7和图10-8所示。

根据以上分析，在确定外部披露格式要求后，我们的理想目标是为每一个报告年度设计一个综合性度量值，分别根据二维表行标签和列标签在每一个交叉点返回所需列报金额。由于各年度期末余额、期初余额、本期计提数与本期转移数的逻辑具有通用性，各期可以反复调用。因此我们把行维度所要求的期初期末与本期变动金额设计为基本度量值。另外，由于变动表披露结构要求过于复杂，超出了数据表原有结构与度量值可以自然支持的形式，所以我们需要根据披露维度设计复杂分逻辑判断分支，分别返回所需要的各种结果。这就是最终在矩阵中处于核心位置的综合性度量值，分别对应三个报告年度的 ECL_Move_Year1，ECL_Move_Year2，ECL_Move_Year3，以及可以灵活调节适用于任何一年的 ECL_Move_Any_Year。

以下我们将依次介绍基本度量值与综合度量值。

（1）基本度量值—计提转移以及期初期末余额。

这一部分有四个度量值，按逻辑顺序分别是期末余额、期初余额、本期计提以及本期转移。基本度量值一方面用于预先定义减值准备变动表中的组成与变动要素金额，在后续过程中作为标准化组件被更加复杂的综合型度量值嵌套调用，使得综合性度量值结构得以简化，另一方面用于预期信用损失变动表矩阵中综合性度量值的基本度量值如果不经过年份、矩阵行标签与矩阵列标签筛选将无法展示正确数据。

（2）年末预期信用损失余额［ECL_Year_Ending］。

本度量值依据外部切片器输入待定年份后，汇总当年 12 月 31 日计算列 ECL 数据所代表的期末预期信用损失，并且在分母中通过辅助度量值［Unit_Amount］按外部输入条件切换数据显示单位，以方便阅读报表。上一年年末预期信用损失同时也是下一年初预期信用损失。

```
ECL_Year_Ending=
VAR YearNum=
    SELECTEDVALUE('数据表_贷款余额与预期损失'[Year])//将来根
据外部切片器输入年份确定返回期间
RETURN
    CALCULATE(
        SUM('数据表_贷款余额与预期损失'[ECL])/[Unit_Amount],
        '数据表_贷款余额与预期损失'[报告日]=DATE(YearNum,12,
31)
        )
```

（3）年初预期信用损失余额［ECL_Year_Begining］。

计算年初预期信用损失余额比年末数稍微复杂一些，因为年末数日期统一都是 12 月 31 日；而期初数有两种，报告期第一年初业务数据日期为 1 月 1 日，除此之外的年初数都等于上一年末的 12 月 31 日，所以年初数比期末数多一个判断分支。以下 DAX 语句含义是当报告期为业务数据中第一年时，取当年 1 月 1 日 ECL 计算列数据之和，否则取上一年 12 月 31 日 ECL 计算列数据之和。

```
ECL_Year_Begining=
VAR YearNum=
SELECTEDVALUE('数据表_贷款余额与预期损失'[Year])
RETURN
    SWITCH(
        TRUE(),
        YearNum=[First_Report_Year],
```

```
        CALCULATE(
            SUM('数据表_贷款余额与预期损失'[ECL])/[Unit_
Amount],
            '数据表_贷款余额与预期损失'[报告日]=DATE(Ye-
arNum,1,1),
            VALUES('数据表_贷款余额与预期损失'[Credit_
Stage])
        ),
        //在业务数据首年(2023年)有1月1日和12月31日两个日
期,期初余额只抓取1月1日数据,防止叠加导致重复计算错误。
        CALCULATE(
        [ECL_Year_Ending],
        FILTER(
        ALL('数据表_贷款余额与预期损失'),
        '数据表_贷款余额与预期损失'[报告日]
            =DATE(YearNum-1,12,31)
        ),
         VALUES('数据表_贷款余额与预期损失'[Credit_
Stage])
        )
        )
```

（4）预期信用损失当期计提金额［ECL_Accrual］。

本度量值加总′［ECL_Accrul］一栏数据，返回其受到各种筛选影响之后的结果。

```
ECL_Accrual=
SUM('数据表_贷款余额与预期损失'[ECL_Accrual])/[Unit_Amount]
```

（5）本期预期信用损失转移［ECL_Transfer］。

本度量值加总′［ECL_Transfer］一栏数据，返回其受到各种筛选影响之后的结果，与［ECL_Accrual］功能和计算逻辑类似。

```
ECL_Transfer=
SUM('主表_预期损失与利息'[ECL_Transfer])/[Unit_Amount]
```

（6）基础度量值效果展示 。

以数"据表_贷款余额"与预期损失中 Year 列为行轴建立矩阵，将四个基础度量值拖拽到矩阵中，可以观察到图 10-10 的效果。四个基础度量值都可以显示按年份筛选的对应计算列中数据小计汇总结果。

Year	ECL_Year_Beginning	ECL_Transfer	ECL_Accrual	ECL_Year_Ending
2023	37.85	29.55	445.64	445.64
2024	445.64	146.16	2,279.56	2,725.20
2025	2,725.20	2,332.83	12.95	2,738.15

图 10-10　基础度量值分年度展示（单位：万元）

但是，由于基础度量值没有与预期信用损失变动表行标签与列标题之间的每一对要素组合建立对应关系，所以基础度量值数据无法准确列示在"维度表_减值准备变动_行标题与维度表_减值准备变动_列标题"组成的矩阵行列交叉点。通过图 10-11 可以发现在同一个列标签（第一阶段、第二阶段与第三阶段）之下，四个基础度量值分别显示在四列，而且每一行数值都相等。例如，2024 年第一阶段 ECL_Beginning 之下，包括期初余额，各阶段间互相转移、计提与回拨以及期末余额每一行数据都是 7.70 万元。

阶段 指标	第一阶段 ECL_Year_Beginning	ECL_Transfer	ECL_Accrual	ECL_Year_Ending	第二阶段 ECL_Year_Beginning	ECL_Transfer	ECL_Accrual	ECL_Year_Ending
期初余额	7.70	0.00	1.80	437.94	5.90	19.43	323.01	
转移到第一阶段	7.70	0.00	1.80	437.94	5.90	19.43	323.01	
转移到第二阶段	7.70	0.00	1.80	437.94	5.90	19.43	323.01	
转移到第三阶段	7.70	0.00	1.80	437.94	5.90	19.43	323.01	
计提与回拨	7.70	0.00	1.80	437.94	5.90	19.43	323.01	
期末余额	7.70	0.00	1.80	437.94	5.90	19.43	323.01	
总计	7.70	0.00	1.80	437.94	5.90	19.43	323.01	

图 10-11　2024 年度基础度量值按行列切分（部分显示）（单位：万元）

然而，正确的预期信用损失披露结构是一个列标签之下仅有一列属于当前信用风险阶段的数据，而且该数据列中每一个数字都会根据行标签而变化。如果希望达成这种显示效果，就需要根据外部显示需要而设计嵌套基础度量值的复杂度量值。

（7）综合度量值：二维展示预期信用损失变动。

完成按照数据表字段简单聚合而生成的基础度量值准备之后，按照会计准则的要求在 Power BI 之中自动生成预期信用损失变动表成为一个具有实际意义的困难任务。以下将演示如何基于给定外部筛选、行标签与列标签之后通过一个核心度量值实现复杂的预期减值损失变动表以便对应各个报表指标（行列交叉点）。以下我们将分步骤讨论复杂度量值的逻辑结构。

设计报告起点要确定报告日所属年份，最简便方法是使用切片器，而切片器中数据来自拖拽"数据表_贷款余额"与预期损失［Year］列，选择具备 ECL 模拟数据的 2023、2024、2025 可以观察预期信用损失变动情况。为了方便用户，Power BI 报告中还可以加上金额单位切片器供选择。根据业务场景的需要，这两个切片器设置为都只能够单选。确定外部筛选条件后，接下来将开始设计复杂度量值这一核心步骤。

由前文分析可知，预期信用损失变动表需要展现行标签与列标题交叉点对应的子项指标内容，所以我们也需要按行、列维度展开分析。

我们在行标签与列标题二者之间先分析比较容易的列标题，这是由于按信用风险三阶段区分的列标题在业务数据中存在严格一一对应的字段子项值，第一阶段与 S1，第二阶段与 S2，第三阶段与 S3 三组标签都一一对应，所以可视化对象中可以自动按列标题切分显示业务数据，不需要设置额外判断条件。

然后分析行标签，由于行标题六个子项在业务数据中都不存在一一对应的数据标签，所以实现行维度报送数据应该设置多个判断分支以反映不同场景要求。我们再按照实现逻辑的复杂程度将其分成两组：一组是当行标签对应基础度量值期初余额、本期计提与回拨和期末余额时，调用基础度量值再按照报告日区分即可；另外一组是处理信用风险减值准备在不同阶段之间转入转出，需要根据转入与转出阶段名称、分别按照计算列 Credit_Stage_Move 中的子项文本内容调用基础度量值 ECL_Transfer，将每一年内每一种变动类型标签所标记的变动金额以正值计入转入方，负值计入转出方。在复杂判断分支中将会用到 VAR…RETURN 结构按行标签定义变量，然后使用 CAL-CUALTE 灵活修改筛选条件，使用 SWITCH 根据多个分支返回不同的分支结果。

（8）第 1 年减值准备变动表［ECL_Move_Year1］。

以下度量值将与外部年度切片器，"维度表_减值准备变动_行标题"和"维度表_减值准备变动_列标题"相结合，形成符合会计准则需要的预期减值损失变动表，DAX 语句中双斜杠//之后是注释语句，不参与 DAX 代码运算，不影响执行结果。

```
ECL_Move_Year1=
VAR Report_Year=[First_Report_Year]//1)定位业务日期目标年份,即
第一年

VAR Label=
    SELECTEDVALUE('维度表_减值准备变动_行标题'[指标])//预先定义变
动表行标题
VAR Stage=
    SELECTEDVALUE('数据表_贷款余额与预期损失'[Credit_Stage])//预
先定义变动表列标题信用风险划分阶段
    //2)以上分别定义行标签与列标签。
    //3)以下定义代表预期减值损失期初余额于本期信用风险三阶段之间
转移金额的四个变量。

VAR S1_S2=
    CALCULATE(
        [ECL_Transfer],
        '数据表_贷款余额与预期损失'[Credit_Stage_Move]="S1_S2",
        ALL('数据表_贷款余额与预期损失'),
        '数据表_贷款余额与预期损失'[Year]=Report_Year
    ) //定义报告日当年的预期信用损失ECL转移金额;其中ALL函数去除外
部所有筛选,不使用ALL函数则报错。
VAR S2_S1=
    CALCULATE(
        [ECL_Transfer],
        '数据表_贷款余额与预期损失'[Credit_Stage_Move]="S2_S1",
        ALL('数据表_贷款余额与预期损失'),
        '数据表_贷款余额与预期损失'[Year]=Report_Year
    )
VAR S2_S3=
```

```
CALCULATE(

    [ECL_Transfer],

    '数据表_贷款余额与预期损失'[Credit_Stage_Move]="S2_S3",

    ALL('数据表_贷款余额与预期损失'),

    '数据表_贷款余额与预期损失'[Year]=Report_Year

)
```

```
VAR S3_S2=

    CALCULATE(

    [ECL_Transfer],

    '数据表_贷款余额与预期损失'[Credit_Stage_Move]="S3_S2",

    ALL('数据表_贷款余额与预期损失'),

    '数据表_贷款余额与预期损失'[Year]=Report_Year

)
```

//4) 以下根据不同行标签返回减值准备变动表所要求的金额类型,

```
RETURN

    SWITCH(

    TRUE(),

    Label="期初余额",CALCULATE([ECL_Year_Begining],'数据表_贷款
余额与预期损失'[Year]=Report_Year),
```

//根据行标签返回基础度量值[ECL_Year_Begining],然后在矩阵中按
信用风险三阶段被切分

```
    Label="计提与回拨",

        CALCULATE(

        [ECL_Accrual],

        DAY('数据表_贷款余额与预期损失'[报告日])=31,

        '数据表_贷款余额与预期损失'[Year]=Report_Year

    ),
```

//根据行标签返回基础度量值[ECL_Accrual],然后在矩阵中按信用风
险三阶段被切分,限定日期为 31 日,避免将 2023 年期初计提 ECL 重复计入本

期计提与回拨

```
    Label="期末余额",CALCULATE([ECL_Year_Ending],'数据表_贷款余
额与预期损失'[Year]=Report_Year),
    //根据行标签返回基础度量值[ECL_Accrual],然后在矩阵中按信用风
险三阶段被切分
    Label="转移到第一阶段",
        SWITCH(TRUE(),Stage="S1",S2_S1,//转入
          Stage="S2",-S2_S1//转出
          ),
    Label="转移到第二阶段",
        SWITCH(
          TRUE(),
          Stage="S1",-S1_S2,
          //转出
          Stage="S2",S1_S2+S3_S2,
          //转入
          Stage="S3",-S3_S2//转出
          ),
    Label="转移到第三阶段",
        SWITCH(TRUE(),Stage="S2",-S2_S3,//转出
          Stage="S3",S2_S3//转入
          )
    )
```

- 定义报告期年份。

由于本度量值将用于第 1 年预期信用损失披露，所以需要绑定数据所属年份，复杂度量值之中的内部变量 Report_Year 引用外部度量值 First_Report_Year（基于 MINX 与 ALL 函数），保证在任何时候都返回所有业务数据中最早的一年。

- 定义报告行标签与列标签。

接下来通过 VAR 变量分别定义行标签与列标签作为外部输入条件，以

便在预期信用损失变动表矩阵之中，触发复杂度量值之中计算语句读取矩阵行标签与列标签，最终得以根据外部标签返回所需要的不同结果。

- 定义待切分的预期信用损失准备转移金额。

这一段代码中变量命名规则与计算列中文本字符命名规则相同。变量名称全部是以下划线相连的 S1、S2、S3，其中 S1、S2、S3 等价于"第一阶段/信用风险第一阶段"，"第二阶段/信用风险第二阶段"，"第三阶段/信用风险第三阶段"。在变量名称 Sx_Sy 之中，下划线之前的 Sx 代表预期信用损失移出的信用风险阶段，而下划线之后的 Sy 代表预期信用损失移入的信用风险阶段。

在三个元素中取出两个最多存在六种有序组合（$A_3^2 = 3 \times 2 = 6$），但是由于前期我们假设信用风险在一期内只在相邻两个阶段之间迁徙，不会发生跨越中间阶段的剧烈变化，因此只需要设计 4 个变量，S1_S2、S2_S1、S2_S3 与 S3_S2，不考虑 S1_S3 与 S3_S1。

期初归属于 S1 的贷款预期信用损失在下一阶段有两种可能，维持不变或者迁徙到 S2，对应以 S1 开头的变量 S1_S2，而维持不变意味着迁徙变动金额为 0，不需要计算。

同理，期初处于信用风险第二阶段 S2 的贷款质量转入下一个阶段可能改善到 S1 或者恶化到 S3，这两种情况分别对应以 S2 开头的两个变量 S2_S1 与 S2_S3，维持不变则不需要计算转移金额。

最后一个是以 S3 开头的变量 S3_S2，代表期初属于信用风险第三阶段的预期信用损失在期末改善后归属于信用风险第二阶段。

变量取数逻辑是根据计算列 Credit_Stage_Move 的标签和报告日所属年份筛选后，加总计算列 ECL_Transfer 的金额。

- 返回行列交叉处报送金额。

在前期多重铺垫之后，到了最关键阶段，也就是综合性度量值中 RETURN 后面的部分，将在矩阵每一个行列交叉点返回二维变动表所要求的报送金额。由于底层业务数据中存在与信用风险三阶段划分完全一致的文本标签，因此，度量值金额可以在矩阵列方向被自然切分，不需要额外设置逻辑判断分支，比较麻烦的是在变动表行方向配置逻辑。

预期信用损失变动表中一共有六行，其中，期初余额、本期计提与回拨，以及期末余额三种情况比较简单，分别以行标签值为触发条件，调用对应的三个基础度量值，按报告日筛选后再经过列标题信用风险阶段筛选即生成正确结果。

而跨阶段转移比较复杂，按照上市银行披露惯例与会计准则的要求，每一个预期信用风险转移变量在变动表中都会影响一行之中的两列金额，也就是对每一个矩阵行列交叉点都需要考虑同一行内转入与转出两个方向变动。另外，列标题维度表对预期信用损失准备转移变量不会自然产生筛选切分效果，需要专门写判断条件。

我们首先逐个分析行标签，然后在每一行内部再逐列分析。根据前文中所做假设，第一阶段与第三阶段之间不可能发生绕过第二阶段的直接转移，所以不存在变量 S1_S3 与 S3_S1。接着根据变量命名规则，在与转移相关的三行，"转移到第一阶段""转移到第二阶段""转移到第三阶段"需要调用转入目标为第一阶段、第二阶段与第三阶段的变量，分别对应以 1、2、3 结尾的变量。具体而言，"转移到第一阶段"只能调用 S2_S1，"转移到第二阶段"只能调用 S1_S2 与 S3_S2；"转移到第三阶段"只能调用 S2_S3。

在"转移到第一阶段"这一行，调用变量 S2_S1 之后，会在 S1 信用风险第一阶段与 S2 信用风险第二阶段两列造成影响，而且 S1 项下为转入的正数，S2 项下为转出的负数；正负方向相反的转入与转出金额绝对值相等。

在"转移到第二阶段"一行，调用两个变量 S1_S2 与 S3_S2。其中，S1_S2 代表从信用风险第一阶段 S1 移出，迁徙到 S2 的金额数值，所以变量 S1_S2 会影响第一阶段与第二阶段两列，其中列报在 S1 列的本期变动金额为负数，因为是转出。而列报在 S2 列的预期减值损失将会增加，因为是转入。正负方向相反的转入与转出金额绝对值相等。本行第二个变量 S3_S2 影响 S2 第二阶段与 S3 第三阶段两列，其中第二列报正数，第三列报负数。S1_S2 与 S3_S2 两个变量在第二列的影响将叠加计算。

在"转移到第三阶段"一行，调用变量 S2_S3 之后，会影响 S2 信用风险第二阶段与 S3 信用风险第三阶段，其中 S2 项下为转出的负数，S3 项下为转入的正数；正负方向相反的转入与转出金额绝对值相等。

（9）其余年份与任意年份信用风险变动表。

本案例中一共准备了三年模拟数据，所以一共可以做出三年预期信用损失变动表。仿照第一年减值准备变动表［ECL_Move_Year1］的逻辑与结构，分别调整报告期年份为业务数据首年加 1 与业务数据首年加 2，可以写出展现第二年减值准备变动表［ECL_Move_Year2］与第三年减值准备变动表的度量值［ECL_Move_Year3］。

由于预期信用损失综合度量值代码过长，而且表现第二年与第三年预期信用损失变动表的度量值仅有报告期年份与第一年减值准备变动表［ECL_Move_Year1］不同，因此以下仅仅列出复杂度量值开头定义报告期年份的语句，后续语句从略，可以在附件案例中查找。

第二年减值准备变动表［ECL_Move_Year2］开头部分。

```
ECL_Move_Year2=
VAR Report_Year=[First_Report_Year]+1//……以下 DAX 语句与度
量值[ECL_Move_Year1]相同。
```

第三年减值准备变动表［ECL_Move_Year3］开头部分。

```
ECL_Move_Year3=
VAR Report_Year=[First_Report_Year]+2//……以下 DAX 语句与度
量值[ECL_Move_Year1]相同。
```

在以上分别实现三年报告期预期信用损失变动表度量值的基础上，以外部输入年份作为变量，还可以设计出满足任意一年减值准备变动表报送要求的度量值，即［ECL_Move_Any_Year］。

```
ECL_Move_Any_Year=
VAR V_Year=
    SELECTEDVALUE('数据表_贷款余额与预期损失'[Year])
RETURN
    SWITCH(
        TRUE(),
        V_Year=[First_Report_Year],[ECL_Move_Year1],
        V_Year=[First_Report_Year]+1,[ECL_Move_Year2],
        V_Year=[First_Report_Year]+2,[ECL_Move_Year3],
        BLANK()
    )
```

第十一章　贷款监管与管理分析报告

　　贷款是银行业最重要的资产，也是外部监管部门和银行管理层关注的重点。在前文中分别介绍如何将 Power Query 与 Power BI 技术运用于存款、债券和贷款会计核算等各个领域之后，我们再共同学习贷款监管报告与分析报告。

11.1　数据模型、参数表和维度表

根据 Power BI 权威指南《DAX 圣经》[①]，"数据模型是一组通过关系连接到一起的表"，狭义的数据模型由两两之间建立了多对一关系的若干数据表组成。事实表处于核心位置，周边是维度表，根据数据模型层次结构还可以将其分成雪花模型与星型模型。

11.1.1　关联数据表

由于财务与金融数据报告需要满足固有格式与分析角度要求，所以还需要额外建立一些维度表。另外，为了提升数据模型与 Power BI 报告输入条件的灵活度，还需要建立一些参数表，所以在本书案例中，还存在一些与其他表没有建立多对一关系的维度表和参数表。

参数表预先限定输入标准子选项或者输入范围，用于观察当输入条件在一定范围内变化时，输出结果所受到的影响，或者用于从一组输入条件之中选择任意一个或多个，以便灵活展现 Power BI 报告的多水平输出结果。

维度表用来为切分与观察主数据表提供更多角度，本案例之中的维度表包括五级分类、地区代码、担保方式，以及复杂报表之中的行标题与列标题等。具体到每一个维度表，其取值范围可能是标准备选值，如五级分类；主数据表之中某一字段的子项值，如一段时间内的月末报告日；或者是复杂报表的分析与列报标签，如规定内容的行标题与列标题等。

本部分贷款报告数据模型之中以"A1 数据_贷款余额"和"A2 数据_客户表"为核心，辅之以行业、企业规模、日期与五级分类等四张维度表作为数据观察与切分维度。

图 11-1 模型图中，模型关系连线中三角箭头所指向而且紧贴星号"＊"之表为多端。贷款余额和其他表构成多对一关系，处于模型关系多端。

在数据模型之中，从一端可以控制直接相连的多端。例如以左下方"维度表_五级分类"之中的"五级分类"字段为切片器字段，可以筛选贷款余额计算结果，生成按照五级分类的贷款余额，并且一对多关系顺着模型关系连

---

① https：//www.powerbigeek.com/introducing-data-model/，翻译自《The Definitive Guide to DAX》。

线箭头方向穿透多层一对多关系表之后仍然有效。例如"维度表_行业"与"A2 数据_客户表"构成一对多关系，"A2 数据_客户表"与"A1 数据_贷款余额"构成一对多关系，那么以"维度表_行业"可以控制处于核心位置的"A1 数据_贷款余额表"，以"维度表_行业"之中的行业字段设置切片器，可以筛选贷款余额计算结果，生成按照行业分类的贷款余额。

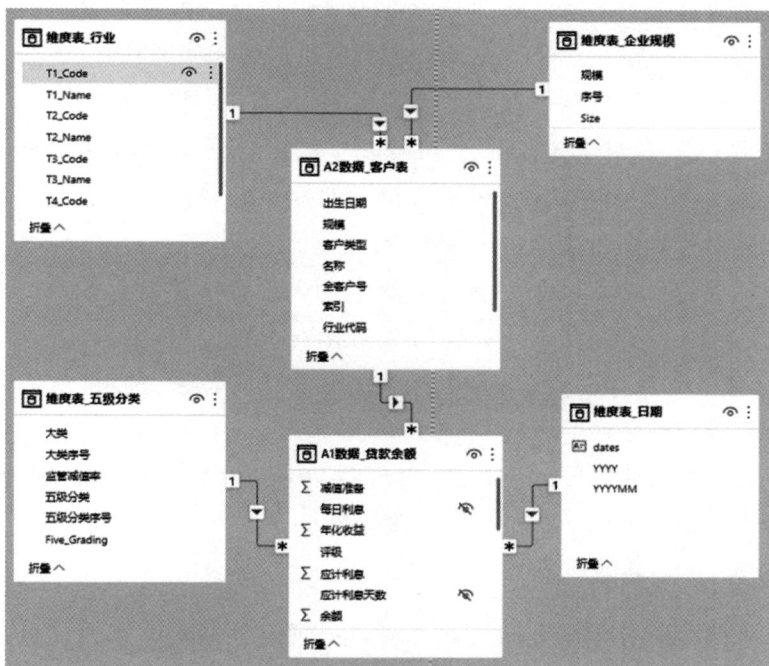

图 11-1 贷款报告模型-关联报表

从一端无法直接控制其余的一端表，例如从"维度表_五级分类表"到"A1_数据_贷款余额"为一对多关系，而"A1_数据_贷款余额"与"A2_数据_客户表"为多对一关系，那么无法直接从"维度表_五级分类表"穿过"A1 数据_贷款余额表"而控制"A2 数据_客户表"，以"维度表_五级分类表"作为维度表对"A2 数据_客户表"进行统计无法返回正确结果。

1. A1 数据_贷款余额

这是贷款分析中最主要的数据表，在所有数据模型表之中，本表数据维度最为丰富，所表述业务场景最为复杂，有最多列数与行数。

现有的其他大多数 Power BI 教学案例之中样例数据大多为一定期间内的

流量数据，相当于财务统计口径的发生额。例如，以三年内销售订单为载体的销售数据，每一张销售订单只在一个时点出现一次。如果对一段时间内的销售金额求和，那么需要加总该时间段内所有销售订单数据，通常需要使用日期表和时间智能函数。

而贷款余额表数据特性与以上发生额表不同，各报告日存续借据是根据贷款合同生效日与到期日筛选生成，同一笔借据可以跨多期存在，体现在多期报余额之中，所以将各个时点的贷款余额相加缺乏实际意义。

以本案例之中的贷款余额表为例，从 2022 年 12 月 31 日到 2023 年 12 月 31 日为止，一共 13 个报告日中，由每一个报告日所有存量借据记录拼接而成，以借据号再加上报告日为每一行记录的唯一标志，可以直接以贷款余额表现有字段切片从多角度展现余额信息。

例如，贷款余额表之中已有〔评级〕列，包含有正常、关注、次级、可疑、损失一共五个类别贷款，我们可以直接在 Power BI 报告之中以 "A1 数据_贷款余额表〔评级〕" 列作为切片器、筛选器或者作为度量值的内置条件观察各个等级贷款余额。

同时通过相关联的维度表，还可以间接从追加的标签和扩展后的角度观察与分析贷款余额数据，详见后文维度表部分。

2. A2 数据_客户表

本表承载了所有个人客户与对公客户记录。本案例中客户信息在各个报告日保持不变，以全客户号作为唯一标志，还有客户号、证件号，公司客户行业与规模信息。

A2 数据_客户表也具备维度表属性，如果按客户分析贷款余额时，客户号可以作为分析维度，按客户号汇总贷款余额可以分析客户贷款规模。

客户表还有一个特点，那就是其同时作为多对一关系之中承上启下的中间表，不仅客户表从一端控制贷款余额表；同时还有行业与企业规模两张次级维度表从更加概括的一端切分、筛选和控制处于多端的客户表。

3. 维度表

按照是否与主数据表建立一对多关联，维度表还可以分成数据模型表与非数据模型表两类。图 11-1 之中除了贷款余额与客户表之外，还有行业、企业规模、日期与五级分类 4 个维度表。

数据模型维度表通过配对关键字与主数据表建立了一对多的关系，其中一行数据往往对应控制主数据表之中的多行。通过维度表字段可以切分、筛选和控制主数据表之中的数据。

仍然以贷款五级分类分析为例，在"维度表_五级分类"与"A1数据_贷款余额"建立关联关系之后，五级分类表之中其余字段也可以控制度量值与可视化对象输出结果。

例如拖拽"维度表_五级分类［Five_Grading］"作为切片器、筛选器或者作为DAX函数的内置逻辑条件，与使用中文五级分类标签同样可以分类显示贷款余额。虽然英文五级分类标志仅仅存在于维度表之中，并非用于和贷款余额表建立多对一关系的匹配字段。另外，如果希望将五级分类之中的正常类、关注类合并为一组，后三类次级、可疑、损失作为不良贷款观察或者统计，也可以直接以"维度表_五级分类［大类］"字段作为操作对象，可以得到非不良贷款与不良贷款统计结果。

再次，为了方便报告用户往往有必要将贷款五级分类按照质量从高到低排序。但是按照Power BI之中的字符排序方法，无法得到所期望的结果。所以，我们单独添加五级分类序号列，将中文和英文五级分类标签按照贷款质量从高到低分别赋值为1到5，然后通过按列排序为中文和英文五级分类标签指定在报表之中的显示顺序。

数据模型中与数据表建立多对一关系的其余3张维度表，行业、企业规模与日期也可以控制数据表。

11.1.2　非关联数据表

除了图11-1提及的6张相互之间存在关联关系的数据表之外，本部分Power BI数据模型之中还存在如图11-2中的度量值表、维度表和参数表三类非关联表，其共性是数据量少，结构简单，与其他任何数据表之间都不存在数据关联关系，也就是没有数据模型表之中带有箭头的连线将这些表与其他表相联系。但是维度表和参数表仍然可以通过切片器、筛选器和DAX函数被调用后参与处理模型中数据和运算，常见的处理未建立模型关系的函数有SELECTEDVALUE和SWITCH函数等。

度量值表没有数据，只用于分层次存放度量值，以方便报表用户快速查找所需要度量值指标，以及理解度量值之间的关系。

图 11-2　贷款报告模型-非关联表

非关联维度表包括剩余期限档次、客户 ABC、复杂报告行标题与列标题，在本案例中当 Power BI 报告标签没有直接存在于数据表中时，用于生成定制化行标题与列标题。

11.2　Power BI 与监管报告和监管指标

贷款监管报告核心是多维反映报告日尚未偿还的贷款本金，本节将围绕着常见的贷款监管余额类报告披露维度展开，分析维度包括资产质量五级分类、行业、客户规模、剩余期限等。

11.2.1　贷款按行业与质量五级分类报告

贷款监管报告披露口径与财务报告（审计报告）主要区别在于财务报告中采用摊余成本法，以减值准备形成摊余成本以净值报送；而监管报告中贷款一般仅包括本金。贷款账面价值度量值写法与前文中存款相同。

1. Power BI 制作报表优势

相比较于许多传统方法，Power BI 制作类似报表的优势在于：

● 定义度量值之后可以被多次调用，包括直接调用或者嵌套引用，而且定义度量值不消耗内存，只有当度量值被拖入报告页可视化对象中才开始计算与消耗内存。除了效率优势之外，预先定义后多次调用度量值这一模式可以有效地保证数据一致性。

- Power BI 报告中既存在筛选器、切片器等专用控件，还可以通过可视化对象相互影响、筛选或切分而产生不同输出值。这一特性用来控制外部输入值以产生预期报告结果。例如，使用报告日切片器作为外部输入条件，逐一改变外部输入的报告日以生成每一个报告日的报表。

- Power BI 数据表中原生数据列与后期添加的计算列，以及维度表中数据列在建立关联或者通过 DAX 表达式定义逻辑之后都可以作为观察维度以切分度量值，也就是数据表本身和有关联的维度表中每一列中不重复元素都可以拖拽到可视化对象中作为切片器元素，或者作为行、列、轴以自动切分度量值。这种不需要在报告中每一个交叉点或者单元格之中反复定义报表局部逻辑而自动切分数据的特性节省了大量代码编写与结果调试时间。

- Power BI 报告中可以组合多级数据显示层次，还可以非常容易地通过可视化操作按钮下钻查看数据明细：不需要额外单独代码。

以下我们将围绕三个应用案例说明如何利用以上 Power BI 技术优势准备适用于多个报告日的余额类监管报告：第一个案例是使用一个简单度量值就可以覆盖大约 700 个行列交叉点的贷款（按行业与五级分类报告）；第二个案例是贷款本金根据外部输入的报告日动态返回剩余期限档次报告；第三个案例是针对多重复合行标题与列标题切分贷款满足复杂报告要求；最后再补充一组使用 Power BI 计算贷款监管指标的示例。以上三个案例和监管指标计算都基于相同一套多报告日贷款数据，探索了日常工作中比较烦琐与容易出错的贷款监管报告与监管指标实现方式。

中国银行业监管机构最近几年一直在强调将贷款投入实体经济，扶持中小微企业，鼓励贷款投向制造业，因此加强贷款投放行业与借款企业规模统计数据质量也是银行业统计部门重点工作任务。

2. 可视化对象布局与数据筛选

本案例讲述如何按照监管需求横向根据企业一级行业与二级行业，纵向按贷款五级分类切分境内企业贷款。

在监管报告行业与五级分类操作实务中，同时按照行业与五级分类切分的报告需要填写内容的单元格非常多，大约有 100 行二级行业代码，再按贷款五级分类划分为 5 列，简单估算有将近 500 个单元格需要填写；如果将贷款五级分类之后增加未减值资产与已减值资产两个分组小计列将会再多大约200个单元格。手工制表是一个巨大的挑战。即使是在一些报表自动化程序中逐个单元格调用全部贷款计算贷款交易行列分类，也容易陷入效率低下与重复或者遗漏的陷阱。而且生成报表汇总结果之后，按客户或者借据查看贷款明细可能还需要另外处理。

图 11-3 中，矩阵可视化对象中数据切分标准横向为四层，分别是一级行业、二级行业、客户名称以及借据号；纵向包括两层，第一层是未减值资产与已减值资产，第二层是五级分类。在 Power BI 中，简单拖拽现有字段作为报送维度切分度量值即完成报告，设置后可同时显示贷款余额与占比，从贷款一级行业下钻到最底层贷款借据也非常方便。

报告日: 2023年12月31日 金额单位: 万元

大类 五级分类 T1_Name	未减值资产 正常 余额	占比	关注 余额	占比	总计 余额	占比	已减值资产 次级 余额	占比	可疑 余额	占比	损失 余额	占比	总计 余额	占比	总计 余额	占比
⊟ 采矿业	17,565	1.88%	69	0.01%	17,634	1.89%									17,634	1.89%
⊞ 黑色金属矿采选业	9,795	1.05%			9,795	1.05%									9,795	1.05%
⊟ 有色金属矿采选业	7,770	0.83%	69	0.01%	7,839	0.84%									7,839	0.84%
⊟ 江苏省捷信集团公司	1,391	0.15%			1,391	0.15%									1,391	0.15%
NL001338	653	0.07%			653	0.07%									653	0.07%
NL002023	159	0.02%			159	0.02%									159	0.02%
NL003539	579	0.06%			579	0.06%									579	0.06%
⊞ 江苏省晨光有限责任公司	1,541	0.17%			1,541	0.17%									1,541	0.17%
⊞ 上海市格环集团公司	875	0.09%			875	0.09%									875	0.09%
⊞ 上海市惠辉有限公司	108	0.01%			108	0.01%									108	0.01%
⊞ 上海市南京公司			69	0.01%	69	0.01%									69	0.01%
⊞ 上海市首建有限责任公司	1,860	0.20%			1,860	0.20%									1,860	0.20%
⊞ 上海市系亿集团公司	1,245	0.13%			1,245	0.13%									1,245	0.13%
⊞ 浙江省网航有限公司	752	0.08%			752	0.08%									752	0.08%
⊟ 制造业	397,327	42.56%	3,126	0.33%	400,453	42.90%	6,446	0.69%	1,118	0.12%	1,211	0.13%	8,775	0.94%	409,228	43.84%
⊞ 农副食品加工业	117,490	12.59%	369	0.04%	117,859	12.63%	6,378	0.68%			1,211	0.13%	7,589	0.81%	125,448	13.44%
⊞ 食品制造业	16,595	1.78%			16,595	1.78%					68	0.01%	68	0.01%	16,663	1.79%
⊞ 酒、饮料和精制茶制造业	33,683	3.61%			33,683	3.61%									33,683	3.61%
⊞ 纺织业	43,294	4.64%			43,294	4.64%									43,294	4.64%
⊞ 皮革、毛皮、羽毛及其制品和制鞋业	17,862	1.91%			17,862	1.91%									17,862	1.91%
⊞ 家具制造业	3,897	0.42%			3,897	0.42%									3,897	0.42%
⊞ 石油、煤炭及其他燃料加工业	12,875	1.38%			12,875	1.38%									12,875	1.38%
⊞ 化学纤维制造业	5,859	0.63%			5,859	0.63%									5,859	0.63%
⊞ 橡胶和塑料制品业	2,468	0.26%			2,468	0.26%									2,468	0.26%
⊞ 非金属矿物制品业	3,432	0.37%			3,432	0.37%									3,432	0.37%
⊞ 有色金属冶炼和压延加工业	21,753	2.33%			21,753	2.33%									21,753	2.33%
⊞ 金属制品业	9,159	0.98%	2,757	0.30%	11,916	1.28%									11,916	1.28%
⊞ 通用设备制造业	13,681	1.47%			13,681	1.47%			1,118	0.12%			1,118	0.12%	14,798	1.59%
⊞ 电气机械和器材制造业	6,063	0.65%			6,063	0.65%									6,063	0.65%
总计	902,461	96.67%	13,878	1.49%	916,339	98.16%	12,571	1.35%	1,352	0.14%	3,245	0.35%	17,168	1.84%	933,507	100.00%

图 11-3 公司贷款行业规模与五级分类报告

报告页面还有指定为单选类型的报告日切片器、金额单位切片器，以及提示报告日与金额单位的文本框。

由于本报告仅展示特定报告日公司贷款数据，而数据集包括多个报告日数据公司与个人贷款，所以首先需要在页面切片器中选定报告日，其次是从报告中排除个人贷款数据，如图 11-4 所示，打开筛选器面板，将客户类型勾选"公司"即可。

图 11-4 页面级筛选器-公司客户

除了直观的筛选器方法之外,还可以通过在页面设置切片器或者在度量值中设置筛选逻辑以达到同样效果。

3. 度量值解析

图 11-3 中矩阵所需要的核心度量值表达式如下。

```
贷款余额=
VAR Report_Day=[报告日]
RETURN
    CALCULATE(
        SUM('A1数据_贷款余额'[余额])/[金额单位],
        'A1数据_贷款余额'[Report_Date]=Report_Day
    )
```

贷款行业与五级分类矩阵图很好地展现了 Power BI 用于传统监管报告时同样出色,基于预先定义的良好数据模型结构,通过非常简单的方式构建和展示复杂的报告,通过交互式控件灵活筛选,在页面同时呈现数据汇总后的结果与明细列表。

4. 规模盈利率交互条形图

由于监管机构非常重视中小企业贷款,所以我们在报告页面还增设了一个顶层按规模切分报告贷款余额且可以逐级下钻到贷款借据明细的条形图,同时通过条件格式以度量值贷款年化收益率高低对应条形图颜色深浅以显示盈利状况,如图 11-5 所示。

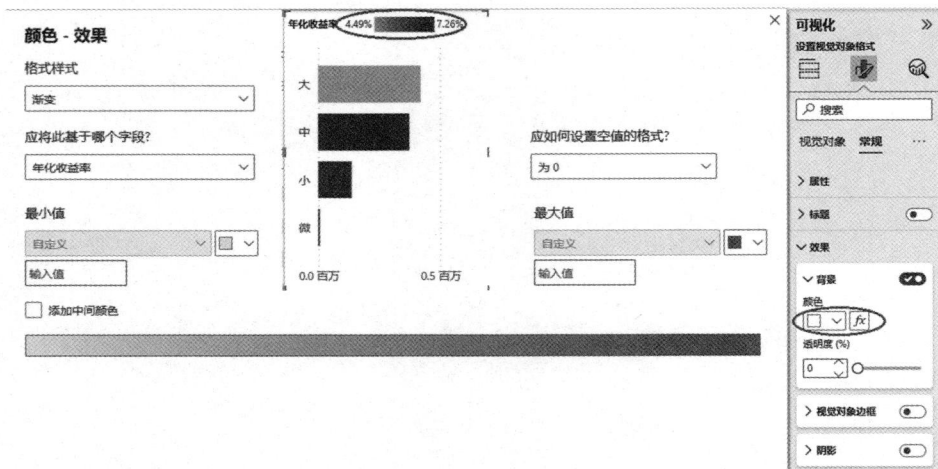

图 11-5　贷款按规模分类

　　该条形图位于 Power BI 报告左下方，设置了企业规模、一级行业、二级行业、客户名称、借据号五个层次，可以逐级下钻到最底层。

　　同时为了观察盈利能力，将默认颜色修改为依据度量值［年化收益率］从浅到深确定颜色，那么在条形图之中，就可以根据颜色判断相应贷款收益率高低，从而为报表用户快速读取决策相关信息提供帮助。

　　年化收益率度量值等于年化收益额除以贷款余额，而年化收益额等于数据表中年化收益列数据相加。而贷款余额与年化收益额都经过指定报告日筛选。为了方便报告读者，避免数据显示过长，还需要除以金额单位，如千元、万元等，不选时默认为元。

```
年化收益率 =
DIVIDE([年化收益额],[贷款余额])
```

```
年化收益额 =
VAR Report_Day=[报告日]
RETURN
    CALCULATE(
        SUM('A1数据_贷款余额'[年化收益])/[金额单位],
        'A1数据_贷款余额'[Report_Date]=Report_Day
    )
```

11.2.2　贷款按合同剩余期限报告

贷款按剩余期限分类是监管报告与法定审计报告共同的要求，本案例中将要讨论的报告结构类似银保监 1104 报表中的 G21 贷款部分。

1. 可视化对象布局与数据筛选

我们在第六章 6.2 中展示的案例是在同一个报告日分别按存款本金、账面价值、未来合同现金流以及原始币种和报告币种等不同金额类型报送。而本案例不同之处在于根据不同报告日选取存量贷款数据并且按剩余期限切分，最主要的困难是贷款数据报告日有多期，在列标签方向，无法固定今后"1个月内""1 到 3 个月"……各期间档次的具体起始日期，需要根据每一个输入报告日加日期段上限计算生成。

由于贷款剩余期限报告对象包括特定报告日所有公司与个人贷款，因此需要在页面选定报告，以下将围绕度量值语句展开，如图 11-6 所示。

报告日：2023年12月31日 金额单位：万元

客户类型	逾期	即期	1个月内	1到3个月	3个月到1年	1年到5年	5年以上	总计
个人			775	7 072	30 343	53 695		91 885
公司	1 489	2 742	13 358	27 283	147 874	637 259	103 503	933 507
总计	1 489	2 742	14 133	34 355	178 217	690 954	103 503	1 025 392

图 11-6　贷款剩余期限报告

2. 度量值解析

复杂标题矩阵报告的一般解决方法是尽量利用模型数据表中已有维度在行列切分数据，然后构造报表数据中不存在的数据标签维度表。如果行标题与列标题同时都需要重新定义，那么度量值将更加复杂和冗长。定义行标题与列标题之后再根据不同的行列要求围绕 CALCULATE 函数设计处理各种交叉筛选场景的复杂度量值，将行列标签通过 SELECTEDVALUE 等函数作为判断分支输入 CALCULATE 度量值内部，从而实现同时符合行列标签共同要求的数值。

根据给定报告日，复杂度量值［贷款分期限档次披露］可以报送个人与公司贷款本金按剩余期限分档次切分以及合计金额。其总体思路如下：

首先，根据客户类型定义行标签 V_Row，然后根据期限档次定义列标签

V_Column。

其次，确定报告日变量 Y，然后根据 Y 计算每列期限档次日期上限，包括逾期、即期、1个月内、1到3个月、5年内、5年以上等各个期限档次；

最后，在返回结果的度量值表达式 RETURN 部分循环遍历各个期限档次，以报告日［Report_Date］等于 VAR 变量 Y，到期日［mature_date］小于等于当前剩余期限档次日期上限并且大于前一个剩余期限档次日期上限为条件筛选贷款余额表；当不存在剩余期限档次切分时，返回全部贷款余额；各剩余期限档次贷款本金余额被客户类型切分后自然生成个人、公司与全部客户贷款余额小计数。

```
贷款分期限档次披露=
VAR V_Row=
    SELECTEDVALUE('A2数据_客户表'[客户类型])//定义行标签
VAR V_Column=
    SELECTEDVALUE('维度表_剩余期限档次'[档次])//定义列标签
VAR Y=[报告日]//根据外部输入,固定报告日
VAR YM01=
    EOMONTH(EDATE(Y,1),0)//1个月内到期的日期上限
VAR YM03=
    EOMONTH(EDATE(Y,3),0)//3个月内到期的日期上限
VAR YM12=
    EOMONTH(EDATE(Y,12),0)//1年内到期的日期上限
VAR YM60=
    EOMONTH(EDATE(Y,60),0)//5年内到期的日期上限
VAR YM999=
    EOMONTH(EDATE(Y,999),0)//5年以上到期的日期上限
RETURN
    //以下分成逾期、即期,1个月内,1到3个月,5年内,5年以上等期
间档次循环计算;最后当没有受到列标题筛选时,返回当前行合计数。
    SWITCH(
        TRUE(),
```

```
V_Column="逾期",
    CALCULATE(
        [贷款余额],
        'A1数据_贷款余额'[Report_Date]=Y
            && 'A1数据_贷款余额'[mature_date]<=Y
    ),
V_Column="即期",
    CALCULATE(
        [贷款余额],
        'A1数据_贷款余额'[Report_Date]=Y
            && 'A1数据_贷款余额'[mature_date]=Y+1
    ),
V_Column="1个月内",
    CALCULATE(
        [贷款余额],
      'A1数据_贷款余额'[Report_Date]=Y
            && 'A1数据_贷款余额'[mature_date]<=YM01
            && 'A1数据_贷款余额'[mature_date]>Y+ 1
    ),
V_Column="1到3个月",
    CALCULATE(
        [贷款余额],
        'A1数据_贷款余额'[Report_Date]=Y
            && 'A1数据_贷款余额'[mature_date]<=YM03
            && 'A1数据_贷款余额'[mature_date]>YM01
    ),
V_Column="3个月到1年",
    CALCULATE(
        [贷款余额],
        'A1数据_贷款余额'[Report_Date]=Y
            && 'A1数据_贷款余额'[mature_date]<=YM12
```

```
                        && 'A1 数据_贷款余额'[mature_date]>YM03
            ),
        V_Column="1 年到 5 年",
            CALCULATE(
                [贷款余额],
                'A1 数据_贷款余额'[Report_Date]=Y
                    && 'A1 数据_贷款余额'[mature_date]<=YM60
                    && 'A1 数据_贷款余额'[mature_date]>YM12
            ),
        V_Column="5 年以上",
            CALCULATE(
                [贷款余额],
                'A1 数据_贷款余额'[Report_Date]=Y
                    && 'A1 数据_贷款余额'[mature_date]<=YM999
                    && 'A1 数据_贷款余额'[mature_date]>YM60
            ),
        [贷款余额]
)
```

11. 2. 3 贷款本金按客户类型等复杂分类报告

在贷款监管统计报告中，还需要按照公司客户大、中、小、微规模以及个人经营贷款观察贷款本金按五级分类、抵质押、逾期情况，合同期限长短期分别列报，以及各维度贷款户数。本案例中将要讨论的报告结构类似银保监 1104 报表中的 S6301。

1. 可视化对象布局与数据筛选

与上一个案例按合同剩余期限切分贷款相比，本例中报告复杂之处在于列标题与行标签都不可以直接使用数据表和维度表中现有的字段。

2. 行列标题

在图 11-7 之中，列标题参照现有银保监会监管报告需求，包括大型、中型、小型、微型和个人经营贷款两大组成部分，其中对公贷款按照客户表

［规模］字段切分，个人经营贷款余额按照产品类型字段［product_type］切分为个体户与企业主贷款。由于无法通过数据源表或者维度表中一个字段同时满足对公客户按大、中、小、微以及对个人贷款按个体户和经营贷款产品类型分类的要求，所以需要针对矩阵列维度设计更加复杂的度量值结构。

报告日:2023年12月31日 金额单位:万元

指标名称_T1	A.大型企业	B.中型企业	C.小型企业	D.微型企业	E.个经贷款	E1_个体户	E2_企业主	总计
□ 按贷款五级分类								
正常类贷款	419,961	345,241	132,419	4,840	91,885	30,479	61,406	994,346
关注类贷款		12,764	635	480				13,879
次级类贷款		10,421	2,082	68				12,571
可疑类贷款		1,118	234					1,352
损失类贷款		3,185		61				3,246
□ 按贷款担保方式								
信用贷款	58,020	66,743	22,647	979	9,269	645	8,624	157,658
保证贷款	243,201	174,377	65,111	2,555	29,981	5,230	24,751	515,225
抵(质)押贷款	118,740	125,762	39,198	1,071	52,635	24,604	28,031	337,406
贴现		5,847	8,414	844				15,105
□ 按贷款逾期情况								
逾期60天以内				69				69
逾期61-90天								
逾期91天到360天		1,118	234	68				1,420
逾期361天以上								
□ 按期限								
短期贷款	83,025	76,852	30,680	2,189	38,190	14,081	24,109	230,936
中长期贷款	336,936	295,877	104,690	3,260	53,695	16,398	37,297	794,458
□ 户数统计								
公司户数	19	102	113	42				276
个人经营户数					52	22	36	52
总计	419,961	372,729	135,370	5,449	91,885	30,479	61,406	1,025,394

图 11-7　贷款本金复杂报告

行标题更加复杂，涉及五级分类、贷款担保方式、贷款逾期情况、原始合同期限是否大于一年等，还需要按照客户类别与产品类别报送贷款客户数，也是只能够通过在度量值内部根据矩阵行标签而执行不同判断返回各种所需要的结果。

3. 合计与总计

最后分别研究总计行与合计列的含义，在 Power BI 矩阵中，当不存在行筛选与列筛选时即返回合计，矩阵之中分别有行合计、列合计，以及不存在行列筛选时的全局总计。

（1）行总计位于矩阵最右侧，但不包含最下方数据点，是不存在列筛选时按行标签而返回的金额，相当于按行标签分类汇总。

例如，2023 年 12 月 31 日 "正常类贷款" 所在行总计数为 994 346 万元，代表所有正常类贷款本金小计；其实现条件是当列标签不等于企业规模（大、中、小、微）以及产品类型不等于个体户贷款也不等于企业主贷款时，抽取贷款数据表中当前报告日评级为 "正常" 类别的贷款记录将本金相加。具体过程参见度量值［复杂_贷款_1_五级分类］。

（2）列总计位于矩阵最下方，但不包含最右侧数据点，是不存在行筛选时按列标签返回的金额，相当于按列标题分类汇总。

例如，2023 年 12 月 31 日"A_大型企业"所在列总计数为 419 961 万元，代表所有大型企业贷款本金小计；其实现条件是当不存在矩阵行标签筛选时，抽取贷款数据表中当前报告日大型企业贷款记录将本金相加。

具体过程参见度量值〔复杂_贷款_0_综合〕以及〔复杂_贷款_6_列总计〕。

（3）矩阵行列最右下方行总计与列总计交叉点代表不存在任何筛选条件时的全局总计。此时抽取全部贷款数据表中当前报告日记录将本金加总。

由于案例报告对象为特定报告日所有公司与个人贷款，所以矩阵可视化对象必须通过单选型切片器设定报告日。

4. 度量值解析

复杂报告度量值在可视化对象中引用的综合度量值〔复杂_贷款_0_综合〕根据一级行标签引用了 6 个底层度量值，前 4 个度量值按照五级分类、担保方式、逾期天数档次和长短期限切分贷款本金，最后两个户数统计与总计度量值与前 4 个贷款切分度量值结构差异较多，以下将分别展开讨论。

5. 综合度量值

顶层综合度量值根据一级行标签内容调用 6 个不同的底层度量值，根据不同的行标签分别返回预期结果；由于各底层度量值在表达式中已经按列定义逻辑确定需要返回的结果，而且在确定一级行标题之后，按照底层度量值定义还将按照表达式内部定义对应各个二级行标题返回不同结果，所以综合度量值不再需要分别按列与按二级行标题书写逻辑。

```
复杂_贷款_0_综合=
VAR Row_L1=
    SELECTEDVALUE('维度表_复杂报告_行标题'[指标名称_T1])
RETURN
    SWITCH(
        TRUE(),
        Row_L1="按贷款五级分类",[复杂_贷款_1_五级分类],
        Row_L1="按贷款担保方式",[复杂_贷款_2_担保方式],
        Row_L1="按贷款逾期情况",[复杂_贷款_3_逾期],
```

```
        Row_L1="按期限",[复杂_贷款_4_期限],
        Row_L1="户数统计",[复杂_贷款_5_客户数],
        [复杂_贷款_6_列总计]
    )
```

6. 贷款切分度量值

以下 4 个度量值采用了相同结构，每一个度量值对应一个一级行标题和若干二级行标题，根据默认一级标题，使用两个 SWITCH 函数双循环分别遍历二级行标题与列标题。

- 五级分类度量值

以下是复杂度量值所调用的贷款五级分类代码，虽然字数较多，但掌握其内在规律之后就比较容易理解。

首先定义列标题变量 Col_Label 与二级行标题变量 Row_Label_T2；然后在 RETURN 部分通过两个嵌套的 SWTICH 函数各自在五个贷款级别内部再分大、中、小、微企业规模与个体经营贷款切分贷款本金余额，当不受列标题筛选限制时，返回对应五级分类的全部贷款余额。

```
复杂_贷款_1_五级分类=
VAR Col_Label=
    SELECTEDVALUE('维度表_复杂报告_列标题'[指标名称])
VAR Row_Label_T2=
    SELECTEDVALUE('维度表_复杂报告_行标题'[指标名称_T2])
RETURN
    SWITCH(
        TRUE(),
        Row_Label_T2="正常类贷款",
            //以下是按照列标签状态依次返回的正常类贷款余额按企业
规模划分
                SWITCH(
                    TRUE(),
                    Col_Label="A_大型企业",
```

```
            CALCULATE([贷款余额],'A1数据_贷款余额'[评级]
="正常",'A2数据_客户表'[规模]="大"),
            Col_Label="B_中型企业",
                CALCULATE([贷款余额],'A1数据_贷款余额'
[评级]="正常",'A2数据_客户表'[规模]="中"),
            Col_Label="C_小型企业",
                CALCULATE([贷款余额],'A1数据_贷款余额'
[评级]="正常",'A2数据_客户表'[规模]="小"),
            Col_Label="D_微型企业",
                CALCULATE([贷款余额],
                'A1数据_贷款余额'[评级]="正常",
                'A2数据_客户表'[规模]="微"),
            Col_Label="E_个经贷款",
                CALCULATE(
                    [贷款余额],
                    'A1数据_贷款余额'[评级]="正常",
                    'A1数据_贷款余额'[product_type]="经
营贷款_个体户"
                            || 'A1数据_贷款余额'[product_
type]="经营贷款_企业主"
                ),
            Col_Label="E1_个体户",
                CALCULATE(
                    [贷款余额],
                    'A1数据_贷款余额'[评级]="正常",
                    'A1数据_贷款余额'[product_type]="经
营贷款_个体户"
                ),
            Col_Label="E2_企业主",
                CALCULATE(
                    [贷款余额],
```

```
                              'A1数据_贷款余额'[评级]="正常",
                              'A1数据_贷款余额'[product_type]="经
营贷款_企业主"
                    ),
              CALCULATE([贷款余额],'A1数据_贷款余额'[评级]=
"正常")//不受列标题筛选时,返回全部正常类贷款余额
          ),
     Row_Label_T2="关注类贷款",
          //以下是按照列标签状态依次返回的关注类贷款余额按
企业规模划分
          SWITCH(
          TRUE(),
          Col_Label="A_大型企业",
              CALCULATE([贷款余额],'A1数据_贷款余额'
[评级]="关注",'A2数据_客户表'[规模]="大"),
          Col_Label="B_中型企业",
              CALCULATE([贷款余额],'A1数据_贷款余额'
[评级]="关注",'A2数据_客户表'[规模]="中"),
          Col_Label="C_小型企业",
              CALCULATE([贷款余额],'A1数据_贷款余额'
[评级]="关注",'A2数据_客户表'[规模]="小"),
          Col_Label="D_微型企业",
              CALCULATE([贷款余额],'A1数据_贷款余额'
[评级]="关注",'A2数据_客户表'[规模]="微"),
          Col_Label="E_个经贷款",
              CALCULATE(
              [贷款余额],
              'A1数据_贷款余额'[评级]="关注",
              'A1数据_贷款余额'[product_type]="经
营贷款_个体户"
```

```
                                    || 'A1数据_贷款余额'[product_
type]="经营贷款_企业主"
                    ),
                Col_Label="E1_个体户",
                    CALCULATE(
                        [贷款余额],
                        'A1数据_贷款余额'[评级]="关注",
                        'A1数据_贷款余额'[product_type]="经
营贷款_个体户"
                    ),
                Col_Label="E2_企业主",
                    CALCULATE(
                        [贷款余额],
                        'A1数据_贷款余额'[评级]="关注",
                        'A1数据_贷款余额'[product_type]="经
营贷款_企业主"
                    ),
                CALCULATE([贷款余额],'A1数据_贷款余额'[评级]=
"关注")//不受列标题筛选时,返回全部关注类贷款余额
            ),
        Row_Label_T2="次级类贷款",
            //以下是按照列标签状态依次返回的次级类贷款余额按
企业规模划分
            SWITCH(
                TRUE(),
                Col_Label="A_大型企业",
                    CALCULATE([贷款余额],'A1数据_贷款余额'
[评级]="次级",'A2数据_客户表'[规模]="大"),
                Col_Label="B_中型企业",
                    CALCULATE([贷款余额],'A1数据_贷款余额'
[评级]="次级",'A2数据_客户表'[规模]="中"),
```

```
                    Col_Label="C_小型企业",
                        CALCULATE([贷款余额],'A1数据_贷款余额'
[评级]="次级",'A2数据_客户表'[规模]="小"),
                    Col_Label="D_微型企业",
                        CALCULATE([贷款余额],'A1数据_贷款余额'
[评级]="次级",'A2数据_客户表'[规模]="微"),
                    Col_Label="E_个经贷款",
                        CALCULATE(
                            [贷款余额],
                            'A1数据_贷款余额'[评级]="次级",
                            'A1数据_贷款余额'[product_type]="经
营贷款_个体户"
                                || 'A1数据_贷款余额'[product_
type]="经营贷款_企业主"
                        ),
                    Col_Label="E1_个体户",
                        CALCULATE(
                            [贷款余额],
                            'A1数据_贷款余额'[评级]="次级",
                            'A1数据_贷款余额'[product_type]="经
营贷款_个体户"
                        ),
                    Col_Label="E2_企业主",
                        CALCULATE(
                            [贷款余额],
                            'A1数据_贷款余额'[评级]="次级",
                            'A1数据_贷款余额'[product_type]="经
营贷款_企业主"
                        ),
                    CALCULATE([贷款余额],'A1数据_贷款余额'[评级]=
"次级")//不受列标题筛选时,返回全部次级类贷款余额
```

```
                ),
        Row_Label_T2="可疑类贷款",
            //以下是按照列标签状态依次返回的可疑类贷款余额按
企业规模划分
            SWITCH(
            TRUE(),
            Col_Label="A_大型企业",
                CALCULATE([贷款余额],'A1数据_贷款余额'
[评级]="可疑",'A2数据_客户表'[规模]="大"),
                Col_Label="B_中型企业",
                CALCULATE([贷款余额],'A1数据_贷款余额'
[评级]="可疑",'A2数据_客户表'[规模]="中"),
                Col_Label="C_小型企业",
                CALCULATE([贷款余额],'A1数据_贷款余额'
[评级]="可疑",'A2数据_客户表'[规模]="小"),
                Col_Label="D_微型企业",
                CALCULATE([贷款余额],'A1数据_贷款余额'
[评级]="可疑",'A2数据_客户表'[规模]="微"),
                Col_Label="E_个经贷款",
                CALCULATE(
                    [贷款余额],
                    'A1数据_贷款余额'[评级]="可疑",
                    'A1数据_贷款余额'[product_type]="经
营贷款_个体户"
                    ||'A1数据_贷款余额'[product_
type]="经营贷款_企业主"
                    ),
                Col_Label="E1_个体户",
                CALCULATE(
                    [贷款余额],
                    'A1数据_贷款余额'[评级]="可疑",
```

```
                                        'A1 数据_贷款余额'[product_type]="经
营贷款_个体户"
                                ),
                        Col_Label="E2_企业主",
                            CALCULATE(
                                [贷款余额],
                                'A1 数据_贷款余额'[评级]="可疑",
                                'A1 数据_贷款余额'[product_type]="经
营贷款_企业主"
                            ),
                        CALCULATE([贷款余额],'A1 数据_贷款余额'[评级]=
"可疑")//不受列标题筛选时,返回全部可疑类贷款余额
                    ),
                Row_Label_T2="损失类贷款",
                    //以下是按照列标签状态依次返回的损失类贷款余额按
企业规模划分
                    SWITCH(
                    TRUE(),
                    Col_Label="A_大型企业",
                            CALCULATE([贷款余额],'A1 数据_贷款余额'
[评级]="损失",'A2 数据_客户表'[规模]="大"),
                        Col_Label="B_中型企业",
                            CALCULATE([贷款余额],'A1 数据_贷款余额'
[评级]="损失",'A2 数据_客户表'[规模]="中"),
                        Col_Label="C_小型企业",
                            CALCULATE([贷款余额],'A1 数据_贷款余额'
[评级]="损失",'A2 数据_客户表'[规模]="小"),
                        Col_Label="D_微型企业",
                            CALCULATE([贷款余额],'A1 数据_贷款余额'
[评级]="损失",'A2 数据_客户表'[规模]="微"),
                        Col_Label="E_个经贷款",
```

```
CALCULATE (
    [贷款余额],
    'A1数据_贷款余额'[评级]="损失",
    'A1数据_贷款余额'[product_type]="经
营贷款_个体户"
                || 'A1数据_贷款余额'[product_
type]="经营贷款_企业主"
    ),
    Col_Label="E1_个体户",
    CALCULATE (
        [贷款余额],
        'A1数据_贷款余额'[评级]="损失",
        'A1数据_贷款余额'[product_type]="经
营贷款_个体户"
        ),
    Col_Label="E2_企业主",
    CALCULATE (
        [贷款余额],
        'A1数据_贷款余额'[评级]="损失",
        'A1数据_贷款余额'[product_type]="经
营贷款_企业主"
        ),
    CALCULATE ([贷款余额],'A1数据_贷款余额'[评级]=
"损失")//不受列标题筛选时,返回全部损失类贷款余额
    )
)
```

- 其余贷款切分度量值

除了五级分类度量值之外,还有三个分别按照担保方式、逾期期限档次、长短期期限档次与七个列标题切分贷款的度量值,内部结构与五级分类度量值类似。

7. 户数统计度量值

分公司与个人两行分别统计户数的度量值与切分贷款余额的度量值不同之处首先是需要在空集交叉点显示空白，空集包括公司户数行标签与个人贷款产品列标签交叉处，以及个人经营户数行标签与大、中、小、微企业规模四列交叉处；其次，户数统计将嵌套引用基于 DISTINCTCOUNT 函数的度量值［贷款客户数］。

```
复杂_贷款_5_客户数=
VAR Col_Label=SELECTEDVALUE('维度表_复杂报告_列标题'[指标名称])
VAR Row_Label_T2=SELECTEDVALUE('维度表_复杂报告_行标题'[指
标名称_T2])
RETURN
    SWITCH(TRUE(),
        Row_Label_T2="公司户数",
            SWITCH(TRUE(),
            ISBLANK(Col_Label),CALCULATE([贷款客户数],FIL-
TER('A2数据_客户表','A2数据_客户表'[客户类型]="公司")),
            Col_Label="A_大型企业",CALCULATE([贷款客户数],'
A2数据_客户表'[客户类型]="公司" && 'A2数据_客户表'[规模]="大"),
            Col_Label="B_中型企业",CALCULATE([贷款客户数],'
A2数据_客户表'[客户类型]="公司" && 'A2数据_客户表'[规模]="中"),
            Col_Label="C_小型企业",CALCULATE([贷款客户数],'
A2数据_客户表'[客户类型]="公司" && 'A2数据_客户表'[规模]="小"),
            Col_Label="D_微型企业",CALCULATE([贷款客户数],'
A2数据_客户表'[客户类型]="公司" && 'A2数据_客户表'[规模]="微")
            ),
        Row_Label_T2="个人经营户数",
            SWITCH(TRUE(),
            ISBLANK(Col_Label)|| Col_Label="E_个经贷款",
CALCULATE([贷款客户数],'A2数据_客户表'[客户类型]="个人"),
            Col_Label="E1_个体户",CALCULATE([贷款客户数],'
A1数据_贷款余额'[product_type]="经营贷款_个体户"),
```

```
            Col_Label="E2_企业主",CALCULATE([贷款客户数],
'A1数据_贷款余额'[product_type]="经营贷款_企业主")
                    ))
```

8. 总计行度量值

由于复杂度量值无法在总计行生成汇总结果，因此在总计行需要按照列标题对贷款本金求和，当没有列标题筛选限制时，返回当前报告日全部贷款本金。而每一行之中的总计列已经根据前期贷款切分与户数统计度量值内部定义输出结果，不需要在总计行定义。

```
    复杂_贷款_6_列总计=
    VAR Col_Label=
        SELECTEDVALUE('维度表_复杂报告_列标题'[指标名称])
    RETURN
        SWITCH(
            TRUE(),
            Col_Label="A_大型企业",CALCULATE([贷款余额],'A2数据
_客户表'[规模]="大"),
            Col_Label="B_中型企业",CALCULATE([贷款余额],'A2数据
_客户表'[规模]="中"),
            Col_Label="C_小型企业",CALCULATE([贷款余额],'A2数据
_客户表'[规模]="小"),
            Col_Label="D_微型企业",CALCULATE([贷款余额],'A2数据
_客户表'[规模]="微"),
            Col_Label="E_个经贷款",
                CALCULATE(
                    [贷款余额],
                    'A1数据_贷款余额'[product_type]="经营贷款_
个体户"
                    || 'A1数据_贷款余额'[product_type]="经营
贷款_企业主"
                ),
```

```
        Col_Label="E1_个体户",CALCULATE([贷款余额],'A1数据_
贷款余额'[product_type]="经营贷款_个体户"),
        Col_Label="E2_企业主",CALCULATE([贷款余额],'A1数据_贷
款余额'[product_type]="经营贷款_企业主"),
        [贷款余额]
    )
```

11.2.4　贷款监管指标[①]

贷款监管指标主要有衡量资产质量的不良贷款金额、不良贷款率，以及评估贷款减值准备是否充足的减值准备充足率、贷款拨备率和拨备覆盖率，如图 11-8 所示。

YYYYMM	贷款	不良贷款余额	不良贷款比率	减值准备-实际	减值准备-法定	减值准备充足率	贷款拨备率	拨备覆盖率
202212	472 563			4 971	4 726	105.2%	1.1%	
202301	513 704			5 572	5 137	108.5%	1.1%	
202302	567 842			6 254	5 679	110.1%	1.1%	
202303	606 578			6 426	6 066	105.9%	1.1%	
202304	677 251			7 508	6 785	110.7%	1.1%	
202305	753 057			8 186	7 544	108.5%	1.1%	
202306	826 678	1 211	0.1%	9 451	8 593	110.0%	1.1%	780.4%
202307	879 023	2 179	0.2%	10 113	9 399	107.6%	1.2%	464.2%
202308	946 603	2 179	0.2%	10 566	10 122	104.4%	1.1%	485.0%
202309	958 343	2 179	0.2%	11 379	10 565	107.7%	1.2%	522.3%
202310	967 259	11 882	1.2%	13 718	13 034	105.2%	1.4%	115.4%
202311	1 005 316	18 646	1.9%	16 634	15 484	107.4%	1.7%	89.2%
202312	1 025 392	17 168	1.7%	19 130	17 285	110.7%	1.9%	111.4%

图 11-8　贷款监管指标

这些重要的合规指标虽然计算不太复杂，但是由于需要在每个报告日分别列报，且应该保持相关指标之间口径与最终显示的数据单位一致，所以计算过程不可掉以轻心。Power BI 中便捷强大的计算能力可以为输出监管指标提供可靠保障。

1. 资产质量指标

资产质量指标主要有不良贷款余额和不良贷款占比。

● 不良贷款余额根据"'维度表_五级分类'中字段［大类］="已减值资产""条件判断，由于维度表与贷款余额表建立了一对多关系，因此可以简单地直接使用维度表字段作为判断条件。

---

① https://www.163.com/dy/article/DC8D7IE90519C4SB.html

```
不良贷款余额=
VAR Report_Day=[报告日]
RETURN
    CALCULATE(
        SUM('A1 数据_贷款余额'[余额])/[金额单位],
        'A1 数据_贷款余额'[Report_Date]=Report_Day,
        '维度表_五级分类'[大类]="已减值资产"
    )
```

- 不良贷款占比等于不良贷款余额除以全部贷款余额。

```
不良贷款比率=
DIVIDE([不良贷款余额],[贷款余额])
```

以上度量值［不良贷款比率］虽然含义直观，容易理解又形式简单，但是在每个报告日都可以返回正确数值而且数据单位、贷款余额和不良贷款余额保持一致，这就是 DAX 的精妙之处。

2. 拨备充足率指标

此处将要讨论的几项拨备充足率定义与度量值如下：

- 减值准备充足率等于实际计提的减值准备除以按照五级分类要求应该计提的减值准备，由两个度量值组合嵌套而成，至少不低于100%。

```
减值准备充足率=
DIVIDE([减值准备-实际],[减值准备-法定])
```

计算实际计提的减值准备比较容易，方法类似计算每个报告日贷款余额合计数。

```
减值准备-实际=
VAR Report_Day=[报告日]
RETURN
    CALCULATE(
        SUM('A1 数据_贷款余额'[减值准备])/[金额单位],
        'A1 数据_贷款余额'[Report_Date]=Report_Day
    )
```

以下使用 CALCULATE 函数嵌套 SUMX 函数计算法定贷款减值准备的过程更加复杂一些，首先定义变量报告日以限定仅仅对特定报告日贷款求和，这一步也与求贷款余额相同；然后在被包裹的 SUMX 函数中调用贷款余额表以及已经建立关联的五级分类维度表之中的监管减值率字段，使得贷款余额表中正常、关注、次级、可疑与损失五个级别贷款分别对应乘以减值损失计提比率 1％、2％、25％、50％、100％之后再相加就得到按照监管规定应该计提的最低减值准备余额。

```
减值准备-法定=
VAR Report_Day=[报告日]
RETURN
    CALCULATE(
        (SUMX('A1 数据_贷款余额',[余额] * RELATED('维度表_五级
分类'[监管减值率])))/[金额单位],
        'A1 数据_贷款余额'[Report_Date]=Report_Day
    )
```

● 贷款拨备率等于实际计提的贷款损失准备除以各项贷款余额，反映所有贷款本金被贷款损失准备保护的程度，监管最低要求为 1.5％到 2.5％区间。

```
贷款拨备率=
DIVIDE([减值准备-实际],[贷款余额])
```

● 拨备覆盖率等于贷款损失准备除以不良贷款余额，为贷款损失准备与不良贷款余额之比，监管最低要求为 120％到 150％区间。

```
拨备覆盖率=
DIVIDE([减值准备-实际],[不良贷款余额])
```

小结

我们首先使用 Power BI 准备了三个制作监管报告的案例，在按报告日整理贷款借据级余额之后，第一个案例中利用数据模型行业与五级分类维度字段，就可以切分贷款余额度量值，在多个层级显示汇总与明细数据；第二个

案例中利用已有的公司与个人客户类型，结合不太复杂的度量值计算，就可以按剩余期限列报任意报告日贷款本金；第三个案例中通过度量值嵌套，实现了按照复合行标题与列标题报告数据。

除展现指标表层数据之外，Power BI用于监管报告还可以实现从报表指标层下钻观察明细数据，通过切片器、筛选器和平行报表间交互查看特定组成部分，灵活切换数据显示单位以及通过可视化直观显示数据。

我们还看到了Power BI处理监管指标的强大能力，定义基础度量值再结合简单的引用与嵌套就可以计算各种贷款质量比率与减值准备充足率，并且可以随外部筛选条件而返回各期结果。

以上案例充分说明，Power BI建模适用于监管报告之后，仍然能够发挥简洁高效的特性。

11.3 客户贷款管理分析报告

在学习以规定表格形式展示数据的监管主题报告后，我们基于相同数据集合利用Power BI对客户贷款进行更加自由灵活的帕累托与盈利分析。

11.3.1 帕累托分析

帕累托分析原则是按照群体主要特征排序，从而识别与管理重点项目而提高效率。常见方法是按重要性把被分析对象划分为ABC三类，所以又称之为ABC分类法，核心思想是在众多群体要素中分清主次，识别需要优先处理的关键个体以便提高投入产出比。

1. ABC参数值

在本案例中，由于客户数量多而集中度低，所以为了显示ABC分类视觉效果而将上下限设置为远远低于80%，本节所讨论案例中帕累托参数下限和上限即ABC参数分别设定为30%与50%。

A类，最大规模客户，累计金额占比小于等于帕累托参数下限30%；

B类，中等规模客户，累计金额占比大于下限30%，但是小于等于帕累托参数上限50%；

C类，最小规模客户，累计金额占比大于帕累托参数下限50%。

在本案例中通过有两个节点的滑竿型切片器（参见图11-11）输入可以灵活调节的低点数值与高点数值作为两个ABC参数，将从0%到100%的区间切割为三段。

2. 坐标轴设置

帕累托分析图坐标轴设置比普通的矩阵图、条形图和折线图都复杂一些，如图11-9所示，基于折线和簇状柱形图的本案例客户贷款余额帕累托分析图中有一个横坐标，两个纵坐标：

- 横坐标（x轴）是客户号，由拖拽贷款余额表中［cust_num］而形成。
- 左边纵坐标列（y轴）是柱形图中每一客户贷款余额刻度，对应以柱形图表示的度量值［贷款余额］。

按每户贷款余额从左向右降序排列，将生成帕

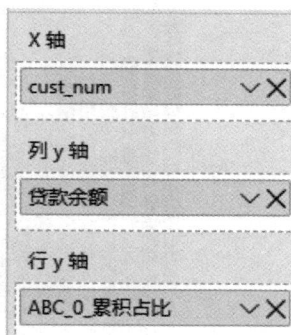

图11-9　帕累托图
坐标轴与度量值

累托分析图表。排序方法如图11-10所示，单击可视化对象折线和簇状柱形图右上方三个点之后，在第一级弹出面板中选择"排列轴"，在弹出的第二级面板中再选择"贷款余额"与"以降序排列"之后，将使得贷款金额最大客户排在帕累托图左侧；x轴每一户贷款余额从左到右依次下降，形成帕累托图。

- 右边纵坐标（行y轴）是折线图刻度，而折线表示将大于等于当前客户的客户群体贷款余额相加后占报告日贷款余额小计之比。

在按照以上要求将贷款按客户降序排序之后，折线图将从左至右递增排列。另一种效果相同的方法是按度量值［ABC_0_累积占比］做升序排列。

3. 帕累托图

按照前文所述，设置单选型报告日与金额单位切片器，以及输入帕累托参数中两个切分点参数的滑竿型切片器后，再拖拽折线与柱形图到Power BI画布中。将x轴设计为客户号［cust_num］，列y轴（显示于图表左侧）值设置为［贷款余额］，行y轴（显示于图表右侧）值设置为［ABC_0_累积占比］，即生成图11-11。2023年12月底帕累托分析图，柱形图中每一根竖条对应每一户贷款余额，折线图中每一个数据点对应大于等于当前客户贷款余额的客户群体贷款余额小计占贷款合计数之比。切换报告日和修改帕累托参

数输入值之后，可以生成不同的帕累托分析图。

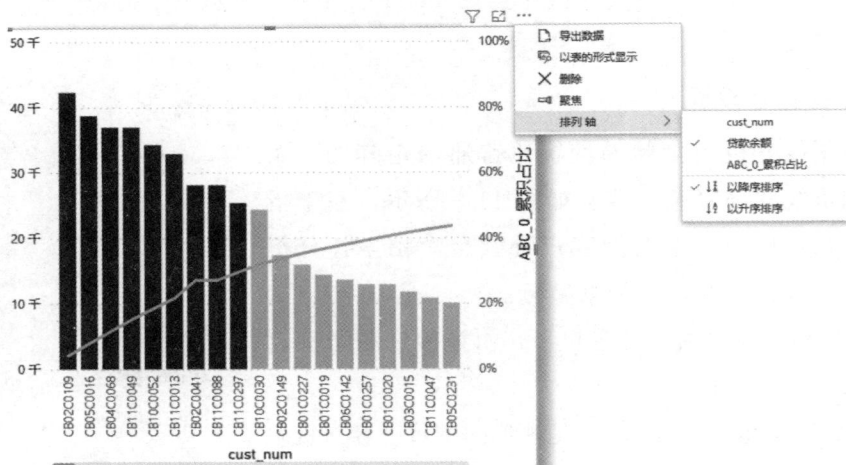

图 11-10　帕累托图贷款降序排列

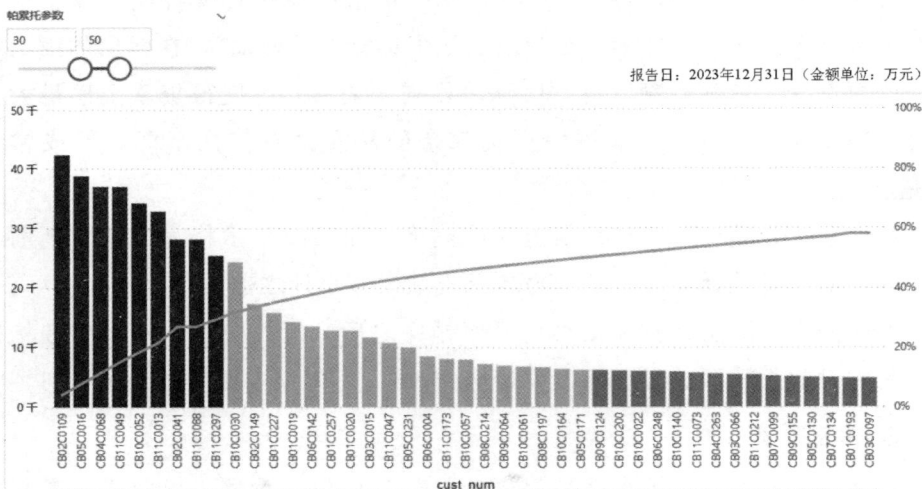

图 11-11　客户贷款余额帕累托分析（30％与 50％分位）

4. 度量值解析

帕累托分析图必不可少的度量值有两个：一是全盘通用的贷款余额；二是大于等于当前客户贷款余额的相对大客户贷款余额累加占全部贷款余额占比，即累计占比。除此之外，还有一些辅助性度量值将客户按 ABC 分组统计客户数与贷款金额，客户排名，以及按客户 ABC 分类自动设定条形图颜色。

5. 累积占比

累积占比度量值是帕累托分析的核心，其关键步骤是在图表 x 轴筛选条件下，轮流对每一家客户先通过变量计算并且固定当前客户贷款余额，然后在全部客户中找出贷款余额大于等于当前客户贷款余额的相对大客户集合，将相对大客户贷款余额加总后除以全部客户贷款余额即得到帕累托分析的核心度量值累积占比。

```
ABC_0_累积占比=//受 Power BI 报告页面的报告日切片器筛选限制
VAR V_Loan_Balance=[贷款余额]//注:1)
VAR V_Bigger_Clients= //注:2)
    FILTER(ALL('A1数据_贷款余额'[cust_num]),[贷款余额]>= V_
Loan_Balance)
RETURN //注:3)
    IF(
        V_Loan_Balance > 0,
        CALCULATE([贷款余额],V_Bigger_Clients)
            /CALCULATE([贷款余额],ALL('A1数据_贷款余额'
[cust_num]))
    )
```

外部筛选是以上 DAX 表达式运算的重要前提，由于本案例中外部切片器存在报告日筛选，而且度量值内部 CALCULATE 函数中使用 ALL（'A1 数据_贷款余额'［cust_num]）结构打破的是对客户号［cust_num]的筛选，并没有打破外部报告日筛选，因此这里的全部客户贷款余额仅限于切片器所指定的报告日。

● V_Loan_Balance，含义是当前客户贷款余额。在经过外部报告日切片器和 x 轴筛选之后，生成当前客户在当前报告日贷款余额。由于变量被计算之后其金额即固定，因此后续用以筛选相对大客户。

● V_Bigger_Clients，含义是相对大客户集合。在全部客户中逐个找出贷款余额大于等于当前客户贷款余额（V_Loan_Balance）的相对大客户集合 V_Bigger_Clients。

• RETURN 结构，将相对大客户贷款余额加总后除以使用 ALL 条件算出的当前报告日全部客户贷款余额即得到帕累托分析的核心度量值累积占比。

6. ABC 分组统计

虽然根据贷款余额与累计占比就可以得到帕累托分布图，但还需要多角度以及分组统计 ABC 各档次户数与金额，如图 11-12 所示。

ABC档次	户数	分组金额	分组%
A	9	303 216	29.57%
B	19	208 251	20.31%
C	300	513 925	50.12%
总计	328	1 025 392	100.00%

图 11-12　ABC 分类统计

由于数据模型中贷款余额表与客户表之中都不存在一列标记客户 ABC 档次的列，因此不可能简单拖拽报送维度与度量值达到目标，而是需要定义比较复杂的度量值，以下是生成按照 ABC 标志分别返回各档次分组金额与分组客户数的两个度量值。

度量值 ABC_2_分组客户数的原理是度量值在矩阵中被维度表中［ABC 档次］列中元素筛选时，分别按照客户的 ABC 档次分组统计 ABC 组客户数；当不被维度表中［ABC 档次］列元素筛选时，也就是在总计行返回全部客户数。

```
ABC_2_分组客户数=
IF(
    ISFILTERED('维度表_客户 ABC'[ABC 档次]),
    CALCULATE(
        [贷款客户数],
        FILTER(
            ALL('A1数据_贷款余额'[cust_num]),
            [ABC_1_档次]= SELECTEDVALUE('维度表_客户 ABC'[ABC
档次])
        )
    ),
    [贷款客户数]
)
```

度量值 ABC_3_分组金额的原理是当度量值表达式处于矩阵中被维度表

［ABC 档次］列元素筛选时，依次按照客户 ABC 档次分组求和得出 ABC 组贷款余额；当不被维度表［ABC 档次］列元素筛选时，也就是在总计行，返回全部贷款余额。

```
ABC_3_分组金额 =
IF(
    ISFILTERED('维度表_客户 ABC'[ABC 档次]),
    CALCULATE(
        [贷款余额],
        FILTER(
            ALL('A1 数据_贷款余额'[cust_num]),
            [ABC_1_档次] = SELECTEDVALUE('维度表_客户 ABC'[ABC
档次])
        )
    ),
    [贷款余额]
)
```

从以上两个 ABC 分组统计户数与贷款余额的度量值中，可以再一次发现度量值被定义之后，不需要形成数据模型表之中的可见列或者被拖拽到可视化对象中，即可在被调用过程时根据所有外部筛选和内部逻辑生效。Excel 工作表函数无法比拟的这一强大特性值得大家通过练习体会与掌握。

7. ABC 排名

ABC 排名度量值用于观察客户按贷款余额排名，其核心是套用 RANKX 函数，对报告日有贷款的客户按照贷款余额升序排列。

```
ABC_4_排名 =
IF(
    ISFILTERED('A1 数据_贷款余额'[cust_num])
        &&[贷款余额] > 0,
    RANKX(ALL('A1 数据_贷款余额'[cust_num]),[贷款余额],[贷款
余额],DESC)
    )
```

初学者需要注意 RANKX 用法特殊之处在于需要打破外部筛选以便获取被评估个体在全局之中的排名；如果不在第一参数使用 ALL 函数打破筛选而设定比较范围，就会变成每一个体与自身相比，全部被比较对象排序结果都是 1。

```
RANKX(<table>,<expression>[,<value>[,<order>[,<ties>]]])//
RANKX 语法
```

8. ABC 度量值设置条件格式颜色

我们还可以按照客户 ABC 分类为依据使用度量值为每一客户的柱形图设置不同颜色。以下度量值中颜色代码来自 Power BI 主题色配色板。

```
ABC_5_颜色=
VAR V_ABC_Bucket=[ABC_1_档次]
RETURN
    SWITCH(
        TRUE(),
        V_ABC_Bucket="A","# 36696",
        V_ABC_Bucket="B","# A4D3E3",
        V_ABC_Bucket="C","# 82a1bd"
    )
```

如果 ABC 种类对应的颜色可以使用英文单词表示，那么将以上 DAX 语句中的以"♯"开头的颜色代码替换为表示颜色的英文单词（字母大小写效果相同），可以更加直观的设置与修改颜色。但是以上度量值中"♯36696"等颜色代码无法以英文单词替换。

```
        V_ABC_Bucket="A","RED",
        V_ABC_Bucket="B","YELLOW",
        V_ABC_Bucket="C","GREEN"
```

设置度量值之后，如何将其用于可视化对象之中呢？在可视化面板中选择【设置视觉对象格式】=>选择【列】=>，在【颜色】下方选择【默认值】=>，单击选择【*fx*】=>在弹出窗体【格式样式】对话框中选择【字段值】=>，在第二个对话框【应将此基于哪个字段】中搜索度量值［ABC_5_颜色］。完成操作后，帕累托柱形图即按照 ABC 分类分别显示颜色。设置颜色的按钮入口如图 11-13 所示。

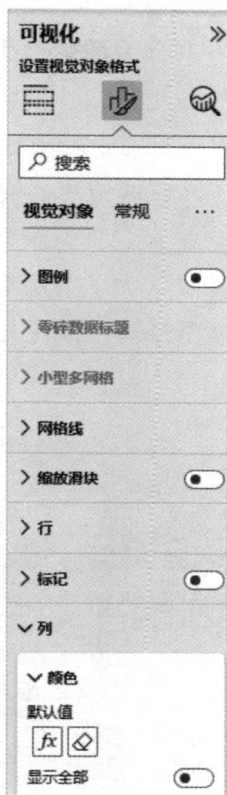

图 11-13　帕累托图通过度量值设置条件格式定义颜色

11.3.2　客户盈利与规模分析

通过上一小节帕累托分析我们看到了如何按照规模分析客户，但是现实世界错综复杂，往往需要同时从更多角度观察客户，所以接下来我们再以客户规模与盈利贡献为例探讨如何同时分析两个维度。

1. 可视化对象布局与数据筛选

本案例中，我们按照贷款利率是否超过基准要求而评估客户盈利贡献，按照每户贷款余额是否超过户均平均余额评估客户规模。综合考虑这两个维度就可以评判客户等级，根据贷款余额是否高于户均贷款余额，以及年化收益率是否高于考核基准将客户划分为四个档次：收益率超出基准的大客户为最高的四星客户；贷款余额高但是收益率没有超过评估基准的为三星客户；收益率超过评估基准的小客户为两星客户；最后一档是收益率没有超过评估基准的一星小客户，从高到低一共分为四个档次，星数较高的客户更加符合银行的客户选择标准。

图 11-14 客户评价矩阵中报告日与金额显示单位万元都通过单选切片器而设定，当前利率考核基准 5.5%根据切片器输入基点数值 550 除以 10 000 而确定。矩阵中分别列示了客户星级、贷款余额、年化收益率、超基准收益率、年化收益额以及超基准收益额。为了突出显示效果，客户评价等级显示为星型符号。评估参数中的利率基准通过报告上方切片器输入而灵活修正。

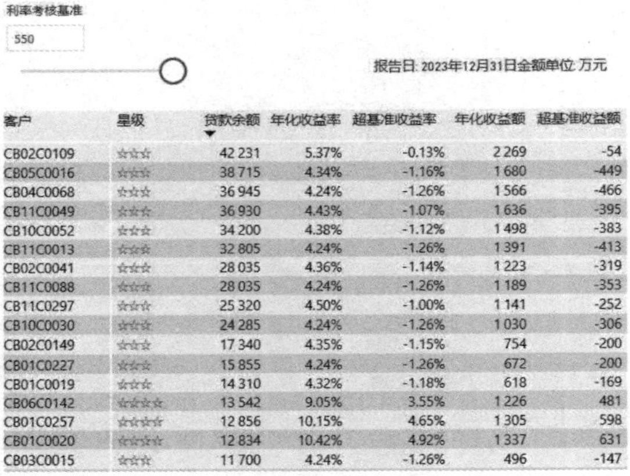
利率考核基准

550

报告日: 2023年12月31日金额单位: 万元

客户	星级	贷款余额	年化收益率	超基准收益率	年化收益额	超基准收益额
CB02C0109	☆☆☆	42 231	5.37%	-0.13%	2 269	-54
CB05C0016	☆☆☆	38 715	4.34%	-1.16%	1 680	-449
CB04C0068	☆☆☆	36 945	4.24%	-1.26%	1 566	-466
CB11C0049	☆☆☆	36 930	4.43%	-1.07%	1 636	-395
CB10C0052	☆☆☆	34 200	4.38%	-1.12%	1 498	-383
CB11C0013	☆☆☆	32 805	4.24%	-1.26%	1 391	-413
CB02C0041	☆☆☆	28 035	4.36%	-1.14%	1 223	-319
CB11C0088	☆☆☆	28 035	4.24%	-1.26%	1 189	-353
CB11C0297	☆☆☆	25 320	4.50%	-1.00%	1 141	-252
CB10C0030	☆☆☆	24 285	4.24%	-1.26%	1 030	-306
CB02C0149	☆☆☆	17 340	4.35%	-1.15%	754	-200
CB01C0227	☆☆☆	15 855	4.24%	-1.26%	672	-200
CB01C0019	☆☆☆	14 310	4.32%	-1.18%	618	-169
CB06C0142	☆☆☆☆	13 542	9.05%	3.55%	1 226	481
CB01C0257	☆☆☆☆	12 856	10.15%	4.65%	1 305	598
CB01C0020	☆☆☆☆	12 834	10.42%	4.92%	1 337	631
CB03C0015	☆☆☆	11 700	4.24%	-1.26%	496	-147

图 11-14　客户规模与盈利贡献评价表

2. 度量值解析

客户规模与盈利贡献评价表中，使用客户星级度量值在第一列返回星型图案，这个度量值表达式中先定义变量 V_Rating 生成 1、2、3、4 评分对应四个星级，然后在 RETURN 部分由 REPT 函数根据客户评价变量 V_Rating 对应的 1 到 4 数值，返回 1 到 4 个星型（“☆”）图标。

```
客户评价_星级=
VAR V_Rating=
    IF(
        [贷款余额]>0,
        SWITCH(
```

```
                TRUE(),
                ([贷款余额]<[户均贷款余额])
                    &&([年化收益率]<[利率考核基准]),1,
                ([贷款余额]<[户均贷款余额])
                    &&([年化收益率]>=[利率考核基准]),2,
                ([贷款余额]>=[户均贷款余额])
                    &&([年化收益率]<[利率考核基准]),3,
                ([贷款余额]>=[户均贷款余额])
                    &&([年化收益率]>=[利率考核基准]),4,
                BLANK()
            )
        )
    RETURN
        IF([贷款余额]>0,REPT("☆",V_Rating))
```

以上核心度量值［客户评价_星级］嵌套使用了［贷款余额］、［户均贷款余额］、［年化收益率］与［利率考核基准］，其中［贷款余额］度量值在矩阵中经过报告日与客户号两个维度筛选后，即返回当前客户在当前报告日的贷款余额。［户均贷款余额］使用 ALL 函数破除当前客户号筛选，然后使用［贷款余额］除以［贷款客户数］获取当前报告日贷款余额。［利率考核基准］从利率基准切片器读取数据后除以 10 000 转换得到以百分比表示的利率基准。［年化收益率］等于度量值［年化收益额］除以［贷款余额］。

```
    户均贷款余额=
    CALCULATE([贷款余额]/[贷款客户数],ALL('A1数据_贷款余额'
[cust_num]))
```

```
    利率考核基准=
IF([年化收益率]<>0,SELECTEDVALUE('参数表_利率基准'[参数_利率基
准],200)/10000)
```

```
    年化收益率=
    DIVIDE([年化收益额],[贷款余额])
```

除此之外，矩阵中还引用了度量值［超基准收益率］与［年化收益额］

和［超基准收益额］，各自表达式分别如下：

超基准收益率＝[年化收益率]–[考核基准]

年化收益额＝
VAR Report_Day=[报告日]
RETURN
    CALCULATE(
        SUM('A1数据_贷款余额'[年化收益])/[金额单位],
        'A1数据_贷款余额'[Report_Date]= Report_Day
)

超基准收益额＝[贷款余额]＊[超基准收益率]